ちくま文庫

カルト資本主義
増補版

斎藤貴男

筑摩書房

目次

はしがき……8
文庫版序章　カルト国家の愛国・道徳オリンピック狂騒曲……13
第一章　ソニーと「超能力」……53
たゆまざる技術革新の競争の中で世界の覇者となったソニー。そのソニーに技術と馴染まぬある研究室がある。その存在を秘匿されてきた〝ESPER研究室〟が、バブル崩壊後公然と姿をあらわした
第二章　「永久機関」に群がる人々……103
一度、動力を与えれば永遠に動き続ける夢の機械「永久機関」は、エネルギー保存則の発見によりその存在を否定された。中学生でも知っているこの法則を、だがこの国の大企業は信じていないようだ

第三章　京セラ「稲盛和夫」という呪術師……153
京セラの驚異的な生産性の秘密とは？　稲盛和夫が主宰する「盛和塾」にはその秘密を学ぼうと全国から中小企業の経営者がつめかけていた。だが、それは塾というよりは新興宗教の教団のようだった
第四章　「万能」微生物EMと世界救世教……209
沖縄の国立大学の教授が開発したという微生物資材を、自治体が、医者が、教師が、〝地球を救う万能薬〟としてあがめている。が、その〝万能薬〟のルーツには、世界救世教の内部抗争があった
第五章　オカルトビジネスのドン「船井幸雄」……263
『脳内革命』、EM菌、オカルトビジネスの影に必ずこの男がいた。サラリーマンを魅了するこのドンは神官の家に生まれ、その職業経歴は、日本型経営を支えた労務管理の歴史とピタリ重なっていた

第六章　ヤマギシ会——日本企業のユートピア……319
全ての財産を寄進させる共同生活。五〇年代に始まったこのコミューン運動は、九〇年代、一大農業ビジネスに発展した。カルト集団と批判を浴びるこのヤマギシ会に、だが、日本の大企業は注目する

第七章　米国政府が売り込むアムウェイ商法……377
米国ＡＢＣ放送が「カルト」と表現したアムウェイ商法。日本でも問題が続出、ついに国民生活センターがカルト的な組織活動として警告を発した。だが、米国政府はアムウェイを徹底的に擁護する

文庫版最終章　「カルト資本主義」から「カルト帝国主義」へ　416
主要参考文献　444
解説　武田砂鉄　455

・敬称を省略しました。また、肩書は取材当時のものです。第一章から第七章までの章末の＊印以降は、文庫化にあたっての加筆です。

カルト資本主義　増補版

はしがき

二〇一八年七月六日、麻原彰晃こと松本智津夫（当時六十三歳、一九五五年生まれ）以下、オウム真理教の元幹部七人の死刑が執行された。刑場は東京拘置所をはじめ複数にわたったが、これだけの人数が一気に吊るされたのは、現行憲法下では初めてという。

前夜には東京の赤坂議員宿舎に安倍晋三首相と取り巻きの自民党幹部、および中堅・若手議員ら総勢五十人ほどが蝟集《いしゅう》し、「赤坂自民亭」と称するどんちゃん騒ぎを繰り広げていた。すでに関西地方の降雨が一部地域で避難勧告が出されるほど激しくなっており、間もなく中国・四国・九州地方をも襲い二百数十人もの死者を出すことになる西日本豪雨への兆候を見せている晩だった。

無責任、不謹慎の誹りは免れない。しかもこの宴席には、翌日の執行を命じる書類に署名したばかりの上川陽子法相が、〝女将《おかみ》〟役で参加していた事実も明らかになっている。

死刑の当日、テレビ各局のワイドショーが進捗模様を実況中継した。死刑囚たちの顔写真を並べて、終わった者に「執行」のシールを貼り付けていった番組もある。まるで公開処刑だった。二十日後の二十六日には残っていた幹部六人の死刑も執行され、オウム真理教事件の死刑確定者十三人の執行が完了した。

オウム真理教事件とは、この教団名を名乗る新興宗教団体が、教祖だった松本（麻原）

の指示で、人々の救済を謳《うた》いつつ、次々に起こした凶悪事件の総称だ。時系列では一九八九年十一月の坂本堤弁護士一家殺害事件（横浜市）、一九九四年六月の松本サリン事件（長野県松本市）、一九九五年三月の地下鉄サリン事件（東京都）などである。死者は全体で二十九人、重軽傷者は六千人以上と言われ、起訴された教団関係者は百九十二人にも及ぶ。戦時下でもない白昼の大都市で化学兵器が使用された地下鉄サリン事件は、その規模とともに世界史上でも例のないテロ事件だった。

本書の元となった『カルト資本主義』の取材は一連の事件とほぼ同じ時期に開始され、ややあった一九九七年六月、最初に文藝春秋から出版された。事件そのものを取り上げてはいないが、本書の内容と事件とは、密接不可分の関係にある。

オウムは「カルト」だった。そして私の取材のきっかけは、彼らの信仰とも共通する要素をいくつも持ち合わせた、まるで宗教書のような書籍群が、書店のビジネス書売り場に溢れている光景を目にしたことだった。多くの人々が、〝教義〟を求めていた証左だろう。

単行本の「はしがき」で、私はそれら書籍群のタイトルなどを列挙し、こう書いている。

時代の〝空気〟とは、こういうものかと思った。（中略）

終末思想やオカルティズムに大衆が魅きつけられるのは閉塞状況に陥った現代の先進国に共通した現象であるとしても、欧米とは明らかに異なる会社主義社会であるわが国においては、その顕れ方もまた、日本的な特殊性を帯びてきているのではないか――。

私はオカルティズムを全否定しようとは考えていない。「超能力」も「永久機関」も、人それぞれが信じたり楽しんだりするのは自由だ。西洋近代文明に限界を感じ、これを超克する価値を見出そうという発想にも共感できる。許せないのは、人間を操り、支配するシステムとしてこれを利用し、カルト化させていこうとする企み、思想なのである。

オウム真理教は地下鉄サリン事件から五年目の二〇〇〇年二月に「アーレフ」と改称されている。同じ年の六月に本書が文春文庫に入った際、私はその「文庫版のためのあとがき」に、社会経済生産性本部（現・日本生産性本部）が前年の一九九九年秋に実施した新入社員アンケート調査の結果を引いた。

調査によれば、「上司から利益は上がるが、不正もしくは自分の良心に反する手段を指示されたらどうする」との問いに、「指示通り行動する」と回答した者が約四〇％を占めたという。このデータを材料に、「カルト資本主義」が企業社会に浸透しつつある状況を考察したのだったが、二十年近くを経た現状はどうか。

「指示通り」が四五・二％に達したのは二〇一六年だ。もう少しで過半数になる。この間には質問項目が「上司から会社のためにはなるが、自分の良心に反する仕事をするように指示されました。このときあなたは」に改められていたが、ニュアンスにさほどの差はない。そして「指示通り」は、翌々二〇一八年には三六・八％へと激減した。

学校法人への国有地売却や、大学の獣医学部新設をめぐる政官の不正が取り沙汰され、国会が紛糾していた時期の調査である。官僚たちがいかにもな偽証を繰り返し、ついには近畿財務局員が自殺に追い込まれた無惨が、新入社員たちの脳裏をよぎったものか。

良心より操られることを選ぶ若者が、そのまま減っていくのなら、せめて不幸中の幸いと言うべきなのかもしれない。とはいえ楽観は禁物だ。書店の平積みコーナーで〝時代の空気〟を読むことができたのだとすれば――。

二〇一八年の師走、私の眼前にあったのは、韓国人や中国人に罵詈雑言を浴びせる、いわゆる嫌韓・嫌中本の山である。沖縄や、セクハラ被害者を嘲り笑うものもあった。でなければ「日本はスゴイ」の自画自賛、安倍首相を手放しで讃える本……。

本文庫は全九章で構成されている。第一章から第七章までは文春文庫版から古くなった感を否めない一章（「科学技術庁のオカルト研究」の章）を外したほかはそのまま生かすことを基本とし、それぞれのラストにこの間の動きを加筆した。序章と最終章は新たに書き下ろした。

二本の新章は、他の章とはやや毛色が違うと感じられる読者もおられるかもしれない。二〇二〇年オリンピックや道徳教育、慰安婦問題をめぐる裁判や、言論状況の問題などを扱っているからだ。

だが、私の取材では、本文庫にまとめたすべての話題は深い部分で通底し、互いに絡まり合っている。オカルティズムの悪用だけが「カルト資本主義」ではないのである。

本文中、初めて登場する人物には可能な限り、生年か取材当時の年齢を付している。読者の理解に必要な情報だからで、近年の私は生年を添えるのが常なのだが、以前は深く考えず、またこうして四半世紀近くを経た後に増補版を出せるとも思っていなかったので、表記が混在してしまった。

それもこれも、本書の今日的意義を筑摩書房が認めてくれたお陰である。

文庫版序章　カルト国家の愛国・道徳オリンピック狂騒曲

ある高校の現場で

十七歳の高校生・K（二〇〇〇年生まれ）が、父親とともに呼び出され、校長や副校長、担任、生活指導担当の教員らに取り囲まれて、一通の誓約書に署名させられたのは、二〇一七年六月十五日のことである。東京都立S・Y高等学校（以下、学校関係の表記はイニシャル）の、校長室だった。

一年半近くを経た二〇一八年十一月某日、私はK本人に会い、話を聞いた。

「二時間も軟禁されて普通の状況ではありませんでしたから、何を誓約したことになったのかもわからないんです。覚えているのは署名するまで帰さないという雰囲気と、父が『このままじゃ退学にされる』と騒いでいたことぐらい。文書のコピーも渡してもらえなかった。校長には後で署名を取り消す旨の内容証明を出しましたが、もともとあんなものに実効性があるはずもないですし」

Kは自ら立ち上げた「S・Y高校自治委員会」の議長である。校内では学校新聞『YJOURNAL』電子版の編集長と言ったほうが通りがよい。本人や関係者の話を総合すると、学校側との対立は、彼がこの数日前に、校内で使用済みの避妊具が発見されたハプニングと、生徒の物騒なツイッターが警察沙汰になった事件を報じたことを機に深まった。

この時は生活指導担当の教員に、「威力業務妨害だ」「覚悟はできてるんだろうな」などと脅されていた。記事の削除と校長室での〝誓約書〟への署名で精神的に追い詰められたKは一時期、不登校状態にまで陥る。両親が「指導に応じなければ授業に出させない」と告げられたのは五ヶ月後の十一月。「指導」とは電子新聞の発信禁止だとKは受け止めた。年が明け、履修登録の関係で担任に呼ばれた際にも威圧され、校外に逃げ出すと、最寄り駅まで教員が尾行してきたという。

対立は泥沼化した。関係者の通報を受けた野党の都議団が東京都教育委員会に問い合わせ、そこからの指示でKの授業への参加を認めないとするような言動は二〇一八年春までに止んだものの、学校側の姿勢は変わらなかった。十月の学校説明会でも、翌年度入試の受験生らにビラを配っていたKの前に生活指導の教員が「何しに来た」と詰め寄り、その様子を副校長が撮影するなどした。

私はS・Y高の校長に取材を申し入れたが、「個人情報に関わる問題」だからと拒否された。教育者が組織ぐるみで生徒に私文書への署名を強要し、授業締め出しにまで及んだ理由はわからない。二〇一六年六月に施行された改正公職選挙法が選挙権年齢を十八歳に引き下げている現在、この間にその年齢に達しているKもまた単に保護者の庇護の下にある子どもではなく、立派な主権者である。国民主権の社会における主権者の何たるかを生徒に伝える「主権者教育」の、高等学校は最大の担い手ではないのか。

S・Y高校の現状はいきなり降って湧いたものではなかった『Y JOURNAL』には先代編集長のH（一九九五年生まれ）が率い、まだ紙媒体だった二〇一六年二月にも、やはり学校側の介入で二本の記事が削除された経緯がある。

一本は〈Y入試、内申比率七：三に〉。一九九一年に不登校生や他校の中退者らがやり直す機会を増やす目的で発足し、独特のカリキュラムを導入しているS・Y高の内申比率はかねて二十：三で、つまり合否の判定に内申書を重視してこなかった。内申比率を高めれば存在理由が失われかねない学校側は抵抗したが、都教委に押し切られた、とある。この記事は、都教委のプレスリリースを確認し、職員室の声を拾ったものだという。

もう一本は〈ボランティアの必修化より生徒の自主性に任せよ〉である。「社説」を謳うオピニオン記事だった。「奉仕活動」が必修とされた近年の都立高校を批判すると同時に、ボランティアの本質を論じていた。〈そもそも「ボランティア」の語源を知っているだろうか～「志願兵」という意味である。従って、「ボランティア」というのは、個人の自由意思により行われるべきものである。〉〈だが、残念なことに、「体験学習」と称して福祉施設や清掃活動、児童福祉事業等に労働力を無償で動員している「ボランティア」の実態がある。〉などといった記述は、私がHに会った二〇一八年十一月時点では、この間に懸念され始めた東京オリンピック・パラリンピックへのボランティア動員を予言していたようにも映ったが――。

Hの話である。

「当時はそこまで考えていませんでした。学校側は特に内申比率の記事のほうを嫌がって、ボランティアは巻き添えを食った格好だったんです。

あの頃の『Y JOURNAL』は新聞部の活動で、発行前に顧問の教諭に目を通してもらっていました。だからラディカルでも何でもない。内申比率の問題は学校側とぶつかる怖れがあると予測できたので社説で扱わず、ボランティアの話も見出しを弱く抑え、OKを得た上で発行したのですが、職員室に配布したとたん大騒ぎ。別の記事と差し替える余裕もあったんですが、何事もなかったみたいにはしたくなくて、消された部分を空白とし、大きな活字で「指導により削除しました」と告知しました」

弾圧はこれだけでは済まなかった。それまで正面玄関のラックに置かれていた『Y JOURNAL』は目立たない部活動掲示板脇へと追いやられ、しかし闘う紙面が評判を呼んで、ほぼ月刊の紙面が毎号二百部ほども捌けていった。

報道内容への直接的な干渉と、流通経路の寸断。近年における商業マスコミの場合とも共通する、言論統制の典型を見るようだ。

Hが新聞部に入部したのは、高校生活も四年目を迎えた二〇一四年。当時の『Y新聞』を年に一回程度しか発行しなかった前部長が去った翌二〇一五年、Hは新たに「新聞部編集局」を発足させ、編集局長兼編集長を名乗って旧紙面の廃刊と、『Y JOURNAL』の創刊を決めた。件《くだん》の記事削除事件は、その三号目で起こった。

「学校の成り立ちが成り立ちですから、Y高には学年というものがないんです。クラスもあってないようなもので、生徒それぞれが選択した科目によって教室をバラバラに移動する。徹底した単位制ですね。〝明るい無縁社会〟と、僕らは呼んでいます。

小学生の時から朝が苦手で、十時頃に起きては新聞を隅まで読んで、昼過ぎからのんびり学校へ通っていた僕は、Y高でも形の上では不登校だったということになるのかな。二年目、三年目に単位が取れなかったので、今年は頑張ろうと思い、軽い気持ちで入った新聞部でしたが……」

やってみたら楽しかった。最盛期でも正式部員はHひとりだけ、ただし〝非正規〟の取材スタッフ十数人と一緒に作る紙面は並の学校新聞の水準を超えて、生徒会長信任投票制度の非民主性を指摘する「社説」を掲載したり、ラウンジの使い方規制への動きをすっぱ抜いたりしていく。ひねた高校生ゆえに実現したらしい「Yジャーナリズム」だったが、H自身はその過程で〝要注意人物〟のレッテルを貼られてしまう。

「二〇一六年十月発行の第八号で、生徒会の会則が非公開なのは主権者教育の観点などからおかしいので公開せよと求めた社説が、またしても削除させられました。ずいぶん副校長と議論して、やがて公開されることにもなるのですが、書いた当時は表現を緩めてもダメ、〝指導により削除〟の明示も許されずで、僕は学校も都教委にいろいろ言われて大変だなあ、なんて思いながら、『Y　JOURNAL』を自主的に廃刊したんです。

翌二〇一七年三月にY高を卒業して、意気投合していたK君に後を託しました。彼が

『Y JOURNAL』を電子版の形で復刊して以降についてはご存じの通りですが、面白いのは、学校側の対応が、僕とK君とでまったく違っていることです。

僕に対しては、たとえば副校長が、まるで媚びるような態度を取ってきた。〝おっしゃることはよくわかるんだけど、表現が強すぎるんだよね〟という物言いとか、メールで何か言ってくる時なんて、最初の頃は〝H君〟だったのが、いつの間にか〝H編集局長御机下〟になりましたからね。恫喝に終始しているK君の場合と比べてみてほしいんです。どうしてだと思われますか？」

——『Y JOURNAL』がH君の卒業で終わらないとハッキリしたこと。および、東京オリンピックを控えて学校当局に反抗的な校内メディアを放置しておくと困ることになるであろう不安、といったところじゃないかな。

答えると、Hは大きく頷いた。

オリンピックのブラック・ボランティア

二〇二〇年東京オリンピック・パラリンピックの「大会ボランティア」応募が、二〇一八年十二月二十一日午後五時までに十八万六千百一人となり、目標だった八万人の倍以上を集めた。募集主体の大会組織委員会によると、全体の三七％が外国籍の応募者で、男女比では女性が六三％、男性が三七％。年代別では二九％の二十歳台が最も多く、次いで十歳台の二二％。六十歳台以上は九％だったという。

オリンピックが二〇二〇年七月二十四日から八月九日、パラリンピックが八月二十五日から九月六日まで開催される今大会のボランティアには二種類ある。大会ボランティアは主に大会期間中およびその前後に、各種競技会場や選手村、その他関連施設等で、観客サービスや競技運営のサポート、通訳など、大会運営に直接携わる活動を行うもの。活動期間は原則十日以上、一日に八時間程度（休憩・待機時間を含む）だが、事前の研修が幾度もあり、しかも猛暑が予想される東京では、かなりの重労働になることが確実だ。

もうひとつは空港や主要駅、都内の名所などで交通・観光案内を受け持つ「都市ボランティア」だ。こちらは東京都が募集し、やはり二〇一八年十二月二十一日、目標の二万人を大幅に上回る三万六千六百四十九人を集めたと発表された。活動は一日五時間程度（前後に約三十分のミーティングあり）で五日間が基本だが、酷暑も、複数回の研修があるのも大会ボランティアと同様。都ではこの間の観光ボランティア参加者や、二〇一九年秋に全国十二都市で展開されるラグビーワールドカップ日本大会のボランティア参加登録者ら約一万人もバックアップ要員として計算に入れている。

これらの数字には、しかし、カラクリがあった。というのも、もともと大会ボランティアの応募は十一月二十日午前九時、都市ボランティアのそれは十二月四日に一旦締め切られており、この時点での応募者は、それぞれ八万千三十五人と二万四百六十七人で、いずれも目標の人数を辛うじてクリアしただけに止まる。二年近くも先の東京２０２０大会に応募者の全員が参加できる、してくれることはあり得ない。十二月二十一日というのは、延長された募集期限だったのだ。

もちろん、これだけなら〝カラクリ〟というほどのものではない。その意味については後述するとして、そこに至る経緯をまずは見ていこう。

いずれのボランティアにも報酬は支払われない。シャツやパンツ、シューズ等のユニフォーム一式と飲食物、活動中の事故に対応するボランティア保険と、一日千円分のプリペイドカードだけが支給される。カードは近郊交通費相当という建前だが、これとて移動も宿泊も全額をボランティア参加者に負担させることにしていたのが、世間の反発に対応する格好で、募集を開始する二〇一八年九月に突然、公表されたものだった。

大会ボランティアの募集要項に、こうある。

> 東京2020オリンピック・パラリンピック競技大会（以下「東京2020大会」という。）を、人々の心に深く残る歴史的な大会とするためには、オールジャパンで大会の盛り上げを図ることが重要です。（中略）オリンピック・パラリンピックの成功は、まさに大会の顔となる大会ボランティアの皆さんの活躍にかかっています。（傍点引用者）

オリンピックに必要な労働力をボランティアで賄うこと自体は珍しくない。ビジネス化が進んだ近年はむしろ常識で、最近の三大会を例に取っても、報道などによれば北京で七万五千人、ロンドンで七万人、リオデジャネイロで五万人が、それぞれ参加したと伝えられる。それでも有償だったり、宿泊費が出たりしたケースもある。ロンドンでは二十四万人近くが応募していたとされるが、あらかじめ多めに登録しておくのは、どの大会にも共通する方法論だ。『YJOURNAL』にも書かれていたように、「ボランティア」には本来、「無償」の意味はない。

国家がボランティアの数を増やしたがるのは、〈「民度の高い国民が自発的に支える大会」という物語を求めるからだろう〉と指摘したのは、東京大学准教授の仁平典宏（社会学）だ。〈例えば北京五輪は、過去最多の大会ボランティア7・5万人に加え、都市ボランティアを実に40万人以上動員し、「ボランティアが多すぎてむしろ邪魔」という欧米メディアの揶揄もどこ吹く風で、大国らしさを演出してみせた〉〈「東京五輪ボランティアをやっぱり「やりがい搾取」と言いたくなるワケ」『現代ビジネス』二〇一八年八月二十三日配信〉。

東京オリンピックでは早くから大会ボランティア八万人の数字が掲げられていた。仁平が同じ論考で〈「過去最多」という称号を手にしたいからのようにも思える〉とした推測は当を得ていよう。北京以上にはできっこない都市ボランティアについては、端から考慮の外に置けば済む話である。

二〇一三年九月にブエノスアイレスで開かれたIOC（国際オリンピック委員会）総会で東京2020大会が決定された際、プレゼンテーションに立ったタレント・滝川クリステルによって口にされた「お・も・て・な・し」のキャッチコピーは、そのまま大会の成功に全国民を一丸とさせる「オールジャパン」体制を予定していた。当時の東京都が掲げていた「コンパクト五輪」のコンセプトは、いったいどこへ消えたのか。

著述家の本間龍（一九六二年生まれ）に会って話を聞いた。大手広告代理店・博報堂の営業部門に十七年の勤務経験を持ち、いわゆるメディア・イベントの構造を熟知している。

「外国籍や若い応募者たちは、本当に東京の酷暑をご存じなのでしょうか。高齢者が多いというのも心配です。死人が出ない保証はないし、そこまで行かなくても、倒れる方が続出すれば、シフトだってメチャメチャになる。総動員体制が今後、どこまで広がっていくものか、見当もつきません」

夏の東京でオリンピックを催すことの無謀は、どれほど批判してもしすぎることはない。2020大会では熱中症患者が急増する可能性が高いとする調査をまとめたのは、東京農業大学の研究チームだ。開催期間と同じ季節に当たる七月から八月（二〇一六年）の午前七時から午後四時に、新国立競技場やトライアスロン会場のお台場海浜公園、マラソンコースになる浅草寺前など七会場とその移動ルートなどで「暑さ指数」（湿度、気温、日差しの強さを総合して熱中症の危険度を判断する指数）を測定したところ、四会場が「危険」、三会場が「厳重警戒」に該当するとわかった（『毎日新聞』二〇一八年十月二十八日付朝刊）。なお環境省の指針だと、「危険」は〈高齢者においては安静状態でも（熱中症が）発生する危険性が大きい〉、〈特別な場合以外は運動を中止〉すべきレベルとされている。

相手は天候だ。小手先の対策でどうにかなるものではない。鍛え抜いたアスリートたちの選手生命さえ危ぶまれる、本来なら開催の可否そのものが問われなくてはおかしい現実なのだ。

東京2020大会のボランティアは、かくも過酷な労働環境に置かれることになる。オリンピックは東日本大震災とは違う。殊に今回の東京大会は、追って述べていくように、ビジネスや政治利用の思惑がきわめて色濃く、人件費のコストカットという側面が強すぎる。〝やりがい搾取〟〝学徒動員〟〝ブラック・ボランティア〟などと揶揄される所以《ゆえん》である。

したがって当然のことながら、応募者数が目標の人数を上回ったとする大会組織委員会や東京都の発表も、応募者の全員が自発的な意志だけで行動した結果ではない。大会スポンサーを中心に、富士通や野村ホールディングス、明治、トヨタ自動車などが社員に積極的な参加を呼びかけ、少なくとも数百人単位で応募させているケースが報じられたほか、同様の取り組みを急ぐ企業が増えてきている。人手不足とされる企業社会だが、たとえば富士通の田中達也社長はボランティア参加予定者を集めた結団式で、「一生に一度の経験を会社のレガシー（遺産）として次世代につなげてほしい」と〈エールを送った〉という（時事通信二〇一八年九月二十六日配信）。同社はこの約一ヶ月前に総務省の「大規模スポーツイベントのボランティア管理等における公的個人認証サービスの利活用実現に向けた調査研究」事業を受託したと発表してもいる。「マイナンバー」カードに搭載される電子証明書を、東京大会のボランティアに身分証明書として使わせる計画だ。富士通のボランティアは、いずれ全国民に広げて国民総背番号体制を固めるビッグ・ビジネスの初期投資の位置付けになるわけだが、他社にも他社の、それぞれの企図がある。

サラリーマン以上の動員が当て込まれたのは学生だ。全国の国公私立大学長と高等専門学校長たちは、二〇一六年四月と二〇一八年七月の二度にわたって、東京2020大会のボランティア募集への協力を求めるスポーツ庁次長および文部科学省高等教育局長の連名の「通知」を送付された。いずれにも、学生の参加は〈将来の社会の担い手となる学生の社会への円滑な移行促進の観点から意義があるものと考えられます〉などとあり、都立の首都大学東京をはじめ、明治大学や国士舘大学、日本体育大学などが、授業や試験の日程を繰り上げて大会開催期間と重ならないようにしたり、ボランティアへの参加を単位化するなどの措置を講じたか、検討している。学生課で「やれば就職で有利になる」と指導している大学の名前も聞く。

彼らは決して例外ではない。NHKのアンケート調査では、すでに二〇一八年夏の段階で、都内の大学の過半が同様の方針を固めたといい、そもそも二〇一四年には、全国で八百以上の大学が大会組織委と連携協定を締結して、「人的・教育的分野」や「国内PR活動」、「オリンピックムーブメントの推進及びオリンピックレガシーの継承」などに関する連携を約束していたのだ。

「先日、早稲田大学の教授に依頼されて、この問題についての特別授業をしたんです。事前に学生百人から取ったアンケートでは、〝応募しない〟が六割で、〝応募した〟はゼロ、〝考えたこともない〟〝検討中〟が二割ずつ。ただ、案の定、就職との関係を質問してきた学生はいましたね。スポンサー企業とか、オリンピックを事実上仕切っている電通はどうか、とか。独創性を求めていると謳う企業が、そんなことで評価を変えるはずがないだろうと返しはしたのですが……」（本間）

さて、ここで年末の、東京２０２０大会ボランティアへの応募者殺到が報じられた〝カラクリ〟だ。私の手元に、東京都教育委員会が二〇一八年十一月二十六日付で都立の高校や特別支援学校の校長に宛てた通知文がある。それによれば、都市ボランティアの応募期間が十二月二十一日に延長されることになった説明。で、生徒が参加すれば〈大きな充実感、達成感を得られることが期待でき〉るので、〈周知と案内等について、お取り計らいのほど、よろしく〉云々とあった。

要は生徒たちの動員を促す、事実上の業務命令だった。〈なお、本件については、改めて校長連絡会で御説明させていただきます〉という結語を平静に受け止められた校長は皆無だろう。彼らはその後も、都教委による同じ趣旨の通知を、数次にわたって受け取ることになる。都教委にしてみれば、念には念を入れろということだったか。

はたして自校の生徒を都市ボランティアの要員に差し出した校長は少なくなかったようである。担任の教員から、「とりあえず（参加申込書への記載事項を）ぜんぶ書いて出してね」と指示されたとする、現役の高校生と思しきツイッターが、いくつも発信された。

拒否する自由が絶無ではないので、これだけだと強制とまでは言いにくい。そこで、「神風特攻隊は強制ではなかったみたいな話に似てる」「徴兵キターって感じだな」「「取り敢えず書いて」ってのは判りやすい詐欺の常套句」「真面目にこの国やばくない?」といった反応もあったが、案の定と言うべきか、より目立ったのは「戦時中の表現使うやつは大抵痛いやつ」「いやなら日本出ていけ非国民」「都税で賄われてる都立なら文句言わず行けや」「またバカサヨが妨害活動やってんの?」などとする誹謗中傷だった。

以上は都市ボランティアの応募者が締め切り延長後に急増したひとつの要因だ。これだけではなかったろうし、主に企業や大学が狙われたと見られる大会ボランティアについては、これほど明確な証拠をまだ発見できていないのが残念である。

ともあれ必然的に導かれた結果ではあった。大会組織委員会はすでに二〇一八年三月二十八日の理事会で、十八歳以上の条件が付いている大会ボランティアとは別に、中高生向けの募集枠を設ける方針を決めていた。サッカーやテニスのボール拾いやバスケットボールなどでコートを清掃するモップかけ、入場待ちの観客向けの楽器演奏、競技会場外での観客誘導などが想定されたという。在京紙で報じたのは『東京新聞』だけだったので、あまり広くは知られていなかったかもしれない。

実際、都教委は都立学校の校長らに通知を出した同年十一月、一方で国立オリンピック記念青少年総合センターに区市町村立中学校の生徒も含む合計三百十人ほどを招いた「第一回都立高校生等によるボランティア・サミット」を開催。オリンピアン(オリンピック選手・出場経験者）による講演や、「東京２０２０大会に向けての、各校のボランティアサポートチームの取組」をテーマとするグループディスカッションなどが繰り広げられてもいた。

オリンピックを推進する側が早い段階から、直接的かつまとまった動員が容易な中高生たちを都合の良い労働資源と捉えていたことは疑いようもない。都立Ｓ・Ｙ高校『ＹＪＯＵＲＮＡＬ』の前編集長・Ｈの慧眼は、本人の意図を超えて的中した。

前出の本間龍は語っていた。

「それにしても、この調子では小学生までもが、観客役とか日の丸の旗振り役などに動員されるのではないか。同調圧力の強い日本社会では、嫌がる子がいじめの対象にされてしまいかねません。中学二年の子を持つお母さんから言われたこともあります。ボランティアを断ったら、受験の内申点に響くんじゃない？　って。学生や親にそう思わせただけで間違っている」

現実にも、協調性や〝空気を読む〟能力を図るモノサシとして活用したがる企業や高校・大学が現れる可能性は小さくない。二〇一八年十月に関係省庁連絡会議が発足し、政府主導の新しい就職・採用活動ルール作りが急がれている状況ではなおさらだ。動員したい対象に忖度《そんたく》させ、思い込ませることができたら、それは動員する側の勝ちなのである。

「レガシー」という言葉が、東京２０２０大会ではやたらと多用されている。二〇〇二年に国際オリンピック委員会（ＩＯＣ）が、「〝To promote a positive legacy from the

Olympic Games to the host cities and countries〈オリンピックの開催都市ならびに開催国に遺産を残すことを推進する〉」とオリンピック憲章に書き加えたことが発端だとされており、二〇一七年には東京都が「大会後のレガシーを見据えて」と題する冊子まで策定し、〈大会による経済効果を最大限に生かし、東京、そして日本の経済を活性化させます〉など八つのテーマについて実行プランを示してみせていた。プランには〈働き方改革の推進により社会全体の生産性を高めます〉の小項目もある。

「そして政府は、オリンピックで培うタダボラ（無償のボランティア）体制を、二〇二五年の大阪万博や、二〇三〇年の招致を計画している札幌冬季オリンピック、その他あらゆる局面で活用できる〝レガシー〟にしていきたいのでしょう。要は総動員体制の常態化です」

本間の理解に、筆者も同意する。何のために、そこまで——？

道徳教育の危険性

「みなさんは教育公務員なのですから、政治活動には制限があることを承知しておいてください」

二〇一七年七月の参議院選挙を控えた時期の「職員連絡会」で、校長が釘を刺した。首都圏のある小学校。特に教職員組合の組合員に向けられた言葉のようだった。

その日の休み時間に、職員室の雑談で、政治の話題を口にしたベテラン教員がいた。

「しかし、安倍（晋三首相）はなんでこんなに支持されているのかね」

と、傍らにいた若い同僚が慌てて、

「シーッ！」

口元に人差し指を当てた制止のサイン。

「そんな話、ヤバイッす」

「何を言ってんだ。君だって投票には行くだろう」

「だって、われわれは政治活動をしちゃいけないんですよ」

彼は校長の警告を、政治の話題と投票行動の禁止のように受け止めていたと、ベテラン教員は筆者の取材に肩をすくめた。「最近はそういう教員が珍しくないんです。若手ばかりじゃない。むしろ五十歳台の人たちが上に従順だ。「昔は何かと面倒くさかった。最近は（団塊の世代の）うるさい爺さん婆さんがいなくなったんで楽でいい。何事もすんなり決まるからな」なんて言っている」

制度的な背景もある。教職員で構成される「職員会議」は、かつて学校における最高議決機関として位置付けられることが多かったが、二〇〇〇年の学校教育法施行規則の一部改正（文部科学省令）で「校長の補助機関」と規定されて以来、多くの都道府県で、上意下達のための機能に変質した。「職員連絡会」の呼称が一般的になってきたのもこのためだ。

そのような学校教育の世界で、二〇一八年四月、小学校の「道徳」が教科になった。中学校は翌二〇一九年四月から。道徳がたとえば部活動などとも同列の「教科外活動」だった従来とは大きく異なり、検定教科書が導入され、教員による評価の対象となったのである。

道徳教科化への動きはかねて浮上しては潰《つい》え、を繰り返してきた命題だったが、二〇一二年十二月の第二次安倍政権誕生で一気に加速。「いじめ問題への対応」を前面に掲げて二〇一五年二月、文科省が省令で学校教育法施行規則をさらに一部改正して道徳を週一コマの「特別な教科」と定義し、翌々二〇一七年三月告示の新しい「学習指導要領」（小・中学校）で教科化が決定されて、二年の移行措置期間を経て完全実地の運びとなった。二〇一四年二月に新指導要領の基となる答申をまとめた中央教育審議会（当時の会長は三村明夫・日本商工会議所会頭、新日鐵住金相談役名誉会長）の委員に、道徳教育のあり方を論じるには欠かせないはずの哲学や倫理学の専門家は、一人も名を連ねてはいなかった。目立ったのは財界人や経営コンサルタント、保守派のジャーナリストなどである。

道徳の教科化が何をもたらすか。結果が明瞭になるには今しばらくの時間が必要な理屈だが、不安は尽きない。日教組（日本教職員組合）や全教（全日本教職員組合）などの教職員組合も、この問題には深入りしたがっていないのが現状だ。

最も懸念されるのは、価値観さらには生き方の押し付けに直結しかねない危険さである。戦後初めて道徳基準が国定化された一九五八年以来の論争点だ。軍国主義時代の「修身」が、否応なく連想されてしまう。

検定に合格し、すでに授業で使用されている道徳教科書を読んでみる。よく引き合いに

出されるのが、七つの出版社が高学年向けに採用した「手品師」という話だ。それによれば――、

腕はいいが売れない手品師がいた。

ある日、彼が街を歩いていると、小さな男の子がしゃがみこんでいる。聞けば父親はすでに亡く、母も働きに出たまま帰ってこないのだという。

可哀想に思って手品を見せると、男の子は元気になった。「あしたも来てくれる?」「きっと来るよ」。

その夜、手品師に友人から電話がかかってきた。あした、大劇場でマジックをする予定だった手品師が急病で手術を受けることになったので、代わりに出ないかという。

手品師の頭の中では、大劇場のはなやかなステージに、スポットライトを浴びて立つ自分のすがたと、さっき会った男の子の顔が、かわるがわる、うかんでは消え、消えてはうかんでいました。

(このチャンスをのがしたら、もう二度と大劇場のステージには立てないかもしれない。しかし、あしたは、あの男の子が、ぼくを待っている。)

迷いに迷った手品師は、しかし、友人の誘いを断るのである。大切な約束があるのだと。

「きみがそんなに言うなら、きっとたいせつな約束なんだろう。じゃ、残念だが……。また、会おう。」

よく日、小さな町のかたすみで、たったひとりのお客さまを前にして、あまり売れない手品師が、つぎつぎとすばらしい手品を演じていました。

ある学級では、この教材を最後まで読ませて、生徒に感想を尋ねた。八割の子が「素晴らしい話だと思います」と答えたという。

「教科書が約束の大切さを教えてくれているから、ということですよね。だから私は初めからは最後まで読ませないんです。途中で考えさせる〝中断読み〟というのをやっている」

そう語るのは、現役の小学校教員で、研究者や保護者も巻き込んだ「道徳の教科化を考える会」の代表を務める宮澤弘道（一九七七年生まれ）だ。この場合なら、手品師が迷っている場面で教科書を伏せさせ、生徒たちに「彼はどうすると思う？」と問うてみるのだと言う。

「私の学級では、〝子どもを招待してステージに立つ〟という子が八割でした。それから最後まで読んで、返ってきた感想には、〝手品師よ、お前の夢はその程度なのか〟とか、〝この子のお母さんと手品師が再婚すればいいんだよ〟なんていうのも。〝手品師が約束の場所に行ったら、その子はそんなことすっかり忘れて、みんなと遊んでた〟と、オリジナルのオチをつけた子には笑いましたね」

なるほど、こういう授業なら道徳も楽しくて意義があると短絡するのは早計だ。現在はあくまでも「特別な教科」で、心に優劣をつけるのかという批判もあり、評価は数値ではなく記述式の建前になっている。だが多くの教科書には決められた徳目ごとに生徒が自己評価する欄が設けられており、そもそも各教材の「ねらい」が指導資料などで明確にされていて、その通りに教えるのが優秀な教員という発想が圧倒的に主流なのが、近年の教育界だ。「手品師」の「ねらい」は、「誠実に人に接しようとする態度を養う」だった。自らチャンスを棒に振る以外の選択肢は排除されている。

道徳教科書の問題点を、宮澤は次々に指摘した。障害者が登場する教材には三つの共通項がある。彼らが例外なく思いやりに溢れた〝よい人〟で、何かしてくれた相手には卑屈なまでに感謝する。そして自分の力で障害を乗り越えていく。障害も自己責任なのだと、道徳が教える。

あるいは寝坊したり、靴の踵を踏んづけて履いたり、砂場の砂を投げる「るっぺ」という子猿が、同級生のみんなに嫌われるという教材が、しかも低学年向けなのは酷い。道徳でこれをやられると、「るっぺ」のような子はクラスに居場所がなくなる。

戦争中に病院で出産し、直後に東京大空襲に遭った母子を、医師と看護婦たちが懸命に避難させたという教材もある。生命の尊さがテーマらしいが、生命を断ち切る戦争の是非は問われない。まるで自然災害と同じ扱いだ……。

「正義の戦争なんてあり得ません。多くの教員は素朴に、よいことを教えるんだと信じ込んでいる。内面の評価には疑問を感じても、子どもを否定するようなことは書かないのだし、教育委員会や出版社の文例集が山ほどあるので、それに倣ってまとめれば簡単だと。民主的な道徳教育とか、人権ベースの道徳教育などと言い出した組合もあります。対抗する教科書を作ろうと言う人も。でも無理だ。よほど力のある教員でないと、何をやっても絡め取られるだけじゃないですか。

道徳の眼差しは個人に向けられます。すべての人が生まれながらに有していて、そのことを認めない権力から獲得するのが人権なのに、権利を常に義務との対の概念で捉えるのが道徳だ。そもそも科学的に立証され、時間をかけて体系化された学問でもない道徳は、学校で教えるべきものではないんです。本当は無効化したい。でも容易ではないので、今は自分にできることをやっている、ということなんです」

宮澤には言い切るだけの原体験がある。劣等生だった高校時代、カトリック教団の募集に応じ、インドネシアからの独立紛争のただ中にあった東ティモールでボランティア活動に従事した。ボランティアにもいろいろある。

「家も貧乏だったし、毎日がつまらない。もう死ぬつもりで、それなら最後に一度は外を見てみようと思ったんです。

と言っても数ヶ月間だけ、主に井戸掘りでしたが、寝泊まりした田舎町の学校で、どこにスパイがいるかもわからないのに、教員たちが独立を熱く語っていた。すげえな、この空間と思ったのが、教員を志望したきっかけです。帰国してから猛勉強し、でもお金がないので働きながら、大学の通信教育部を八年かけて卒業しました。東ティモールでは知り合いの子が殺された。私自身も銃を突き付けられたことがある。私が平和と人権に拘る実践をしているのはこのためです。道徳には普遍性がない。それを支える〝大義〟そのものが、時代、時代で移ろっていくのですから」

戦後史を振り返ってみるといい。修身の基本となり、戦前戦中の子どもたちに〈一旦緩急アレハ義勇公ニ奉シ以テ天壌無窮ノ皇運ヲ扶翼スヘシ〉を求めた教育勅語は、戦後はずっと封印されていたが、二〇一七年三月、安倍政権によって〈憲法や教育基本法に反しないような形で教材として用いることまでは否定されることではない〉と閣議決定されるに至った。

教育勅語は日本国憲法と相容れない。それでも翌二〇一八年十月には、他ならぬ文部科学相（柴山昌彦）が記者会見で、「現代風に解釈され、アレンジした形で、道徳などに使うことができる分野は十分にある」と述べた。道徳の教科化が盛り込まれた現行の学習指導要領には、二〇一二年に必修化された中学校の「武道」に、戦時中の軍隊や学校で教練があった「銃剣道」が明記されてもいる。

修身や教育勅語が復権に向かっているのは明白だ。定番だった二宮金次郎（尊徳）を、小学校の道徳教科書八種のうち四種が取り上げた。史実かどうかも疑わしい「歩き読書」で知られる金次郎だが、彼の真骨頂は私利私欲に走らず社会に貢献すれば自らに還元されると説く報徳思想だった。修身の手本とされたのも、自由民権運動に手を焼いた明治政府にとって都合のよい人物像だったためだと、二宮家の現当主・康裕（一九四七年生まれ）は考えているという（『朝日新聞』二〇一八年十月八日付朝刊など）。

中学生の道徳教科書には「武士道」も登場した（東京書籍版）。二〇一八年三月に告示された高校の新学習指導要領では、学校教育全体で道徳教育に取り組む「全面主義」の従来路線が維持され、道徳は教科化されなかったが、代わりに〈「公共」及び「倫理」並びに特別活動が、人間としての在り方生き方に関する中核的な指導の場面であることに配慮すること〉と強調している。「公共」は新指導要領が実施される二〇二二年度以降に新設される必修科目で、代わりに廃止される「現代社会」にはあった「基本的人権の尊重」と「平和主義」の内容が削除された。現実の政治・経済・社会を学ぶ「現代社会」では難しかった価値観の刷り込みが、「公共」でなら果たせるということか。

学校生活のあらゆる局面で、〝あるべき国民像〟が教育されている。幾人もの小中学校教員たちが、筆者の取材に口を揃えた。

「いつの間にか、それぞれの学校で「〇〇スタンダード」なるものが定められ、HPにまで載せられるようになっています。教室内のゴミ箱を置く位置とか、掲示物は黒板の前面に貼れとか。生徒は授業の初めに頭を下げて教員の目を見つめること、とか。

「〇〇スタンダード」は各校の生活指導部が策定します。その通りにするか、生徒にそうさせることができるかは、教員の評価に直結します」

こんな例も聞いた。朝礼で前へ倣《なら》えをさせて、余計な音を立てる生徒がいたら、全員に何度でもやり直させる。各教室に戻る際、まず校庭を一周させて、足音が乱れるとスピーカーで叱りつける。疑問視する教員がいても、管理職や同僚たちが「道徳は大事だから」。道徳とは統制のことであるらしい。

オリンピックで国威発揚の意味

道徳の教科化を求めた新学習指導要領は、二〇〇六年十二月に第一次安倍政権の下で成立し、直ちに施行された改正教育基本法を法的根拠としている。旧法では「教育の方針」として短くまとめられていた第二条が、新法では「教育の目標」に変更され、新たに「自主及び自律の精神を養う」「職業及び生活との関連を重視し、勤労を重んずる態度を養う」「公共の精神に基づき、主体的に社会の形成者に参画し、その発展に寄与する態度を養う」「伝統と文化を尊重し、それらをはぐくんできた我が国と郷土を愛する」など、子どもたちが教えられるべき徳目の数々が列挙された。

愛国心に関わる部分が特に注目されたことが記憶に生々しい。新法は前文でも、「公共」や「伝統」「我が国の未来を切り拓く教育」といった、旧法にはなかった文言を重ねている。戦後教育の二本柱は「人格の完成」と「国家及び社会の形成者」の養成とされ、新法でも第一条で併記されてはいるのだが、以上の改正ポイントに新法の圧倒的優位と、それに伴う「人格」というものの意味の変更を見て取ることはたやすい。

すなわち、国民をしていかに国家に貢献させるかを何よりも目指す〝教育〟あるいは調教か。ゆえに高校の新学習指導要領では、従来の「国語総合」を「現代の国語」と「言語文化」に再編し、実用的・論理的な文章の読み書きの比重を一気に高めた。相対的に詩や小説のような文学系や古典は軽視される。スピーチへの質問や反論、手順書や説明資料の作成などの学習も増えるというから、国語というよりビジネスマンの研修に近い。グローバル化の進展や人工知能（ＡＩ）の進化に対応するのだという。

そうした時代の教育の、道徳教育は〈扇《おうぎ》の「要《かなめ》」のよう〉なものだと位置づけられた。新指導要領の〈特別の教科としての道徳の時間を要として学校の教育活動全体を通じて行う〉とする一節に関する文科省ＨＰの説明だ。子どもたちはそうやって、政府の定めた徳目を基準に格付けされ、将来を決められていく。

そして、オリンピックだ。東京２０２０大会を控え、二〇一六年から全国の小中高校で「オリンピック・パラリンピック教育」（略称オリ・パラ教育）が進められてきている。開催都市できわめて熱心な東京都は、以来、年間三十五時間程度（週一コマ）のプログラムを導入し、全公立学校にカラー写真満載の「学習読本」やＤＶＤを配布した。今や各校の表玄関には、例外なくエンブレム入りの旗やのぼりが掲げられている。アスリートや国旗の専門家を招いて、体育館で講演してもらう学校。「開会式まであの何日」のカウントダウン・カレンダーを廊下に貼って、生徒たちに交代で数字を書き込ませていく学校。オリ・パラ教育の強制に不満を口にする教員がいると、校長ら管理職にきつく叱責される学校。小学校の算数で男子陸上一〇〇メートルの世界記録を時速に換算させる学校、月に一度、各国の料理を取り入れた「オリ・パラ応援給食」を出して、その国について学ばせる学校もある。

二〇一八年十一月には、都内二千三百校に、最大で合計九十七万枚の観戦チケット（引率者分を含む）が準備されることが、各地区の校長会で伝達された。宅配便やインターネットの発達に伴う郵便物の減少に悩む日本郵便が近年、全国一万七千校を超える小中高校および特別支援学校に葉書とテキストを配布している「手紙の書き方体験授業」も「東京2020教育プログラム」として公認され、パンフレットに記されたQ＆Aが興味深い。この授業を通してなぜ参加したことになるのかという想定質問に対する回答は、授業の実施を日本郵便が大会組織委員会に報告することで、〈東京2020公認プログラムへの参加校としてカウントされるからです〉だった。

1　オリンピズムは肉体と意志と精神のすべての資質を高め、バランスよく結合させる生き方の哲学である。オリンピズムはスポーツを文化、教育と融合させ、生き方の創造を探求するものである。その生き方は努力する喜び、良い模範であることの教育的価値、社会的な責任、さらに普遍的で根本的な倫理規範の尊重を基盤とする。

2　オリンピズムの目的は、人間の尊厳の保持に重きを置く平和な社会を奨励することを目指し、スポーツを人類の調和の取れた発展に役立てることにある。（後略）

オリンピック憲章（右記は二〇一七年版の邦訳）が謳う根本原則は素晴らしい。スポーツは優勝劣敗の世界でもあるだけに、こうした目的設定が伴わないと優生思想の塊に堕しかねない危険が不可避だ。現実の大会が真実、この理念に貫かれているのであれば、確かに格好の教材かもしれない。酷暑でない季節で、大方の教員がスポーツ弱者に配慮できる能力を備えているなら、という条件が保障され得るのであれば、児童生徒に無償のボランティア参加を呼び掛けることにも、相応の意義が生じるだろう。

だが現実はどうか。都教育委員会策定のオリ・パラ教育の実施方針が挙げた「重点的に育成させる五つの資質」は、「ボランティアマインド」「障害者理解」「スポーツ志向」「日本人としての自覚と誇り」「豊かな国際感覚」だけだった。大会に向けたムーブメント展開事業の一環として各地の教育委員会を財政的に助成しているスポーツ庁にしても、児童生徒らに〈これからの社会に求められる資質・能力等の育成を推進する〉（オリ・パラ教育に関する有識者会議の最終報告書）ことは明記しても、憲章を理念たらしめている「哲学」「人間の尊厳」「平和な社会」といった諸要素は、なぜか度外視している。個人を国家に従属させる改正教育基本法の呪縛は揺るがない。

ＪＯＣ（日本オリンピック委員会）のある有力ＯＢが嘆いていた。

「オリンピック憲章を大事にした大会を開きたい。これがＪＯＣ職員の共通した思いでした。でも政治と、そこに連なる幹部たちがそれを許してくれません。特に今回は、二〇一六年大会招致の時の失敗があったから、余計に森喜朗元首相（東京2020大会組織委員長）と安倍晋三首相のラインに頼ってしまった結果が、こういう形です。

オリンピックは当初、グローバリズムによって戦争をなくそうとしていたのです。でも、どこの国の人々も、やっぱりナショナリズムを高揚させがちだ。だったらそれを前提として受け止めた上で、平和に結びつけていくのが理想ではないのか。ところが今回は、初めに国威発揚ありき、なんですからね」

印象論ではまったくない。二〇一六年八月二十一日に放送されたNHKの「おはよう日本」で、元看板アナウンサーの解説委員がオリンピック開催のメリットを問われて、真っ先に「国威発揚」だと答えていた。閉幕したばかりのリオデジャネイロ大会で日本勢は過去最多となる四十一個のメダルを獲得したことを受け、次の東京大会に向けた環境整備の必要を強調する流れで出た発言で、さして報道もされないのに一部でかなり騒がれたが、実のところ彼は、特に極論を吐いたわけでもなかった。

まだ自民党が民主党から政権を奪回する以前。二〇一一年に共産党を含む全会一致で可決・成立し、施行された「スポーツ基本法」の前文に、こうある。

> 国際競技大会における日本人選手の活躍は、国民に誇りと喜び、夢と感動を与え、国民のスポーツへの関心を高めるものである。これらを通じて、スポーツは、我が国社会に活力を生み出し、国民経済の発展に広く寄与するものである。（中略）スポーツは、

我が国の国際的地位の向上にも極めて重要な役割を果たすものである（傍点引用者）。

そこで、〈スポーツ立国を実現することは、二十一世紀の我が国の発展のために不可欠な重要課題〉だから〈スポーツ立国の実現を目指し、国家戦略として〉この法律を制定すると、前文は続けていた。オリンピック憲章の精神とは相反する。スポーツによる国威発揚が「国家戦略」。二〇一八年六月に開かれたＪＯＣの理事会で、東京大会での目標が「金メダル三十個」と決定されたことも、〈経済の発展に広く寄与〉させるための国策なのである。

ナチスドイツのベルリン・オリンピック（一九三六年）を連想するまでもない。安倍首相は二〇一七年五月三日付の『読売新聞』朝刊で、東京オリンピックが開催される二〇二〇年を改正憲法施行の年にしたい旨を表明している。二〇一八年は明治改元百五十年を祝う大々的かつ重層的なキャンペーンが官民挙げて展開され、当時の日本人に学べ、倣えとする首相の号令が幾度も飛び交った。二〇二五年には大阪で万国博覧会が開かれる。東京―名古屋間をわずか四十分間で結ぶリニア中央新幹線が開通するのは二〇二七年で、さらに大阪へと延伸されていく。北海道地震で二〇二六年の冬季オリンピック招致を断念した札幌市の政財界も、ならばと二〇三〇年大会へ照準を伸ばし、なお意気軒昂を伝えられる。

日本は国土が狭い。少子高齢化にも歯止めがかからない。おまけに地震国で、台風や豪雨による被害が酷くなる一方だ。

それでも大国化を夢見続けた帝国主義時代を称揚しつつ、一九六〇～七〇年代の高度経済成長時代と同じか相似形のメディア・イベントが目白押しの図は、滑稽なだけでは済まない。一方で日米軍事同盟の深化とこれに連動する憲法改正問題があり、他方には外需拡大を急ぎ、かつ資源を求めて紛争地帯への経済進出も辞さない「インフラシステム輸出」の国策がある。このあたりの詳細は『戦争のできる国へ――安倍政権の正体』『「明治礼賛」の正体』など過去の拙著に譲るが、いわゆる「パンとサーカス」の「サーカス」を次々に繰り出してくる、これも「国家戦略」が担っているのは、二〇二〇年代を通して日本のパワーを世界に印象づける役割ではないのか。

何のために？

悪条件にもかかわらず、さらなる経済成長の高みに立たんとする不屈の国家という自己イメージ。もっと言えば、とりわけ小泉純一郎政権の頃から多くの識者に批判されてきたアメリカへの同化をより強く推し進め、その見返りとして獲得できると信じられている、新たな帝国主義への宣言だと、私は考える。

世界最大の「サーカス」であるオリンピック・パラリンピックの東京２０２０大会は、だからこそ求められたのではないか。〝明治百五十年〟や大阪万博だけでは盛り上がらない。ＩＯＣ総会で安倍首相は、福島第一原発事故による放射能汚染を、「アンダーコントロール」の虚言で済ませた。ＪＯＣの前出ＯＢもヒントをくれる。「政府はＩＯＣ（国際オリンピック委員会）で開催地の投票に影響力を持つ大物の国へのＯＤＡ（政府開発援助）

を増やしていましたね。また総会の直前、総理が中東某国を訪問したことも、最後まで争ったマドリッドを圧した勝因と言われています」。

関係者の話や当時の報道などによると、二〇一三年の八月下旬、安倍首相はバーレーン、クウェート、ジブチ、カタールなどを歴訪していた。特にクウェートのジャービル首相やナッワーフ皇太子との会談で、先方の主張を受け入れる形で「経済、農業、医療分野での協力」などが表明され、署名や発効が相次いでいた租税条約や投資協定の重要性が確認されたことが、オリンピック招致の上で大きかったと言われる。クウェート国籍のＩＯＣ幹部がマドリッド支持に流れたかもしれない可能性を封じたと見られているためだ。

「私はオリンピックがカルトになるとは思わない。スポーツにはしっかりしたルールがありますから」

ＪＯＣの有力ＯＢは、こうも語っていた。オリンピックそれ自体については同感だ。閉会すれば終わりでもある。問題は、オリンピックがゴールではなく、人間を操る手段にされてしまっていることなのだ。

オリンピックとマスコミ

二十一世紀のオリンピックが、その美しい理念を完全に忘れ切ってしまったとは思わない。二〇〇八年の北京オリンピックは確かに国威発揚の色彩が強烈で、その後の展開も生易しいものではないけれども、当時の中国が社会経済の発展と安定・成熟化を国際社会に公約したことの意味は大きかった。二〇一八年の平昌《ピョンチャン》冬季オリンピックでは大韓民国と朝鮮民主主義人民共和国の女子アイスホッケー合同チーム参加が実現し、彼女たちは開会式で南北コリアの統一旗を掲げて入場した。戦争を避ける目的を政治利用と呼びたくもない。

だが、ビジネス化は加速の一途を辿るばかりだ。一九八〇年モスクワ、一九八四年ロサンゼルスの両大会における東西両陣営のボイコット合戦は、とりわけアメリカに財政的な大赤字を招き、各国政府にオリンピック開催のリスクを思い知らせ、民間スポンサーの本格導入が急がれて、呼応してグローバル・ビジネスの巨大資本が入り込んでいった。一九九六年アトランタ大会に及んで、カネまみれの実態が世界中に知れ渡り、今日に至っている。

この奔流に乗って、欧米先進国のマスメディアの影響力が極度に肥大化した。オリンピックのプログラムはスポーツの国際大会が少ない七～八月に、アメリカ本土のゴールデンタイム（テレビが視聴率の取りやすい十九～二十二時）に合わせて組まれるようになった。酷暑の炎天下での開催となった東京2020大会の悲惨も、それゆえにもたらされた、のだったが――。

「スポーツ・マーケティングにおける最高のコンテンツに直接参加することでブランド力を引き上げ、読者の拡大に繋げたい。横に長い東京本社の社屋にIOC加盟二百六ヶ国および地域の旗でデコレーションしたら、道行く人たちがインスタグラムにアップしてくれたりと、反響は上々です。開催が近づいたら紙面などでキャンペーンも張って、広告を入りやすくしていくことも、協賛の目的のひとつ。大会の二年後の二〇二〇年に創刊百五十年目を迎える弊社では、次なる経営ビジョンを模索しています。新聞社のビジネスモデルもすごい勢いで変わっていく時代に、それでも存続していくために、オリンピックを契機として、新たなチャレンジを重ねていきます」

毎日新聞社オリンピック・パラリンピック室次長の佐藤正明（一九六五年生まれ）は、問い質す私に、淡々と語った。同社と読売、朝日、日本経済の大手全国紙四紙は、二〇一六年一月から二〇二〇年十二月末日までの五年間、JOCとの間で「オフィシャルパートナー」契約を締結している。公式呼称やエンブレムの使用や、イベントのタイアップ等の権利を行使できる。

五輪のスポンサーはIOCが管理する「ワールドワイドオリンピックパートナー」と、各国の組織委が契約するものとに大別される。東京2020大会の場合、前者にはコカ・コーラやGE《ゼネラル・エレクトリック》、VISA、アリババ、パナソニック、三星《サムスン》、トヨタ自動車など十三グループが契約。後者は百億円以上の協賛金を求められる「ゴールドパートナー」と六十億円以上の「オフィシャルパートナー」、十〜三十億円の「オフィシャルサポーター」の三種類。スポンサードはかつて一業種一社に限られる原則だったが、二〇〇〇年シドニー大会前後から徐々に緩み始め、資金力に乏しい新聞社が四社も相乗りする今回の事態にもなった。

読売、朝日、日経の三社にはいずれも取材を拒否された。やむなく直接の関係者の周辺を歩いて、およそ次のような経緯だったらしいとわかった。

一九八〇年代にスタートした「がんばれ！　ニッポン」キャンペーン（協賛金を出した企業に見返りとしてトップ選手を起用したCMなどを認める資金調達の手法）以来、JOCのスポンサーだった読売が、今回も手を挙げた。そのままなら同社が業界唯一のスポンサー新聞社になる。そうはさせじと朝日が参戦し、毎日や日経を巻き込み、日本新聞協会を中心とした談合を経て、四社合同の形に落ち着いた。

参加した社もそうでない社も、個別の背景はいろいろだ。毎日の佐藤は、こうも語っていた。

「二〇〇〇年代の後半に注目された「ANY」というのをご記憶でしょうか。朝日、日経、読売の三社による、ネット事業と販売分野での提携です。ウチを排除しようとして、結局、うまくいかなかったようですが……」

読者離れとそれに伴う広告収入の減少は、もはや「ANY」発足当時の比でさえない。オリンピックを起爆剤に、という発想は四社すべてに共通しているが、毎日は殊に、今度こそ乗り遅れまいとする危機意識が強いようである。

東京2020大会のスポンサーには、その後、産経新聞社と北海道新聞社も「オフィシャルサポーター」として加わった。後者の場合は札幌冬季オリンピック招致を視野に入れた動きだと見られる。

現代の新聞社が生き残っていくためには、なりふりなど構っていられない。深刻な事情は理解できても、しかし、これはすなわち、ジャーナリズムの放棄以外の何物でもないのではあるまいか。

報道機関がオリンピック・ビジネスの当事者になったのである。不祥事は次々に発生する。〝アンダーコントロール〟の嘘。エンブレムにかけられた剽窃疑惑。新国立競技場の設計図に聖火台を置く場所が用意されていなかった失態。選手村の建設現場における男性作業員の転落死。当初予算などただ単に嘘だったとしか思えないほど膨れに膨れ続ける大会運営費。招致をめぐるIOC委員と竹田恆和・JOC委員の増収賄を追及しているフランス検察庁。最大で通常の十倍もの乗降客が溢れる駅、鉄道の運行停止もあり得るとした専門家の試算。ブラック・ボランティア……。

確かに隠蔽はされなかったが、きちんとした調査報道がなされたとも思えない。莫大な放映権料を動かす放送局は初めから当事者だ。新聞が消費税の軽減税率適用を受けることになったのも業界ぐるみで政権政党に働きかけた賜《たまもの》。民間放送連盟（民放連）は憲法改正国民投票が行われる場合のCM規制を拒否して、財界の巨額マネーが電波を買い占め、テレビが改憲一色に染まりかねないとする識者や野党の危惧を顧みようともしていない。ジャーナリズムが読者や視聴者の信頼を自ら断ち切った社会の行く末は、想像するだに恐ろしい。

オリンピック裁判

訴状

1　被告は原告ら（当事者目録記載49・84を除く）に対して、
　東京都監査委員が、「東京都教育委員会が2016年3月31日に、自己の作成した『オリンピック・パラリンピック学習読本』・映像教材DVD・教師用指導書を、東京都内の全ての小学校・中学校・高等学校で配布したが、この配布のために金1億6285万4239円を支出した行為について、この財務会計行為が違法無効であった」と認定しなかったことが違法であることを確認せよ。

二〇一七年五月、都内在住の大学名誉教授・高嶋伸欣《のぶよし》（一九四二年生まれ）ら九十二人が東京地裁で、東京都教育委員会を相手取り、右記の支出は違法であるから東京都に返還するよう求める損害賠償請求訴訟を起こした。訴状によれば、理由は前記『読本』のたとえば小学校用の六五ページ〈表彰式の国旗掲揚では、国歌が流されます〉や、また中学校用の八九ページ〈中央に1位、向かって左側に2位、右側に3位の国旗が掲揚され、1位の国の国歌が演奏される。国歌が演奏されるときには、敬意を表し、起立して脱帽する〉等の記述が、オリンピック憲章に明らかに違背するからだ、という。

原告代表の高嶋に会った。二〇一八年十一月、彼らが最終弁論の機会も与えられないまま、鈴木謙也裁判長によって強引に結審されて間もない時期だった。

「オリンピック憲章には、国歌とも国旗とも書かれていません。〈優勝者の所属する選手団の歌〉、〈選手団の旗〉なんです。IOCに加盟しているのはCountryですから、日本語に訳すときは「国および地域」であって、「国」とは限らない。香港やグアムなどが参加している事実からも、そのことは明白でしょう。台湾が国旗でなく梅の花をデザインした旗を用いているのも、選手団を派遣している台湾のオリンピック委員会が大会組織委員会に登録したからで、共通ルールと異なる特別規定を適用したわけではありません。

クーベルタンによって復活された近代オリンピックも、古代オリンピックの精神に立つことを理念とし、それがこの憲章になって示されている。競い合うのは選手間あるいはチーム間の技であり、国家間の競争などではないということですね。個人の人間性や能力にこそ、国家間の政治的対立を凌駕する価値が見出されていた」

しかるに都教委は、その気高い精神を承知の上で捻じ曲げ、悪質にもオリンピックを、子どもたちのナショナリズムを煽るあからさまな道具として利用した。そういうことになる。もっともオリンピック憲章はかなり頻繁に改訂されてきているのも現実で、二〇〇四年版以降の表彰式に関わる条文には、このあたりの規定がやや曖昧にされている。大衆のナショナリズムを刺激することでマーケットを拡大したいオリンピック・ビジネスの意向が反映されたようだが、だからといって国旗・国歌に変更してしまえば開催の意義そのものが消滅する。条文上もそこまでは堕落していない以上、どこまでも「選手団の歌、旗」でなければならないのが当然だ。

どだい、オリンピックの表彰式で演奏される歌は、旗の掲揚に合わせた長さに調整されている。その旗にしても縦二、横三の比率という規格に統一されている。よほどの偶然でない限り、国歌や国旗そのものであるはずもないのである。

都教委のやり方に気づいた原告たちは、住民監査請求も『読本』などの取り消しを求める行政訴訟も却下されて、やむなく損害賠償請求に辿り着いた。オリンピックをダシにした一大ナショナリズム・ムーブメントは、政財官・教育・マスコミ界が一体となって、挙げ句の果てに歴史修正主義にまで陥ってしまった。

「以前はここまでは酷くなかった。一九九八年の長野冬季オリンピックの時も、私は大会組織委員会に〝国旗、国歌じゃない、「選手団の旗、選手団の歌」なのだ〟という要望書を出したのですが、彼らは基本的には理解してくれたし、マスコミの大方もそう書き、放送してくれました。やがて年を追うごとに、〝国〟を強調したがってきたのですが……。でも、同じ東京オリンピックでも、二〇一六年大会の招致活動の時にやはり小中学生と高校生向けに都教委が監修し、東京都とＪＯＣが発行した『未来と結ぶオリンピック～勇気・地球・共生』は、正しいことが書いてあったんですよ。あの石原慎太郎都知事が言い出して始めた招致だったのに」

高嶋が苦笑した。こんなところでも強権体制への「忖度」が働いている。伝記映画『ハンナ・アーレント』で、主人公のユダヤ人哲学者ハンナが、ホロコーストの最高責任者だったアドルフ・アイヒマン（一九〇六〜六二）の人柄を裁判などを通して知り、ただ上の命令に従うだけの平凡な〝普通の人〟でしかなかったと認識したくだりを思い出した。現代日本における国家カルトの状況と、とてもよく似ている。

ある日突然に顕れた現象ではない。こうなるに至った萌芽はすでに一九九〇年代後半の企業社会で散見され、私もその実態を書いていた。以下の七章がその報告だ。

第一章　ソニーと「超能力」

たゆまざる技術革新の競争の中で世界の覇者となったソニー。そのソニーに技術と馴染まぬある研究室がある。その存在を秘匿されてきた〝ESPER研究室〟が、バブル崩壊後公然と姿をあらわした

ソニーESPER研究室

東京のJR五反田駅から八ツ山通りを品川方面に向かって七、八分歩くと、〝ソニー村〟にたどり着く。御殿山と呼ばれるこの一帯には、大小十四棟ものソニー関連の建物がひしめいているのだ。一九四六年の会社設立以来、同社が頑《かたく》なまでに守り抜いてきた創業の地。初めて訪れる時、ソニーのイメージから超高層のインテリジェント・ビルを想像していくと、少々面食らう。

そのソニー本社・広報センターの応接室。同社ESPER研究室室長の佐古曜一郎（一九五七年生まれ）が、熱っぽく語りはじめた。

「今の科学は、まるで信仰です。再現性、普遍性、客観性ばかりを重視する枠組みを厳格に守り、信ずることを前提に成立している。枠組みに馴染まないものは脇にどけてしまうのです。同じ実験を百回やって、九十九回は予想通りの結果だが、一度だけ違う結果が出てしまったとする。この時のデータはとりあえず横に置き、九十九回のデータについてだけ論じるのが従来の方法論でした。横に置いといたデータはそのうち忘れるか、ま、いっかと棄ててしまったり。少なくとも、その一回についての深い考察はしてこなかったのです。とりわけ人の精神に関わる現象などは再現性に馴染みませんから、議論から排除されてきました。

しかし、そのたった一回の結果に、実は本質的な問題が内在していないとは限らないわけです。われわれはこの点をこそ見つめなおしたい。科学とは本来、事象に忠実に真偽を確かめていく学問で、信じる信じないの世界ではないのですから。宗教として扱われている領域も科学できるはずだし、逆に宗教が科学を取り入れることも可能だと思うんです」

佐古はソニーにおける超能力研究の第一人者である。私はもちろん、このことを承知していて、まさにその話を取材するために相対していた。技術の最先端を行くと言われる国際的なハイテク企業が、オカルトじみた研究に取り組んでいるという。ならば、そのアンビバレンツの深層を探ってみたいと。が、現実にソニーの中堅幹部からこのような話を聞かされてみると、私はやはり平静ではいられず、しばし茫然とした。

コトは現代社会を支えている科学の根幹に関わる哲学的命題だ。佐古によれば、現代の文明は〝近代科学の祖〟と呼ばれるルネ・デカルト（一五九六〜一六五〇）以来の〝物心二元論〟と〝機械論的要素還元主義〟とに支配されて発展してきたという。一般に、前者は精神と身体ないし物質は別物であるとする思想。また後者は、世界を客観的に知るためには自然界の事物を個別的・要素的にバラバラに分解して分析する必要があるとする世界観として理解されている。

デカルト哲学はそれほど単純でなく、議論の余地はいくらでもあるが、西洋近代科学の枠組みが基本的にこの二つの根本原理から導かれて出来上がっているのは確かなようだ。とりわけ再現性の重視——科学者の発見はその試験方法が公開され、他の科学者たちによって同じ結果が再現されて初めて認知されるという、科学の基本ルール——は、絶対的な価値観となっている。再現性こそ〈科学とニセ科学を分けるキーポイント〉（池内了『科学の考え方・学び方』36ページ）とする認識は、近代以降の世界を貫いてきた根本的価値観であり、あらゆる世界秩序は、この考え方に基づいて成立していると言って差し支えないだろう。

しかし、と佐古は続ける。

「長い間そのようにして排除してきたものが、いまや溜まりに溜まっているんです」

現代文明は再現性に馴染まない世界、とりわけ精神世界を軽視しすぎ、しかも要素にこだわるあまり世界全体の把握を損なっている、というのだ。

この論理展開は佐古の独創ではない。産業界のR&D（研究開発）の現場、というより科学者・技術者の世界では、ここにきて急速に、彼のような考え方をする人々が増えてきている。かえって従来からの西洋近代科学の価値観を守ろうとする立場は守旧派とさえ見なされ、異端視されかねないほどになっている現実を、私はその後の取材で、痛烈に思い知らされることになるのである。

ソニーが怪しげな超能力の研究に乗り出している。——こんな噂は、かなり以前から一部ジャーナリストの間で囁かれていた。

アプローチを試みた者も少なくない。が、ソニー広報センターの壁は厚かった。「世間に誤解を与えたくない」という理由で、取材はことごとく拒否されてきた。強引に取り上げた媒体もあった（西田武嗣「先端企業が密かに進める超能力研究の戦慄すべき〝陰謀〟を剝ぐ」『噂の眞相』九五年二月号など）が、当事者の取材ができずじまいでは、どこか物足りない印象を否めなかった。

地下鉄サリン事件の後しばらくすると、しかしソニーの姿勢は一変した。なまじ隠し続けてオウムのような狂信集団と一緒くたにされてはたまらない、あくまでも真面目な研究開発であることをアピールするため、公表に踏み切ることにしたという。

私がソニー広報センターに取材を申し入れたのは、ちょうどその直後のタイミングだった。

井深大を口説き落とした男

ESPER研究室の目的は何か。設立の経緯。実際にどんなことを行っているのか。私が矢継ぎ早に繰り出した質問に、佐古はてきぱきと答えていく。

「ここまで科学が先鋭化してくると、人の心や意識など、精神の領域を排除したままでは、何もわからない。だから、ESP（超感覚的知覚）の存在を肯定するにせよ否定するにせよ、共通の土俵を作る必要があるんです。

たとえば〝気〟をある種のエネルギーに変換できれば、エネルギー革命に通じる。テレパシーを証明できれば、通信革命です。つまり我々の研究は、かつての産業革命以上の可能性を持っているんです。そうなれば、総合エンタテインメント企業としての当社のあり方も変わらざるを得ません。当面、すぐに利益につなげようとして取り組んでいるわけじゃない。でも、結果としては巨大なビジネスにもなりうる可能性を秘めている。関心を持つのは当然でしょう？」

あくまでもビジネス目的での研究であることを、佐古は強調した。

ここまでの道のりは平坦ではなかった、という。以下は佐古が語ったＥＳＰＥＲ研究室の前史である。

ソニーでは数年前まで、若い社員が創業者の井深大《まさる》（一九〇八〜一九九七）を囲み、彼らなりのアイディアを話す機会が時折設けられていた。斬新なもの、引っかかるものがあれば吸い上げ、会社として推進する体制を作る。こうした風通しのよいシステムが、戦後生まれのソニーを今日たらしめたエネルギー源の一つだった。

一九八〇年代も終わりに近づいていた頃のことである。技術研究所でデジタル・オーディオの開発に従事していた佐古は、井深を囲む会に参加した際、かねて持論の精神世界の研究の必要性を語った。戦後産業史上に重要な足跡を残してきた指導者である井深は、同時に東洋思想や東洋医学への造詣の深さでも広く知られている。精神世界への関心も人一倍強い。そのような井深に思いの丈をぶつけることのできる機会を得たのは、若い佐古にとって最高の僥倖だった。

やがて彼は、名誉会長室への出入りを許されるようになる。佐古は井深を口説いてみた。

「これからのソニーは、ヒューマン・サイエンスに取り組む必要があると思います。デジタル技術では確かに他社をリードしている。でも、ハードもソフトも、とどのつまり接点は人間なんです。人間の研究なくして、何がナンバーワン企業でしょうか。ソニーは二一世紀も指導者たらねばならないのです。

ですから私は、人間を徹底的に研究してみたい。人間とは何か。感動するとはどういうことか。その時の脳はどんな状態か。数理学的、社会学的、哲学的、心理学的に、私はアプローチしてみたいのです。どうか、やらせてください」

具体的には「「祭」（サイ）研究所」の設立を提案した。古来、人と神との接点だったとされる祭に、Psychology（心理学）、Psychic（超能力者）、Science（科学）といった英語をかけたネーミングだった。

電子頭脳とか人工知能などと形容されることの多いコンピュータだが、非直線的な直感、抽象化、といった柔軟な情報処理能力では到底人間にかなわない。いずれこの点がエレクトロニクスメーカーの大きな課題となろう。そのような発想から、人間の心や意識を研究するべきだという意見が、ソニー社内にはかねて少なくなかったらしい。佐古によれば、九〇年代の六大研究開発テーマの一つとして〝ヒューマン・サイエンス〟が取り上げられ、いくつかの研究所を横断するプロジェクトチームが結成されたことがあった。佐古自身も参加したというが、所詮メンバー各人がそれぞれの本業を抱えながらの片手間の研究では、遅々として進まなかった。ただちに実績に結びつくテーマでない以上、仕方のないことだったろう。が、佐古には我慢がならなかった。

佐古の提案に対する井深の反応は明確だったという。

「脳だとか脳外科的な領域にいろんな光を当てるというのは、ワシは好きじゃない。そんなことをしても人間はつかめない。しかし止めはせんから、あんた勝手にやりなさい。ワシは東洋思想をやれれば、それで結構」

佐古によれば、二人の会話は概《おおむ》ねこんな調子で進行した。かくて九〇年四月、「『祭』研究所」設立の前段階として「ＨＳＲＩ（Human Science Research Institute）準備室」が発足する。メンバーは佐古をはじめ五人。

人間を科学として捉えていくためには、アートの要素を取り入れる必要がある。そう考えた佐古は、世界中の研究機関や大学を訪ね、あるいはアーティストたちとも精力的に面会して歩いた。準備は順調に進み、ノーベル生理学・医学賞を受賞した利根川進や音楽家の坂本龍一らを、それぞれの分野の総指揮者にイメージするようになったという。

ＨＳＲＩ準備室は、もっとも半年後には閉鎖を余儀なくされた。佐古は「時期尚早と判断された」という以上の経緯を語らないが、ソニー関係者たちの話を総合すると、彼らの活動に対する社内の抵抗が想像以上に強かったということである。五人のメンバーのうち二人はソニーを去り、佐古を含めた三人は他の部署に移っていった。

一度は挫折した佐古は、しかし異動先の情報通信研究所（現在の中央研究所）で、細々ながら〝気〟の研究を始める。この分野に痛烈な思い入れを抱く井深のお墨付きを得た格好だった。佐古自身もＨＳＲＩ時代から関心を深めていた分野であった。

近年、気功法などで注目されている〝気〟は、東洋思想の生命観を支える中核的概念だ。殊に中国では、紀元前の民間信仰や呪術、方術が支配した時代から、すべてのものの源であるとされていた。やがてインド伝来の仏教などの影響を受けつつ、道教《タオイズム》という民族的宗教へと定着していっても、〝気〟は根源的価値観として受け継がれ、現在に至っている。

関西大学教授の坂出《さかで》祥伸《よしのぶ》（中国哲学史）は、こう書いている。

〈中国人は、この世界が造物主によって創造されたとは考えない。世界は無始無終であり、その間にある万物は、自然（おのずからしかる）あるいは自己原因的につくられる。この世界にあるのは「気」であり、「気」はくまなく充満していて、たえず自己運動を続けている（神の一撃により運動がはじまるのではない）。「気」が集まり結ばれると万物（人間も含めて）が生成される。万物は形が滅ぶと散って「気」にかえる。人間についていうと、生命が失われると肉体は土（地気）となり、霊魂は太虚の中の「気」となる。生命をもたないもの、たとえば土石、星雲、水火のごときものも、すべて「気」の凝集したものであ

る〉（『「気」と養生《ようせい》――道教の養生術と呪術』１７３〜１７４ページ）

この世の何もかもは〝気〟に収斂するというのである。なるほど道教を思想として発展させた老子や荘子ら、いわゆる道家《どうか》の思想家たちも、この〝気〟を重視していた。同じ坂出論文によれば、老荘は〝気〟を自由自在にコントロールする能力を身につければ、神人とか真人《まひと》とよばれる超能力者になれると考えていたようだ（同書45ページ）。道教と西洋近代文明とが対極に位置することは、もはや自明であろう。

わが国の天皇制の形成にも、この道教は深く関わっていたらしいことが、近年少しずつわかってきている。京都大学人文科学研究所長だった福永光司（中国哲学史。現在は北九州大学教授）によれば、古代日本における「天皇」「真人」の語の使用、皇室が紫色を重んじる伝統、鏡と剣の〝二種の神器〟を天皇の位の象徴とする発想など、道教の影響は明らかだという（『道教と日本文化』7〜18ページ）。

さて、佐古の孤独な研究をソニーは見捨てず、再び吸い上げた。HSRI解散からおよそ一年後の九一年十一月、ESPER研究室をスタートさせたのである。

〝室〟といっても室員は課長職の佐古一人。名目上の室長はR&D（研究開発）担当専務に委嘱されたが、彼は報告を受ける以上に関与することはなかったし、またそのつもりもなかったようである。私はこの専務にも取材を申し込んだが、応じる立場にはないとして、あっさり断られた。

ESPER研究室の組織名から、誰もが〝エスパー（超能力者）〟を連想する。が、由来はやや違う。いわゆるＥＳＰ（Extra-Sensory Perception＝超感覚的知覚）に「＆Excitation」（この場合〝発揮〟〝発揚〟というほどの意）と「Research」を加えた。キワモノ扱いを恐れず、研究内容をストレートに表現したところに、背後にいる井深の権威と、佐古の心意気が見て取れた。

レベル７「夢のような美しい所で天女たちが迎えてくれた」

佐古曜一郎は九六年四月、名実ともにＥＳＰＥＲ研究室の室長となった。下に四人のスタッフがいる。人事部から割り当てられた部下たちではなく、佐古自身が社内を走り回ってスカウトした〝同好の士〟揃いである。

井深の意向もあり、現在までのところＥＳＰＥＲ研究室の研究テーマは佐古が考えていたほど幅広い領域をカバーしてはいない。あくまでも〝気〟の研究を中心に据えている。

「早くから東洋医学に目覚めていた井深にとって、僕は飛んで火に入る夏の虫だったというか、謀られたというか（笑）。井深に進言した時に強調した数理学的、社会学的、哲学的、心理学的という四つの立場には、今でも個人的なこだわりがありますが、〝気〟の問題が重大であることは十分に承知しているので、そこにスポットを当てることにまったく異存はありません。〝気〟の分野でうまくブレークスルーできれば、（超能力の研究は）みんな可能になるのも確かですし」

と、佐古は言う。実際佐古は、〝気〟を前面に押し出しながら、彼らしい方向性を追究しているようだ。

私の手元に二本の論文の抜き刷りがある。九一年、心と体の境界領域の研究を目的に発足した学会「人体科学会」（会長＝湯浅泰雄・桜美林大学教授）の学会誌『人体科学』に掲載された、ＥＳＰＥＲ研究室の研究成果である。

ただし、あらかじめ断っておくが、これらの論文は科学の基本的ルールである再現性を初めから無視している。近代科学では、あらたな発見を発表する場合、その発見を実証する実験が、発表者以外の人間がやったとしても同じ結果となるということが最低の条件となる。つまり、私が佐古氏と同じ実験をして同じ結果が得られなければならない。そうでなければ、実験者は、いくらでも発表の段階で、事実を創作できてしまうからである。ところが、佐古氏の実験は、公開で行われたものではなく、はたしてこれらの論文に書かれてあることが実際に起こったことなのか、検証のしようがない。そのことを念頭におきながら、この二本の佐古論文を読んでもらいたい。

まず、九四年五月発表の「外気発功時における功能者と受け手の生体変化」――。

同論文は、気功師の佐藤眞志、電気通信大学教授（後に東海大学教授）の佐々木茂美らと佐古とが共同で執筆した。それによれば、通常、気功師（功能者）が〝気〟を放つと、彼（彼女）とその受け手は、それぞれ相互に関連する生体変化を起こすのだという。ところが佐藤の気功法は例外で、彼本人の生理とは無関係に受け手の生理を変化させているというのだ。

佐藤式気功法は〈一旦受け手と意識の上でつながれば、後は本人は自由に行動しながら〉〝気〟を〈送れる〉。また〈意識設定により、気功のレベルを上げることが可能〉で、〈受け手を瞑想状態に導き、肉体感覚を喪失させる〉。

論文には三人の被験者の体感報告も載っている。読み進めるうち、私は背筋に寒気を覚えた。発功のレベルによって被験者の受ける感覚は、たとえば次のように変化していったという（三十一歳の女性H・Oの場合）。

〈レベル1　平常状態で、体には特別異常はない。

レベル2　暗くて何も見えないのにおどおどしたものを感じ、気持ちが悪い。下降感覚があり、泥沼に引きずり込まれそうな感じ。

レベル3　家族の幸せを感じる。色合いは、どんよりした雲に少し夕陽が射し込んでいるようなオレンジ。

レベル4　とても綺麗な空気を感じる。色合いは、白い雲に少しグレー色が混ざっている。

レベル5　優しい悟りの世界。とても暖かく優しく包み込んでくれる感じ。雲は白っぽいけど、どんよりしているが、夕陽の暖かさみたいなオレンジ色で包まれているため、気持ちが良い。

レベル6　逞しい力強さを感じる世界。自分自身に力がみなぎる感じ。真珠色の光り輝く色、目を閉じるほどではないが、眩しく、とても気持ちの良い緊張感のある所。雲の流れがとても早い。

レベル7　全てのことへの感謝の世界であり、夢のような美しい所で、天女たちが迎えてくれた。生命の源である光エネルギー生命体から明るい陽がさんさんと射している。虹の世界に迷い込んだような美しい世界、そよ風がキラキラと静かに音を立てて吹いている。何ともいえない甘い香りがする。その香りは不自然でなく、自然に流れて優しい香りである〉

他の二人の報告もほぼ同様である。レベル7については、〈自分が宇宙に溶けてしまったような感じを得るようだ〉との解説が加えられていた。〝気〟を〝送られた〟だけで、こんなになってしまうというのか。まるで薬物によるトリップか臨死体験といった様相だが、被験者に危険はなかったのだろうか。

実験は佐藤を功能者とし、十一歳から六十四歳までの男女のべ約百五十人が受け手となったという。

主にAPG（指尖容積加速度脈波）とAMI（経穴＝鍼灸のツボの動的電導率）とを測定して得られた実験結果を詳細に報告する紙数はない。ただ、佐藤の〝気〟を受けた際、多くの受け手たちは共通する感覚を認識したらしいが、生体計測結果との統一的な対応はまだ得られていないともいう。

論文は最後に、佐藤式気功法の受け手には「体外離脱」感覚があると主張する人が多かったとした上で、こう結んでいた。

〈現代科学では「意識体」の存在はもちろんのこと「体外離脱」も認められているとは言い難い。本論文でもそれらが立証できたわけではないが、それらの可能性の一端は示唆できたのではないかと思われる〉

〝可能性〟とあり、〝示唆〟〝思われる〟とある。主観が入り込み過ぎ、自然科学の論文にしては奇異な印象を免れなかった。

〝第3の目〟!?

二本目の論文「生体特異感知の可能性について」の方が、素人には怖くない。

九五年五月に発表された同論文は、佐古ら四人のＥＳＰＥＲ研究室員の連名になっている。従来は円や星、波線などが描かれたカード（ゼナー・カードという）を用いて実験されてきたＥＳＰの存在を、新しい手法で証明しようとした成果だという。

実験にはＥＳＰを持つと思われるＴ・Ｉ氏（男性）を起用。ＥＳＰがないと思われる十人の協力者が参加し、白金と水の二種類の物質を用いて、厳正に行われたと、論文は強調している。

白金の実験とは、次のようなものである。

〈コダック社製の35ミリネガフィルム用の外部からは識別不可能な黒い円筒状のプラスチック製のケース２ケを用い、一方に白金（５㎜×５㎜×２・５㎜、純度99・９％超）４ケを振っても音が出ないように、蓋に両面テープで接着する形で封入し、他方は空のままで、

どちらのフィルムケースに白金が入っているのかを感知・識別する実験を設定した〉

T・I氏は目を開けたりアイマスクを着けたり、方法を変えながら六日間で合計千回を試み、総計七一・二％の正答率を得たそうだ。そこで〈全体としては危険率０・００１％以下で統計的に識別能力ありと判定できる〉。また協力者十人が各百回、合計千回行った対照実験は平均正答率が五〇・四％となったという。

水を使った実験も行われた。

〈T・Iは手かざしなどによる外気照射により水に気を入れることが可能だという。（中略）水の物性測定は極めて外乱要因が多いことと、外気の直接的な測定方法が確立されていないことから、今回は気が入っているかどうかを議論の対象とはせず、処理された水と言うにとどめ、処理されていない対照水と識別可能かどうかのみを対象とした実験を設定した〉

つまりは気功師が〝気〟を入れた（つもりの）水と、そうでない水とを識別することができるかという実験だった。

実験は水道水と純水を用い、若干設定を変えてA・B二種類が行われた。水道水の場合、T・I氏は実験Aで七一・〇％、実験Bで七〇・〇％の正答率を得たという。純水での実験は実験Aしか行われていないが、ここでの正答率は五〇・〇％であり、〈純水には手かざし処理により、対照と識別しうるだけの違いを与えることが困難であることがわかる〉としている。

佐古らESPER研究室の面々は、この後T・I氏の特異感知時の生体変化を計測。以下のような考察を試みている。

〈EEG（脳波）の測定結果からは、前頭葉の活動が、リラックス状態とほど遠く、かなり活発化していることがわかる。MV（マイクロバイブレーション）測定からは、拇指球のふるえは変化がないが、眉間のふるえがかなり大きくなっていることがわかる。この眉間部の生理的活性が生体特異感知能力の発露と関係が深い可能性があり、古来から透視を司ると言われる天目（第3の目）とのつながりを想起させる結果でもある〉

〈T・Iは感知時に、変性意識状態にあるにもかかわらず、意識集中によると思われる生理的な緊張状態になっている。言い換えれば、意識はボーッとした状態で、身体は緊張しているというアンバランスな状態であり、こういう特殊な状態になることにより通常使われていない知覚能力が発現している可能性がある〉……。

繰り返しになるが、論文は被験者の名前を伏せている。そして彼らへの取材は許されなかった。

千里眼

その後もESPER研究室は、TBSの番組制作会社・TBSビジョンと共同で実験を進めるなどしてきた。文字や図形の書かれた紙を小さく折り畳んだり丸めたり、さらにはその紙をピンポン玉に入れた上で下から風を送ってランダムに吸い上げたり、外からは見えないようにして、〝千里眼〟の少女に〝透視〟させるのである。過去、特にアメリカで行われた実験の再現を試みたケースが多いようだが、実績は着実に積み重ねられつつある、と佐古は語る。

こうした成果がそのまま社内外で受け入れられるとは考えにくい。一般社会では、超能力研究が正統な科学の領域であるとは認められていないからだ。

実際、超能力を扱うテレビ番組は隆盛を極める一方だが、トリックが発見される場合が珍しくない。九六年四月にTBS系で全国放映された『金曜テレビの星！すべては二〇〇人の目撃者の前で起こった！世紀の透視対決！』でも、出演した〝千里眼〟少女が不正を働いた事実が発覚している。番組に出演して映像を見たアメリカの奇術師J・ランディが見破ったが、その部分の映像は放映されず、激怒したランディの怒りの告発を、『週刊朝日』（九六年五月三日号）がすっぱ抜いた。

またソニー社内でも、創業者たる井深大の肝煎りだから誰も表立っては騒ぎ立てないが、佐古たちの活動に反発を感じている人々は決して少なくない。私はソニー社内にいる複数の知人に尋ねてみたが、特に人事関連のセクションで、再三にわたって問題視する声が上がったという。

ここ数年のソニーの業績は悪くない、どころか素晴らしい。九六年度（九七年三月期）の連結決算では過去最高の純利益を計上、グループ収益力では松下電器産業を抜いて家電業界トップに躍り出た。ゲーム機をはじめ主力のAV（音響・映像）製品が好調な上、円安の進行が輸出に拍車をかけた形である。

だが、懸念材料はあまりにも多いのだ。八九年に買収した米国のコロンビア映画はハリウッドの猛者たちに食い物にされ、わずか五年間で三十二億ドルもの損失を被った。次世代の映像記憶媒体として期待される「デジタル・ビデオ・ディスク」（DVD）の規格でも、ソニーは劣勢を強いられている。かつてベータ方式に固執した結果、VHS連合の包囲網に敗れたビデオテープの悪夢の再現であり、社内の危機感は募る一方だ。ただちに利益に繋がるはずもないESPER研究室の研究が白眼視されるのは当然である。

ならば実験を公開し、論より証拠、超能力の存在を納得させればよい、と私は思う。しかし、実験は公開できない、と佐古は言う。なぜかと問うと、彼はこう答えた。

「場の雰囲気が実験の結果を大きく左右してしまうためです。超能力の否定論者が多いと、超能力は発揮しにくくなるという事実があるんです」

超能力の肯定論者と否定論者とが〝共通の土俵〟に上がることのできない最大の理由がここにある。肯定論者の百人が百人とも、同じような言い訳をする。冒頭で佐古自身が述べていた。彼らは、実験の再現性を、初めから無視しているのだ。すでに紹介した二本の論文も、これでは検証不可能な物語としか受け止めようがない。

従来の価値観や現実の秩序をひっくり返そうという主張をするなら、主張する側に立証責任があるはずである。佐古の話を聞きながら、私は超能力否定論者の代表格である、米国ペース大学助教授のテレンス・ハインズ（心理学）の指摘を思い出していた。

〈超心理学の世界では、反証不可能な仮説が自由に使えるからである。ほかの分野では信じられない話だ。このタイプの仮説を受け入れれば受け入れるほど、超心理学者たちはサイ現象への自分たちの信念が否定されるような事態を考えなくなる。サイ現象を実証しようとする実験にどれだけ失敗しても、否定的な結果をだした実験がどれだけすぐれたものであっても、反証不可能な仮説はいつでも彼らの信念を守ってくれるのである。このようにして、肯定的な結果がでなくても彼らは実験に実験を重ねていくのだ。反証不可能な仮説があるおかげで、実験の失敗はサイの非在以外の原因にゆだねられることになる〉（『ハインズ博士「超科学」をきる』155ページ）

それでもESPER研究室は、彼らなりの〝共通の土俵〟作りの手を休めない。もっとも彼らは、一般社会よりもむしろソニー社内での理解者確保を最重要ポイントと心得ているように見える。

「百聞は一見にしかず。とはいえテレビではホンモノでもウソに見え、ウソでもホンモノに見えてしまうものですから、時々気が向くと、スプーン曲げの清田益章くんとか秋山眞人くんとか、有名な超能力者をソニー会館あたりに呼んでね。ナマで見てもらおうと。五千円ほどの会費を取って、興味を持ってくれる社員を百何十人かずつ集めて、飲み食いをしてるんです。テレビでスプーン曲げてた人が隣で飲んでるゾ、みたいなノリで。

名付けて「エスパー・サミット」。最近は外部にも知られてきて、社員の友人も加わってくるようになりました。一昨年の暮れには、六本木のディスコみたいな店に、二百人も集まった。研究者、能力者、あるいはメディアと、社外で関心を寄せてくる人々の求めるものはそれぞれ違いますが、「サミット」は、みんなが一堂に会し、それらの要求が歩み寄れる場でもありたいと思っています」

　佐古はそう強調した。私は次回の「サミット」にはぜひ参加させてほしいと何度も懇願したが、最近は気が向かないのでやっていない、やるとすれば突然に思いついた時だとのことだった。

東洋医学の拠点「生命情報研究所」

　取材準備の過程で、私は、ソニーにはもうひとつのオカルト研究の拠点があることを知った。ESPER研究室に先立つこと二年前の八九年に発足した、生命情報研究所である。研究テーマは〝脈診〟と呼ばれる東洋医学の領域だ。ESPER研究室に比べ、井深大の東洋思想・東洋医学への憧憬が、よりダイレクトに表現された研究機関だと言っていい。

なお東洋医学とは、精神と肉体を分けて考える西洋医学に対し、両者を全体として捉える思想に基づいた医学であると理解しておくとわかりやすい。日本では一般に中国医学（漢方）を指す場合が多いが、広義にはインドの伝承医学・アーユルヴェーダも含まれる。

　この生命情報研究所課長の高島充にも、話を聞いた。

「西洋医学は、人間の身体を物体のように扱ってきました。二十四時間、いつも変わらないものとして。ところが実際の人間の身体の状態は昼と夜とで全然違う。実に不安定なものなんです。「脈診」は、精密なセンサーや独特の計測器を使い、脈を通して生体信号――〝気〟や〝血〟の循環など――を取り出すことで、健康を評価する。東洋医学の基本ですが、脈にはあらゆる臓器の情報が乗っていますからね。特に肝臓の異常には敏感に反応します」

またもや〝気〟である。ここでの研究もまた、多くは精神世界の探究に通じ、したがってESPER研究室との接点が少なくない。実際、九三年から九五年初めまでの二年足らずの期間だが、ESPER研究室がこの生命情報研究所に統合されていた時期もあった。現在もしばしば連携して動いているようだ。

では、生命情報研究所の目的は何か。生命情報研究所の目的を尋ねた私に、高島は九三年の「国際ME（＝Medical Engineering）学会」の学会誌に彼らが寄せた英文の小論文の結びを示した。

〈This study will create "The New Third Medicine" over oriental and western medicine.〉

（この研究は、東洋医学も西洋医学も超えた〝新しい第三の医学〟を生み出すことになろう）

高島は続けた。以下、彼の語る生命情報研究所の設立秘話である。

「八六年頃のことでした。その頃、関連会社のソニーサウンドテックで補聴器を開発していた私のところに、取締役名誉会長だった井深大がやってきたんです」

当時七十七歳の井深はまだまだ矍鑠《かくしゃく》としていたが、時々不整脈があることを気にしていた。そこで井深は、補聴器を買うついでに一日の脈波を記録する機械の製作を高島に命じた。医師に診てもらう時の脈は正常であることが多いが、客観的な記録があれば、不整脈の状態をよくわかってもらえると考えたからだ。

「それなら簡単とやってさしあげたら、えらいたくさん注文を井深さんからいただきました。次に「加速度脈波計」というのを作ったら、これも非常に喜んでいただけた。で、これは商品になるかもしれないから、本社に来い、と。

　なにしろ創業者直々に、実に丁寧に頼まれてしまったんです。とても断れるような雰囲気じゃなかった。サウンドテックも大騒ぎでしてね。井深さんがいらっしゃる前日は大掃除をしてみたり、誰がお茶をお出しするんだと慌ててみたり」

　高島は懐かしそうに語った。

　本社に復帰した高島は、次々に井深の特命を受けていった。ある時彼は、井深に東洋哲学の専門家を紹介され、そこで韓国には四十年以上の長きにわたってエレクトロニクスを使った脈診法を研究している、白熙洙《ペク・ヒースー》という人がいると聞かされた。

　井深の名刺を携えて、高島はソウルへ赴いた。彼がかの地で聞かされ、現在もソニー生命情報研究所の理論的支柱になっている白の教えは、今日では白自身の手による日本語のテキストにまとめられている。その一節を紹介すると——、

〈古典の中に明示されている、脈變を起こす、根本は人間の生體を構成している陰陽五行に、大自然の循環に従って交替する三陰、三陽の氣と交互する所に起こるのが大氣の變化であり、又人間生體の血流にも、變化を起こすようになるので、脈變も此れに相應して、

變化を起こすのであると、明確に、内經の氣交論に明示されています。此れが脈診の基本法則になっていますので、先ず、脈診の要を理解する爲めには、運氣の交替する法則を理解して、此の法則に從って何の氣に犯かされた時に、どのような、病が發展して病むようになるかを理解する所であります〉(『脈診の要訣』15〜16ページ)

帰国後、高島が白の話を伝えると、井深は膝を叩いた。

「加速度脈波計の商品化は取りやめだ。そんなものより、脈診をもっと深く掘り下げて研究してみよう！」

かくて八九年、ソニー社内に脈診を研究する研究室が発足することになるのだが、井深の長男で、関連会社ソニーPCLの常務・技師長である井深亮（一九四五年生まれ）によると、いかな井深大でも、当初、その思いだけでは、取締役会を説得することができなかったという。バブルの絶頂だったから資金を出しやすい環境ではあったはずだが、当時の雰囲気は、昨今とはだいぶ違っていたようだ。

業を煮やした井深大が、ならば私費を投じてもやると言い出し、そこまで言うならと経営陣が折れた。こうした経緯があるため、研究室は初め「井深研究所」を名乗り、やがて脈診研究所となって、九三年にESPER研究室と統合された時期に現在の名称に改められた。その後は大学医学部や医療関係の企業との共同研究も数多く手がけてきている。

ここまで聞いて、私は高島に、協力者の名前や所属を列挙してもらった。京都大学、東北大学、秋田大学、岐阜大学、上海中医学院、ミンスク医科大学……。その中に東京大学名誉教授・渥美和彦（一九二八年生まれ。後に鈴鹿医療科学技術大学学長）の名があるのに驚いた。

渥美といえば、日本で初めて人工心臓を臨床の現場に持ち込んで大騒動を巻き起こした人物である。東大医学部教授にして国際人工臓器学会の副会長だった八〇年、三井記念病院でヤギへの実験で成功したのと同型の人工心臓を人間の患者に取り付け、新聞にすっぱ抜かれたのだった。

「人工心臓の進歩は人類を救う」と言い切っていたその頃の渥美は、医学界でもジャーナリズムでも「哲学のない人」「功を焦った」「素朴な科学技術至上主義者」などと酷評されていた（たとえば『現代』八〇年八月号）。少なくとも当時は、井深が信奉する東洋医学とは真っ向から対立する世界観の持ち主だったはずである。ところが現在の渥美は、生命情報研究所以外にも東洋思想や東洋医学に関わる各種の研究会や会合にしばしば顔を出しているらしい。近著でも、渥美は西洋医学の行き詰まりを強調した後、こう述べている。

〈さて、科学観に基づいた西洋医学と、自然観に基づいた東洋医学との超越をはかり、第三の医学を創造する方法について、現在、確固とした方法論は存在しない。しかし、どうやらこの方法は超科学的な方法に依存せざるをえないと考えられる。（中略）文化人類学的、医学的、心理学的、情報学的、哲学的、あるいは宗教的などの多様なアプローチを用いて試行錯誤せざるをえないと考えられるのである〉（『人工臓器――生と死をみつめる新技術の周辺』181ページ）

あの渥美和彦に、この間何が起こり、いかなる心境の変化があったというのだろうか。渥美への関心は募り、私は再三にわたって取材を申し込んだ。が、結局、彼の話をじっくり聞くことはできなかった。ただ何度目かのアプローチの際、電話口でこう話していたのが印象的だった。

「僕自身の中で結論が出ていない。まだ考えている最中なんです。いずれ、ゆっくりお話しさせてもらえる日がくると思います」

第七サティアン

私は生命情報研究所そのものを見てみたいと考え、高島充に頼んでみた。ESPER研究室の佐古にも同じことを依頼し、断られていたが、高島は、所内の細部を描写しない条件なら、と快諾してくれた。

「社内で第七サティアンなんて呼ばれて、困ってるんです」

研究所は、〝ソニー村〟の北側にある新しい建物の地下にある。私をそこまで案内しながら、高島はそう言って苦笑した。入ってみると、たくさんの小部屋があって、かなり広い。

高島はここで、創成期の忘れられない思い出を語った。まだ研究所の建物も未完成で、他の社内スタッフが誰もおらず、わずかに岐阜大学の教授の協力を得ながら孤軍奮闘していた頃。井深が、仲のよい本田宗一郎（一九〇六～一九九一、元本田技研工業社長）を連れて来たというのだ。

「脈診で、何でもわかるんだ」

「じゃァ、口の悪いのもわかるんだ」

井深と本田の、そんな掛け合い漫才のようなやり取りを、高島は鮮明に記憶している。当日の脈診の結果は芳しいものではなかったが、はたして本田は、そのおよそ二年後には鬼籍に入ってしまった。

以来、井深の関係で生命情報研究所を訪れた政財界人は、およそ四百人にのぼるという。脈診で彼らの健康状態を把握できたというのが本当なら、ソニーはとてつもないトップ・シークレットを握ったことになる。

もっとも脈診のために開発した機械は「脈波計測装置」として医療器具の認可を受けてはいるが、外販する計画はない。漢方薬の研究を含め、高島らの研究はＥＳＰＥＲ研究室よりかなりの現実味を帯びて進んでいるらしいものの、実際のビジネスに結びつくには、なお時間がかかりそうである。

「井深からも、商売にしようとするな、まず社会貢献だ、とクギをさされているんです。でも、僕らのアウトプットを他のセクションに回すと、面白い反応がある。脈を測るためのセンサーを〝人間検出器〟として、ウォシュレットやパチンコのハンドルに応用できないか。ウォークマンが生体信号を読み取れるようにして、リラクゼーション機能を持たせたらなんてアイディアもあります。

ソニーは今まで、オーディオ・ビジュアルで成長してきました。でも、物質に甘えていられる状況はもう終わる。違った形の分野を切り拓かなければいけません。そのためのマン・マシン・インタフェイスの考え方に、特にわれわれの研究は有効だと思うんです」

高島の自信には揺るぎがなかった。なお九七年四月、生命情報研究所は別会社組織のベンチャー企業として独立した。高島が社長となって率いる新会社の社名は㈱MI（Medical Information）総合研究所。資本金は四千万円で、ソニー、井深大に加え、高島も出資者として名を連ねている。

ESPER研究室の佐古曜一郎と、生命情報研究所改めMI総合研究所の高島充は仲がいい。一九九六年七月現在、佐古が三十九歳、高島は四十四歳。高島の方が五年ほど先輩である。「佐古君とは家が近いので、よく一緒に飲みに行くんです。「君のやってること、ちょっとおかしいんでないの？」なんてことも言いますよ」（高島）

こう語る高島は七四年、慶應義塾大学工学部の電気工学科を卒業してソニーに入社している。オーディオマニアで、アンプに興味を持っていたのが志望動機。事実、ソニーサウンドテックに出向して補聴器の担当に回るまでは、スピーカーなどに使うトランスジューサー（エネルギー変換器）を開発していた。

その高島が東洋医学に携わるようになるとは唐突な印象を受けるが、案外そうでもない。高島は頭をかいた。

「東洋医学というわけではありませんでしたが、僕はもともと、医者になりたかったんです。心臓移植の話題などに関心があって、高校時代は生物部だったんですよ」

一方、佐古は七九年、東京大学工学部の計数工学科・数理工学コースを卒業して入社してきた。

「SONYという四文字には何か魅かれるものがあって。大学での僕のコースからはコンピュータやエレクトロニクスの企業への就職は普通の選択でしたが、中でもソニーには、大衆に夢を与える会社、何かやれる会社という感じを受けたんです」

佐古には、さらに個人史を突っ込んでみた。

「僕は兵庫県の日本海側にある出石《いずし》という小さな城下町で生まれました。父は精密機器の部品工場を経営していて、いつも夢物語のような大きな話をしていましたね。『そのうち地球全体が、ひとつの国みたいになってくるぞ』なんて。僕もいつの間にかその影響を受けてたのかな、気とか超能力とかに関心を持つ直接のキッカケというのが特にないんです。ただ、気がついたらここにいた。というより、やらなきゃいけない時期が来たんだと。

七〇年代のオカルトブームとか、そんな社会環境で動かされたんじゃない。もっと本質的な問いかけです。僕は数学をやってきて、ヒトと数をつなげないかとずっと考えてきた。ヒトはambiguity（曖昧）で、数はrestricted（制約的）だという。だけど、どこか似通っているんです。

たとえば普通、物理学は三次元の空間で考える。時間を含めて四次元だという。でも、数の世界は何次元でもイメージできる。人間の世界も、感動する時の認識とか知覚とかも含めれば、それに近いんじゃなかろうか……」

オカルト重役・天外伺朗《てんげしろう》の正体

他人の噂話をしていると、まさにその人から電話がかかってくることがある。私の場合だと、何か特定のテーマを決めて取材を進めていると、たまたま立ち寄っただけの古書店で恰好の文献が見つかったり、思いもかけなかった取材源に偶然ぶつかったりする。こうした現象を、スイスの心理学者で精神科医だったカール・グスタフ・ユングは、〝シンクロニシティ〟（共時性）と呼んだ（秋山さと子『ユングとオカルト』２０４～２１２ページなど）。明確な因果律がないのにもかかわらず、意味のある結果が生じるのは、精神世界において何らかの超心理的な働きかけがあったからだというのである。

シンクロニシティは、誰もが超能力者の資質を備えている傍証として語られることが多い。だとすれば私も超能力者ということになるのだろうか。ソニーに天外伺朗（一九四三年生まれ）という別名を持つオカルト好きの取締役がいる事実を知ったのも、ほんの偶然からだった（シンクロニシティ？）。

ソニーの取材と並行して、私は船井幸雄という経営コンサルタント（船井総合研究所会長。本書第五章に登場）に関する情報の収集も進めていた。当然、船井の著書を読んだり、彼の講演会に出席してみる作業が欠かせない。そこで九五年五月に船井総研が東京・品川の新高輪プリンスホテルで開催したイベント「フナイ・オープン・ワールド」に参加し、

「続・ここまで来た『あの世』の科学」という分科会セミナーに顔を出してみて、驚いた。「超能力者が人格高潔とは限りません。船井先生も超能力をお持ちなので言いにくいのですが、むしろ理性が弱いゆえに超能力が発揮されるということもある。だから危険なのです。

あの世とは暗在系であり、ユング説くところの集合的無意識であります。神にきわめて近いものなんですね。そして意識と無意識は、瞑想法でもって結びつけることができるのです。両者が一体となった状態が、仏教で言う〝悟り〟ですね。これは素晴らしいことなのですが、幻覚の中で神と会話などして、自分が悟りを開いたと思うと危険な状態に陥りますから注意が必要です。それは意識の膨張であって、悟りどころか精神分裂、被害妄想になります。自分は国家に弾圧されている、とかね。

麻原彰晃も、バグワン・シュリ・ラジニーシも、みんなそうでした。瞑想修行は結構なのですが、意識の膨張だけは起こさないように」

科学技術評論家と経営評論家を兼ねるという天外伺朗なる人物が、壇上でこんな熱弁をふるっていた。ちなみにラジニーシとは、七〇年代から八〇年代半ばにかけて米国オレゴン州を拠点に活動していたカルト集団「ラジニーシ・ファウンデーション」の指導者だった人物である。全盛期にはキャデラックを乗り回し、何十人もの美女を侍《はべ》らせる〝セックス・グル〟として知られたが、八五年、サルモネラ菌を使った殺人未遂事件に関与したとしてFBIに逮捕された。すでにラジニーシ本人の亡い今も、ファウンデーションの活動は続いており、わが国にも五千人ほどの〝信者〟がいるという――。

話の内容もさることながら、私には天外伺朗という名前に聞き覚えがあった。そこで記憶の糸をたどっていくと、手塚治虫が描いた『奇子《あやこ》』という漫画作品に行きあたった。

輪廻転生をテーマに据えた『火の鳥』をはじめ、手塚にはオカルト系の作品も多いのだが、『奇子』はその系譜とはやや異なる。漫画界では梶原一騎のいわゆるスポ根（スポーツ根性物）劇画が一世を風靡していた七〇年代初頭、ニヒリズムに陥っていた時代の手塚が戦後史の闇を追究した、重厚な社会派作品だ。この時期の手塚らしい妖しく倒錯した雰囲気を漂わせつつ、農地改革を背景に、東北の豪農・天外家の人々の狂気が描かれた。

――長男の市朗は財産を独占するため、父親の作右衛門に自分の妻すえを抱かせる。母親のゐばは見て見ぬふり。すえは作右衛門の子を産み、奇子と名付けられるが、彼女は世間体が悪いという理由で土蔵に閉じ込められ、十年以上もの間、そこでの闇の生活を強いられる。一方、復員後にアメリカ進駐軍のCIC（対敵諜報部隊）のスパイを務めた次男の仁朗はやがて暴力団の組長となり、稼いだあぶく銭から奇子のために仕送りを続ける――。そんな異常な一家の中で、三男の伺朗だけは唯一〝まとも〟な人間という初期設定だった。

天外伺朗を名乗る実在の人物は、要するに世間の誰も彼もが狂っている中で、自分だけは正常だというメッセージを発信したいのではないか。私はそう考え、とにかく天外の正体を知ろうとした。

天外には何冊かの著書があった。『ディジタル・オーディオの謎を解く』『人材は「不良社員《ハミダシ》」からさがせ』『ここまで来た「あの世」の科学〜魂、輪廻転生、宇宙のしくみを解明する』等々。

船井のセミナーや著書で〝日本を代表する大企業の技術部門の責任者〟で〝Dという頭文字〟などと思わせぶりに紹介されていたことを手がかりに読むと、何のことはない、彼の正体が土井利忠・ソニー取締役中央研究所副所長であることは、すぐに割れた。というより、わかるように書かれていた。それらの本には、ソニーのエピソードばかりが満載されていたのである。

井深大が推薦文を寄せているものもあった。なるほど、天外すなわち土井もまた、ESPER研究室の佐古曜一郎、生命情報研究所の高島充とともに、ソニー社内における井深の同志であったか。

そう思いつつ、私は天外の本を読み進めていった。たとえば、『「超能力」と「気」の謎に挑む』――。

〈それでは、早速D博士に登場してもらおう。

「たしかに、昔は近代科学が文明の光だと考えられてましたけどネ。これで宇宙の真理が解明されるはずだってネ……」

「今は違うのですか？」

「ウーン。そういうと怒り狂う人が大勢いるかもしれまへんが、ガリレオ・ガリレイ以来の、いわゆる科学対宗教の闘いはネ、最後に大ドンデン返しで宗教が勝った、と私は思うのですヨ」（中略）

「宗教が科学に勝った、というのはあまり適切な表現ではないですかナ。むしろ、科学と宗教が統一される日が近づいた、というべきでしょう」〉（6~7ページ）

筆者である天外がそのもうひとつの顔であるD（土井）博士に取材して書いた、というスタイルが彼の本のパターンである。漫画やアニメの例をしばしば引くのも特徴だ。同じ本の中で、〝あの世にはこの世のすべての物質、精神、時間、空間などが畳み込まれている〟とする自説を説明するのに、天外はホログラフィーという立体像を再生する技術を例に挙げて、こう述べている。

〈面白いのは、干渉縞を記録したフィルムの半分を失っても、ちゃんと物体の全体像が再現できることだ。（中略）半分どころか、四分の一になっても一〇〇分の一になっても、つまりフィルムのどんな小さな部分にも物体の全体像が記録されている。

「部分が全体で、全体が部分なんですよ」

――まるで「王蟲《オーム》」だな…。

どうも、私にはマンガの例しか浮かんでこない。『風の谷のナウシカ』というマンガに「王蟲」と呼ばれる巨大な虫が出てきて、こう言うシーンがある。

――我が一族は個にして全、全にして個、時空を越えて心を伝えていくのだから（中略）。

――そういえば、とD博士がいった。手塚治虫の『火の鳥』というマンガにも、「ロビタ」と呼ばれるロボットが登場して、「個にして全」のために集団自殺をする、というのがあった。

「……それはユングのいう、集団的無意識ってやつで、とても重要な概念です。いずれ詳しく説明しましょう（次章）。でも……」〉（『「超能力」と「気」の謎に挑む』136〜138ページ）

この他、天外の本には『機動戦士ガンダム』『ちびまる子ちゃん』『鉄腕アトム』などの漫画やアニメが次々に登場してくる。そう言えば、ESPER研究室の論文にあった〝第3の目〟というのは、『三つ目がとおる』のモチーフだった。これも手塚治虫作品である。

私も漫画は大好きだ。が、こんなに何もかもを漫画にたとえるような真似はしない。当たり前の話、現実社会と漫画とは、ぜんぜん違う世界だからだ。

「信じない人とは話せない」

ソニーでは例年一月、本社に近い高輪プリンスホテルかパシフィックホテルに部長以上の重役陣を集めて「新年期例マネージメント会同」を催すのが通例になっている（〝会同〟とは〝会合〟〝会議〟の古い表現）。数百人規模で会社としての方向性や新しい研究テーマをディスカッションしようという貴重な場だ。一般の大企業ではなかなか真似のできない、いかにもソニーらしい催しである。

一九九二年、ソニーのマネージメント会同は、井深の主張もあって、「ニューパラダイムに向けて」をテーマに据えた。

今となれば、ニューパラダイムを口にした井深は、幹部たちに西洋近代科学一辺倒だった過去への反省や東洋思想への取り組みへの意気込みを示してほしかったのだろう、と容易に想像がつく。が、その場で戦わされた議論は、あくまでも既存の科学技術の流れの延長線上に位置づけられるものだった。曰く、商品の超小型化。曰く、ディジタル化……。

井深の期待は大きく裏切られたらしい。

「楽しみにしていたのに、みんな何にもわかっとらん！」

複数のソニー幹部の証言によると、井深は会同後の挨拶でそう決めつけた。この時、最も怒りの矛先を向けられたのが取締役の土井利忠、つまり天外伺朗だったという。

土井はソニーのもう一人の創業者・盛田昭夫の妹婿である元社長の岩間和夫（一九一九～一九八二年）の、そのまた甥に当たる。一九四二年兵庫県生まれ。東京工業大学の理工学部を卒業して六四年にソニーに入社した。

アメリカ在住が長かったが、開発研究所第一部総括部長やスーパーマイクロ事業本部長などを歴任して八八年に取締役に就任している。いささか特殊な待遇を得ているのは、盛田の親戚だからか、あるいは井深に共通する彼の嗜好ゆえなのか。

いずれにせよ井深は、ニューパラダイムに向けて土井の斬新な提言を望んでいたようである。実際、他の幹部ほどには人目をはばからず、それに応えることができる立場に、彼はいた。だが〝マネージメント会同〟での土井の発言は、ディジタル社会の可能性を語るにとどまっていた。

井深に叱責された土井は、その時から少年時代からの超能力探究の夢を前面に押し出し始める。ふっきれた、ということなのかもしれない。

土井周辺のソニー関係者たちによれば、彼はもともとアメリカでの生活を通じ、かえって東洋思想に傾倒していたとされ、また気功の第一人者である西野皓三《こうぞう》（西野塾塾長。元西野バレエ団団長）と交流があったという。そこで土井は、さらに〝修行〟に勤《いそ》しみ、かねてペンネームとして使っていた天外の名で、超能力や〝あの世〟の存在を語るようになっていった。

私はこの土井にも会っている。九五年六月二十一日。ソニーがまだ超能力研究の広報に関してオープンな姿勢を取り始める前だったためか、広報センターでは取り次いでもらえず、彼の秘書に直接アプローチしてみたところ、とりあえず会いましょうかということで実現した会見だった。

ソニー中央研究所の応接コーナーで向かい合った私に、土井は取材の意図を執拗に尋ねてきた。

「ハイテク企業に所属する科学者が、世間でオカルトと形容されている分野に取り組んでいることに関心があります。この間のギャップを考えてみることで、現代社会のある断面が見えてくると思うんです」

繰り返しそう答える私に、土井は言った。

「そんなこと聞いてません。あなたは〝あの世〟や〝気〟の存在を信じるか信じないか。どっちなんですか」

「わかりません。僕は神様じゃありませんから」

「それじゃ取材は拒否します。信じない人とは話せない。今日、ここで会ったことも、書かないでもらいたいですね」

「そんな」

土井は構わずに続けた。

「しかしあなた、ホントに〝気〟があることもわかんないの？ そんな人、今時、まだいたんだねえ。……ちょっと立ってごらんなさい」

促されて立ち上がった私は、右手の親指と人指し指で輪を作るように言われた。ハハン、と思った。彼は私に、O－リングテストをしようとしているのだ。

O－リングテストとは、被験者がこうして作った輪を検者がさまざまな角度から引っ張り、強度を測ることで被験者の健康状態をチェックできるという方法である。被験者の握力が突然弱くなることがあるが、その時の引っ張り方や角度で、根本的な異常のある部位を発見できるのだという。表面的な症状に囚われず、そこを重点的に治療すれば体全体の回復も早いというのだ。

ニューヨーク在住の日本人医師、大村恵昭《よしあき》（一九三四年生まれ。ニューヨーク心臓病研究ファウンデーション研究所所長、マンハッタン大学電気工学科客員教授などの肩書を持つという）が発見したとされる。彼の説によれば体の正常な組織と異常な組織は異なった電磁場を持っており、O－リングテストはこの差を測ることができるのだという（『図説バイ・ディジタルO－リングテストの実習』8〜10ページなど）。人体を部分に分けて診断し治療する西洋医学とは異なり、体を全体として捉える東洋医学的な考え方に基づく手法なのである。

少し前の占いブームの頃、少女たちの間で流行していた。ソニーの井深大はことのほか熱心で、大村が会長を務める日本バイ・ディジタルO－リングテスト協会が九三年五月に開催した国際シンポジウムの会場に早稲田大学国際会議場の井深大記念ホールを提供し、自ら挨拶の壇上に立ったのみならず、ESPER研究室の佐古と生命情報研究所の高島を参加させていた。

私は土井に言われるまま、親指と人指し指に力を込めた。彼はこれを両手で懸命に外そうとしたが、外れない。私はこれで案外、力持ちなのだ。高校生の時、クラスの勝ち抜き腕相撲でチャンピオンになったこともある。

ため息をついて、土井が尋ねてきた。

「うーん。あなた、何か武道とかやってますか？」

「あ、昔、極真カラテを少し」

「それでかあ。いや、かなり強い〝気〟をお持ちなんで、ビックリしました」

私には確かに、空手をやった経験がある。ただし学生の頃、梶原一騎原作の劇画『空手バカ一代』にかぶれて、ほんの一年間だけ。白帯と黒帯の中間の黄帯までは昇級したが、情けないことに、稽古が辛くて途中で投げ出した。以来、十五年以上が経過していた。おまけに最近は痛風の発作に悩まされる体たらくである。

「ちょっと、じっとしてて」

土井はそう言うと、私の頭上に右手をかざし、撫でるような手つきでぐるぐる回してみせた。そこで再びO-リングテストを受けると、今度はきれいに外れた。指がだるい。ずっと力を入れてたから疲れちゃったんだなと思ったが、彼の考えは違っていた。

「あなたの〝気〟を抜いたんだよ」

「そうなんですか」

雰囲気はなごみ、しばし雑談。

「天外伺朗のペンネームは、手塚治虫の『奇子《あやこ》』から取ったんでしょう？」

と私。土井は慌てて、

「えっ⁉ ……よく知ってるね。私たちの世代は、手塚治虫で育ったようなものなんだ」

「ご自分だけがまともだって意味ですか」

「いやいや、とんでもない。ただ語呂がいいから……」

私は改めて取材を申し入れたが、土井は首を横に振った。その後も何度もアプローチしてみたが、ことごとく断られた。

　天外伺朗こと土井はその後、よりよい死に方を追求する「マハーサマディ研究会」を発足させて代表となり、〝あの世〟の世界をさらに掘り下げようとしている。ソニーとは関係がない、まったく任意の団体だが、特別会員にはESPER研究室の佐古曜一郎も加わった。

　土井の研究会の設立趣意書には、こうあった。

〈ヒンズー教の僧侶は、自分の死期を知ると、パーティーを催し、挨拶の後に瞑想に入り、そのまま亡くなるのが一般的です。これを「マハーサマディ」と称します。（中略）ひるがえって、我々の身の回りを見ると、病院の集中治療室で管だらけになって、のたうち回りながら死んでいく例がほとんどです。人間は本来は、死ぬときに脳内麻薬物質が分泌されるようになっており、「マハーサマディ」のように至福のうちに肉体を離脱することが、最も自然な死であると考えられます。逆に近代医療は、無理な延命を優先させるあまり、この最も自然な死を破壊しているとも考えられます。そこで、人類がこの「最も自然な死」を思い出すための研究会の設立を提唱します〉

　また九六年四月一日の機構改革で、土井は中央研究所を離れ、新設のD21ラボラトリーの所長に就任した。Dは土井、21は二一世紀の意だそうだ。広報センターによれば、土井はここで十数人の研究員を従え、認識機能を持った自律ロボットや、物体を自律的に追うことのできるカメラの研究を進めているという。

ソニーは九四年以来、いわゆる事業部制の権限委譲と責任の明確化をより進めた経営形態として、〝カンパニー制〟を採用している。研究開発部門についても副社長の森尾稔の指揮の下、中央研究所、開発研究所、アーキテクチャ研究所、メディアプロセシング研究所、システムソリューション研究所が〝コーポレートラボラトリー・グループ〟として束ねられているが、D21ラボはここには含まれない。ESPER研究室、生命情報研究所同様、本社経営会議に直結する独立機関なのである。

井深大の原体験

佐古曜一郎と高島充、そして天外伺朗こと土井利忠。彼らのようなユニークなキャラクターに注目し、自分が思い描いていた研究の具現者として仕事を任せたのは、ソニーの創業者・井深大（ファウンダー・最高相談役）その人だった。

一九〇八年生まれの井深は、わが国の戦後経営史における立志伝中の人物である。早稲田大学理工学部の在学中に発明した「走るネオン」がパリ万国博で優秀発明賞を受賞したほどの天才技術者で、終戦の翌年、盛田昭夫ら七人の同志とともに設立した「東京通信工業」を飛躍的に発展させ、今日のソニーを築き上げた。研究開発を重視し、斬新な発想と創造性を追求した独特の経営姿勢は、あまりにも有名だ。

ソニー関係者たちの話を総合すると、本書が取り上げている方面の研究に関しては、もうひとりの創業者である盛田も理解を示していたという。佐古によれば、盛田の尽力がなければ、一度は水泡に帰すかと思われた「「祭《サイ》」研究所」構想が、ＥＳＰＥＲ研究室の設立に形を変えて再浮上することもあり得なかったそうだ。

それにしても、ＥＳＰＥＲ研究室も生命情報研究所も、井深というカリスマなかりせば、誕生することはなかったのだ。私は井深という人物に改めて興味を持ったが、彼はなお病床にあり、取材は不可能だった。仕方なく、彼の〝語録〟の類を読んでみた。

〈「物」だけで「もの」を考える時代は終わった。これからは「心」と「意識」を考えたものづくりの時代だ〉〈デカルトが提示し、ニュートンが築き上げたパラダイム（ある時代に支配的なものの見方）が限界にきているということでしょう。心と体を切り離した二元論や人間機械論で、私たちの世界は語り切れないということがわかったわけだ〉

たとえば『天衣無縫の創造家――井深大語録』という本には、かなり早い時期からの、彼のこんな発言がまとめられている。また前記のＯ－リング国際シンポジウム当時、井深は脳血栓に倒れて間もなく、言葉がやや不自由になっていたのだが、挨拶に立つや、次のような長い文章を読み上げたという記録が残っていた。

「Ｏ－リングは、今では私の最大の関心事のひとつになっております。科学万能主義と言われる現在、人々はこの言葉の危うさに気がつきはじめています。近代科学は、確かに人類の物質的側面――豊かさ、便利さ――に大きく寄与してきましたが、精神的側面に寄与できたかというと疑問符をつけざるを得ません。振り返りますと、近代科学はデカルトの提唱した〝心身二元論〟〝要素還元主義〟の名の下に〝心〟を排し、対象を部分にどんどん細分化していきました。そして、部分は極めて精密に表現できるようになりました。しかし、部分にしてしまっては、いくら集めても全部にはなっても、全体にはなりません。そして〝心〟は、そこからは生まれようもありません。

二一世紀を目前に控え、われわれにはパラダイムシフトが必要なのです。O－リングはその可能性を見せてくれています。世の中は確実に新しい時代に向かいつつあります。われわれも、既存の尺度でなく、広く大きく〝心〟や〝気〟の問題を論じていかねばなりません。奇しくも今日五月七日はソニーの創立記念日です。本当に不思議なご縁ではありますが、O－リングが、そしてO－リング協会が、新しい大きな第一歩を示されんことを切に祈念いたします」（シンポジウムのプログラムより引用）

なお井深は、いわゆる右脳開発や幼児教育の重要性を訴え、さらには教育勅語の復活を提唱していたことでも知られる。『幼稚園では遅すぎる』『あと半分の教育』など教育に関する著書も多く、六九年には財団法人・幼児開発協会を設立して理事長に就任している。

井深大の長男である井深亮を訪ねた時の話が忘れがたい。彼によれば、井深が最初に東洋医学に魅せられたのは四十歳台に入ってからのことである。弱かった胃腸がゴルフと鍼灸で良くなったのが契機で、以来、鍼灸の先生を頼っては、自信のない脊椎の強化などにも努めたそうだ。

井深の宗教経験も重要な要素である。

「親父は早稲田の学生時代、牧師がいる寮に住んでいたこともあって、キリスト教（プロテスタント）の洗礼を受けました。でも、そこの寮長が潔癖でなく、タバコや酒にやたら寛容なのに嫌気がさして飛び出たといいます。仕事を始めてからは教会には行かず、自分で内村鑑三や新渡戸稲造の書物を読んで勉強したのだそうです。

私も物理学の学生時代に洗礼を受けましたが、科学と宗教の境界について、よく考えたものです。科学では割り切れないが、聖書には書いてある。それはただの神話なのか、何かファクトがあったのか。サイエンスをやる者が必ず突き当たる道なんですね。親父が僕と同じだったとは限りませんが」

井深亮はそう語る。ソニーが六八年に発表した画期的なカラーテレビ技術〝トリニトロン〟も、実はキリスト教で言うTrinity（神とキリストと聖霊の三位一体）と、Electron Tube（電子管）との合成語で、井深大の発案だったという。

井深亮はさらに、超能力の研究を進めているのはソニーだけではない、他にも多くの企業が取り組んでいるはずだと続けて、なぜそういう動きが出てくるのかを解説してくれた。

「技術が先走りすぎた反動です。技術者というのは、取り組んでいるテーマが面白ければ、その結果が社会的にどんな影響を及ぼすかまではあまり考えず、どこまでも研究を深めていくものです。本当なら文科系の人たち、管理する立場の人たちが警告を発し、ブレーキをかけなければいけなかったのに、そうしてこなかった。だから、技術者自身が、心の問題を考えるようになってきたんです。誠実な、真面目なリアクションなんですよ。

僕の父は、ある意味では天才的な人ですから、そんな中で、先を見たんでしょうね。どうしたらみんなが楽しいか、ワクワクするのかを考えて、実現させるのが、ずうっと父の命題でしたから。僕もいずれ本社に戻って、ESPER研究室の担当をしてみたいですねえ」

技術のソニー。井深大と盛田昭夫という二人の偉大な指導者が築き上げた、この夢にあふれたエクセレントカンパニーの戦後史を、七〇年代から八〇年代にかけて青春を過ごした私の世代は、おそらくは最もよく聞かされて育った。だから、ある程度は他の大企業も同様の試みを進めているに違いないにしろ、常識的な価値観に照らせば異形きわまる井深の発想をこうまでストレートに具体化できるのは、今なおソニーに脈々と受け継がれているベンチャー・スピリットのなせる業だと、素直に理解したいと思った。

「夢を追い続けてこそ、ソニーはソニーであることができるんです」

ESPER研究室室長の佐古も、こう語っていた。他の社員たちの猛反発を承知しつつ、自らの仕事の社内的な意義を表現した言葉である。

だが私は、取材の間中、どこか引っかかる感覚を抱き続けていた。彼らの実験がインチキかどうか、ではない。違和感の根拠は、過去に出会った書物の記憶だった。小林茂著『ソニーは人を生かす』、そして松本厚治著『企業主義の興隆』の二冊がそれである。

前者は、七〇年代に〝世界一の生産性〟を謳われたソニー厚木工場の日本的労務管理の真髄を、当時の工場長が自ら綴った本だ。商学部の学生時代、Douglas McGregor の『The Human Side of Enterprise』（企業の人間的側面）をメイン・テキストとする「英語経済学」の教授に指定された副読本だった。

著者の小林は、人間が経済的動機のみに基づいて働くものだとする従来の〝常識〟を否定し、逆に人間の生き甲斐のためにこそ仕事があるのだと説く。また人間の本能で最も強烈なのは集団への帰属本能であるともして、男女一組のペアシステムなど独自の組織運営手法を導いた。生産性向上のためには工場の社員食堂内の配置にまで心を砕いたという具体的事例の数々は、あのカッコいい国際企業・ソニーの泥臭い内幕を、大企業の裏側など何も知らなかった当時の私に思い知らせてくれていた。

後者は、現役の通産官僚がわが国の企業社会のあり方を分析した論考だった。長じて経済畑のジャーナリストとなった私が、仕事上の必要から、終身雇用・年功序列を基本とする日本的経営に関する本を読みあさった時期に手に取った。

著者の松本は、ＱＣサークル（製品の品質管理を製造現場で行う従業員による小集団活動）のわが国における眼目や成果について述べ、さらに『ソニーは人を生かす』に描かれたソニー厚木工場の方法論を讃えてみせた後、こう指摘していた。

〈人が受ける印象は、おそらく多様なものであろう。日本の企業が職場をより人間的なものにするために払っている努力に率直に共感する人もいるだろうし、企業利益のために労働者を操作しようとする手口の狡猾さをそこに見出す人もいるかもしれない。しかし、企業の意図が何であれ――たとえ悪しき意図に基づいていたとしても、もしこのようなことによって、より人間的な労働形態が実現したとすれば、それはそれでよいことではないだろうか。

なぜなら、労働者の主体的参加と、働きがいと効率との結合を、日本の企業ほどに実現しえている国は、体制の如何を問わず、世界中どこを探してもないからである。

また、小集団活動の「意図」についていうならば、企業が企業利益の観点からこのような方式を導入したことが「悪いこと」であるとするならば、悪しき意図という表現もあながち誤りではないだろう。しかしそれは、日本の経営者の、労働者の人間性を尊重する動機の立派さ、意図の純粋さについての評価を下げるものであれ、この「体制」の非難には結びつかないのである。むしろそれは、この体制に寄せられたこの上ない讃辞というべきである。

日本の企業体制は、企業を働く人間の自発性に依存させ、そのために従業員の人間的要求の充足に努力するよう仕向ける。激しい競争に直面している企業としては、そうするほかはなく、そうしなければ競争に負ける〉(200~201ページ)

世界のエクセレントカンパニー・ソニーは、同時に、いわゆる日本的経営の優等生でもあった。そのソニーが、超能力や脈診に取り組んで脳や感動の仕組みを解明し、やがては製品化したいというのである。

二つの現実を、私はどうしても切り離して考えることができなかった。

＊　　＊　　＊

ソニーのESPER研究室は本書の単行本が出版されて九ヶ月後の一九九八年三月末に廃止されている。後ろ盾だった井深大が前年十二月十九日に八十九歳で逝去したことが影響した。室長だった佐古曜一郎はDVD開発部門に異動。研究室を管掌していた元役員はこの際、「ある特定の人にその場の雰囲気など一定の条件がそろった場合は、透視などの超能力が存在すると確認できた」が、「なぜそうなるのか分からなかった。実用的価値を見つけられず、企業の立場ではこれ以上研究を続けられなくなった」と説明したという。

朝日新聞（一九九八年七月五日付朝刊）が伝えた談話である。同じ記事には私のコメントも紹介された。〈「エスパー研は、何でもやってみようというソニーの良い意味での遊び心と先端研究者の行き詰まり感の表れではないか。ソニーは、自由な気風を世間に触れ込む半面、社内は実力者の顔色をうかがう面がある」〉。折しも同社は就任三年目の出井《いでい》伸之社長を売り出す演出に躍起だったが、はたして二〇〇三年度決算で〝ソニー・ショック〟とまで呼ばれる大赤字に転落し、その後の長期低迷を導くことになっていく。

また天外伺朗こと土井利忠は、一九九八年に発表されたエンタテインメントロボット「AIBO」の開発責任者として一躍脚光を浴びた。ソニーインテリジェントダイナミクス社長などを経て、二〇〇六年に退社。

第二章 「永久機関」に群がる人々

一度、動力を与えれば永遠に動き続ける夢の機械「永久機関」は、エネルギー保存則の発見によりその存在を否定された。中学生でも知っているこの法則を、だがこの国の大企業は信じていないようだ

雪国で進む超研究

廻る、廻る。直径五センチほどの回転軸が、猛烈な勢いで廻っている。

「二十、二十五……オッ、三十アンペアを超えたぞ！」

測定器を握る猪股修二（取材当時六十三歳）の右手に力が込もった。工学博士にして通産省工業技術院電子技術総合研究所（電総研）の元主任研究官。現在は自ら主宰する「日本意識工学会」会長の肩書を持つ彼が操っているのは、〝Nマシン〟なる試験装置である。

私に装置を動かして見せながら、猪股は微笑んだ。

「Nマシンは一種の永久機関なんです」

新潟県新井市――。

雪国の小都市にある猪股の平屋建ての生家は、かつて両親が商っていたという万屋《よろず》の佇まいを残したままである。九四年の春に退官した彼は、単身この故郷に舞い戻り、研究三昧の日々を送ってきた。

家の中は散らかりきっている。専門書や雑誌、さまざまな書類、紙切れ、小銭、ビール瓶、名刺、両親の遺影らしい写真の収まった額、枕、猪口《ちょこ》、急須……などが室内の至る所に散乱した有り様は、世俗的な出世には目もくれない科学者の生活ぶりを、余すところなく物語っていた。

私が訪れたのは十月の下旬だった。雪国には、すでに冬が忍び寄っていた。炬燵《こたつ》に陣取り、茶碗で昼酒をあおりつつ、猪股は雄弁だった。

「なぜNマシンが永久機関たり得るのか。一度駆動させると、入力した以上の出力を得られる可能性があるからです。物理学の常識に反する？　ならば超電導や常温核融合はどう説明します？　Nマシンは燃料いらず、公害も出ません。エネルギー革命ですな。ですから今、国際的関心の的なんです。昨日はパイオニアの人が来たし、明日はホンダの技術者が来ることになっている。ホラ、これがさっき送られてきた確認のファックスです」

猪股によれば、Nマシンの歴史は一八三一年、英国のM・ファラデーが発見した単極発電という現象に遡るという。銅の円板を二枚の永久磁石の円板で挟んで同時に回転させると〈回転軸と銅の円板の縁との間で小さな直流電圧が発生する。発生する直流電圧は小さいけれども、非常に大きな電流が得られる〉（猪股『超常現象には〝絶対法則〟があった！』193ページ）というもので、発生する電圧は大きいが電流は小さい静電気とは逆の現象であり、〈現行の物理学のパラダイム（枠組）では理解しえない〉（同）のだそうだ。

発電機の基本原理である電磁誘導の法則を発見し、〝電磁気学の父〟と讃えられるファラデーだが、単極発電に関する実績は、あまり知られずにいたという。

ところが一世紀半後の一九七〇年代になり、ハーバード大学出身で、MIT（マサチューセッツ工科大学）で教鞭を執っていた米国人研究者、B・デ・パルマが着目した、と猪股は言う。

――どうしたわけか単極発電機には逆トルク（回転力）がかからないらしい。ひょっとすると永久機関になり得るのではないか？――

この発想は一部の共感を呼び、同じく米国の研究者A・トロンブリー、インド原子力公社のP・テワリらが続いた。猪股もまた、その一人なのだそうだ。ちなみに数学において、アルファベットのNは不定整数を表す。そこで単極発電機は単一ではない、多様な効果が期待できるという理由で、Nマシンと命名されたとされる。

笑みを絶やさず猪股は続けた。

「われわれを取り巻く宇宙空間には、〝影のエネルギー〟が無尽蔵に存在しています。Nマシンは、これを取り出すことができる。超常現象と言ってもいい。アインシュタインの相対論を根底から覆す特性を持っておるわけです。この事実は、私の〝猪股理論〟で証明できるんですな。物質とエネルギー、そして意識の関係を三角形で示しているので、〝三角理論〟とも言います。

従来のデカルト流物心二元論は、意識と物質を完全に分離してしまっている。これが間違いの元なんだ。現象だけを追う形而下的な科学では、目で見える世界しかわからない。

だから私は、形而下の科学に形而上の科学を統合してみよう、と。つまり西洋近代科学を東洋思想によって再構成してみようと考えたんです。

するとやはり意識が物質に影響を与えている。見えない世界からエネルギーが流入していることがわかってきたんですよ。いわゆる〝気〟です。こうなると、物理学は根本から再検討しなければならなくなってくるよね。

人間の〝気〟はその人の意識次第で、調子のいい時と悪い時があります。ところがNマシンみたいな機械の〝気〟は安定しているんですよ。ただ〝気〟は水に吸われるようだ。湿度が高いといいデータが出ないという問題が残るんだよ。Nマシンは水に弱い‼　とは言えるなあ」

またもやデカルト批判が飛びだした。

ノストラダムスのNマシン

一九三三年生まれの猪股は、電気通信大学電波工学科を卒業後、電子技術総合研究所（当時は電気試験所）に入所している。東京工業大学で音響学の博士号を取り、さらに音声、生体工学と研究領域を拡げていったが、ロボットに取り組んでいた七四年三月、彼の科学者人生は変わった。

かの〝イスラエル生まれの超能力者〟ユリ・ゲラーが来日したのである。日本中がスプーン曲げのブームに沸いたが、初め猪股は信じなかった。が、ある夜、東京・吉祥寺の行きつけのクラブの美人ママに電話したおり、彼女にこう言われた。

「私もスプーン曲げちゃったの。センセ、科学的に説明して頂戴」

猪股は早速店に駆けつけ、スプーンの代わりに果物用の小さなフォークで自分でもやってみたら、曲がったという。彼のそれまでの世界観は、この瞬間、ガラガラと音をたてて崩れさった。

「その後は自己洗脳というか、自分の世界観を意識的に転換させていきました。一七世紀の物理学の原点に戻って考え直そう、と。自分なりに物理の教科書を書き換えることができるようになるまで、ざっと十年かかりましたね。そうして築き上げた私の猪股理論が理解できない奴は共産党だね。唯物史観に囚われてるんだ。私のいた電総研も共産党の巣窟だったが、朝日新聞なんかも典型的だな」

実際、彼は孤独な戦いを強いられた。電総研上層部には何度となく超能力研究の必要性を訴えたが、少なくとも公には、一度として顧みられたことがない。猪股の世界観を変えさせた当のユリ・ゲラーのトリックが暴露されていた（たとえば「米・西独でも暴かれた〝超能力教〟の実態／魚眼レンズに敗れたユリ・ゲラー」『週刊朝日』一九七四年七月五日号）以上、それはやむを得ないことだった。それでも猪股は、七七年、「日本意識工学会」を発足させ、志を同じくする者同士の情報交換の場を作り上げている。

意識工学会は、以来、月例研究会を開き続けて今日に至っている。研究会は九七年五月までに二百回を超え、出席者は延べ六千人近くにも達するという。現在の猪股のNマシン研究は、この活動に参加している二人の主要メンバーを抜きにしては語れない。

猪股との共同名義で論文も発表する三田芳幸（取材当時三十八歳）は、大手ゼネコン・大林組の原子力本部技術部に勤務する技術者だ。東海大学海洋学部の海洋資源学科で地球物理学を学び、米国オレゴン大学の大学院に進んで理論物理学を修めた。修士論文は一般相対論の応用としてのブラックホールを扱った「時空の物理学」。三菱系のソフトウェア会社に勤務し、宇宙開発事業団の純国産大型衛星打ち上げ用ロケットＨ－２のランデブーに必要な慣性誘導ロジックを設計していたこともある。

東京・新宿の大林組のオフィスの近くにある喫茶店で、三田に会った。訥々とした語り口で、彼は順序立てて話した。

「大学の三年頃まで、私はガチガチの理科系でした。物理学は素晴らしいと思い込んでいた。でも担当教授の手法を見ていて、〝違うんじゃないか〟と思うようになったんです。物事を既存の枠組みの中でしか考えようとしない。はみ出すものはシャットアウトする。だからこそ現代科学は物質偏重になりすぎ、巨大化・複雑化するにつれて人間の手に負えなくなった、ドツボにはまりこんでしまったのではないか、と。相対論もあまり役に立ちません。それでも大学院に進んだのは、とりあえずそちらの方を突き詰めてみようという思いからでした。

就職後はジレンマを感じながらも、結婚もしていましたし、なんとなく（現実の世の中に）馴れていく感じがありました。が、五年前、猪股先生の『ニューサイエンスのパラダイム』という本を読み、大いに共鳴したんです。科学と精神的な世界とは普通反発し合っているもので、私はこれをなんとか融合したいと考えていたのですが、そんな私のテーマに答えてくれているように思えたんです。早速手紙を書き、お目にかかって、お手伝いをするようになりました。

猪股先生との研究は、できるだけ土日を使うようにしてはいますが、勤務時間に食い込むこともあります。しかし直属の部長が大目に見てくれ、泳がせてくれているので助かります。Nマシンの研究は、いずれ重力制御とか、それを利用した推進機構などにも応用できると思います」

一方、意識工学会会報の編集を受け持つ傍ら、ニューサイエンス評論家としてNマシンをPRする任を担っているのが山崎隆生（取材当時三十五歳）だ。早大理工学部の大学院で応用化学を専攻して世界最大級の大手鉄鋼メーカーに入社、現在は東京湾岸に立地する製鉄所で鋼板の表面処理を研究している。取材を申し込むと、平日にもかかわらず、都心のホテルまで出向いてくれた。

「超常現象は宗教系と物理系の二種類に大別できるんです。前者はともかく、人間が介在しない後者は再現性があり得るので、工学的アプローチをしてみたかった。

意識工学会に参加したのは大学三年生の時です。その後大学院を経て八七年に現在の会社に就職したんですが、面接の時に超常現象の話をしたら、「やってみろ」という重役もいましたね。当時はなにしろ売り手市場でしたし、安保闘争を経験した団塊の世代はどうしてても唯物論から離れられませんが、おじいちゃんの世代は、案外こういうのに興味を持ってくれるんですよ。

表面処理の仕事に、超常現象はまったく関係ありません。鉄鋼メーカーは磁性材料も製造していますから、これとNマシンを何とか結びつけたいとも考えていたんですが。バブルがはじけてからは、ウチもリストラ、リストラの連続で、遊び心やゆとりがまるでなくなってしまいました。

でも、いずれ上の人たちは消えていくわけですから。そうなればいろんなことができる。僕だけでなく、あちこちの会社でもね。それで、もしも未知のエネルギーが発見できれば、科学の大ドンデン返しでしょう。男のロマンを感じます」

そう語る山崎には、さらにもうひとつの顔がある。〝予言考証学者〟だ。

ヨハネの黙示録や聖母マリアの「ファティマの大予言」、あのノストラダムスなどを研究しているという。その肩書で、Nマシンの登場はノストラダムスによって予言されている、との持論を発表したこともあった。

山崎によれば、広島原爆はノストラダムスに、チェルノブイリ原発事故はヨハネ黙示録に、それぞれ予言されていた、しかも聖母マリアは今後さらに二つの核爆発が起こるというメッセージも発しているという。さらに再びノストラダムスの予言詩『諸世紀』二巻四十六編から次の一節を取り上げて――、

〈人類は莫大な消費のうちに、さらに莫大な消費に向かう

そして巨大なモーターが時代を一変する
雨、血、ミルク、飢餓、兵器、疫病
空には長い炎を吹き出すものが飛び回るようになる〉（五島勉訳）

ここで山崎は、一行目のフランス語原文にあるtrocheという単語に注目した。彼が引いた辞書には〈花形にちりばめられた宝石箱、束（方言）、棒の周りに束ねたタマネギ、トロック（ニシキウズガイ科の貝）など〉の意だと説明されており、最後のトロックの語源をたどるとギリシャ語の車輪であるから、〈予言詩のtrocheを語源から「車輪、車輪のようなもの」と解釈すればNマシンの構造を指しているものとみなせる〉という。山崎はそこで、したがって前記の詩は次のように読むことができると結ぶのである。

〈人類が偉大なNマシンを発明すると、より偉大なNマシンが準備される
大いなるNマシンが時代を一変する
雨、血、乳、飢餓、戦火と疫病
空には長い火花が走っているのが見える〉（「一九九九年、人類は滅亡するか」『フリーエネルギーの挑戦』67～70ページ）

何やら雲行きが怪しくなってきた。

Nマシンが実用化され、猪股理論とノストラダムスの大予言を裏付けるまでには、しかし、まだまだ時間が必要であるようだ。第一人者の猪股修二も、苛立ちを隠さない。

「今のところ、Nマシンを使って〝あの世〟から十ワットのエネルギーを取り出すのに、

三百ワットを入力しなければならないんですよ。これでは意味がないんで、取り出せるエネルギーを今後五十ワット、百ワット……と高めていって、いずれ入力とイーブンにし、やがては四百、五百ワットを得るオーバーユニティ（超効率＝効率が一〇〇％を超える）に持っていかなくちゃいけない」

三百対十を三百対四百に逆転させるとは凄まじい。だが猪股は意気軒昂である。

「磁石を強くすればできるんです。今使ってるのは四千ガウスのネオジウム磁石ですが、十倍の四万ガウス（四テスラ）の超電導磁石にすれば、取り出せる電力は百倍になる。そうすればオーバーユニティになって、出力の一部を入力に戻してやれるから、永久運動が可能になる。でも超電導磁石は高いし、メーカーが限られてるんだよね。日立か東芝の協力が欲しいなあ」

いずれにせよ先立つものはカネである。猪股はここ数年、通産省にNマシンの予算申請を行うのが恒例になっているが、結果は芳しくない。

科学史の魔物

動力源を必要とせず、または最初の一度だけ外部から取り入れた熱量の一切を仕事に換えて永久運動を続ける「永久機関」を発明できたら――。

人類は古来、このような夢を抱いてきた。

文献などによると、ヨーロッパ社会で記録されている最も古い永久機関の試みは、一三世紀フランスの建築家W・オヌクールが考えた〝かなづち車〟タイプのものである。頂点の位置に来た金槌がそれ自体の重みで進行方向に倒れ込むのを繰り返すことで、回転が永久に保たれると考えられた。この方式は自己回転輪とも呼ばれ、その後もさまざまな発展型を生む原型となる。

磁力も欠かせないアイテムだ。自然の中に存在するこの不思議な力には、一三世紀フランスの修道士P・ペレグリヌスが早くも着目していたという。また一五七〇年にイエズス会士J・テニエが思いついた磁石を使った永久機関は、「テニエの柱」として、今日でも有名である。

この他、H・レオンハルト（スイス）の浮力式モーター、ロケット弾の発明者W・コングリーヴ（英国）の毛細管現象を利用した海綿式永久機関、気圧の変動で水銀柱が上下して生まれる動力を利用する、時計師J・コックス（英国）の永久時計など、多くの魅力的な〝発明〟と挫折とが、科学の裏面史を彩っている。錬金術とともに、一見荒唐無稽なこれらの試みが、有形無形、近代科学の発展に大きく寄与してもきた。

一九世紀の中葉から後半にかけ相次いで発見された熱力学の二つの法則（第一法則＝エネルギー保存則、第二法則＝エントロピー増大則）は、あらゆるタイプの永久機関に引導を渡した。無から有は生まれず（第一法則）、また取り入れた熱量の一部は、装置が作動する際の摩擦などを通し、どうしても逃げていってしまう（第二法則）のである。

『現代用語の基礎知識96年版』の解説を示しておくと、第一法則は〈エネルギーの簡単な定義は、仕事や熱に変わり得る量といえばよかろう。エネルギーには種々の形があり、その間で移り変わるが、エネルギーの総量は増減しない〉というもの。また第二法則は〈マクロな物質はエネルギーのほかにエントロピーという量をもち、エントロピーの総量が減少するような現象は、自然界に起こり得ない〉とするもので、〈たとえば紅茶に角砂糖を入れればすぐ溶けるが、これを時間の逆向きにたどる現象、すなわち、溶けている砂糖が紅茶から自発的に分離して角砂糖に戻ることは起こり得ない。この逆向きの過程を禁止〉（いずれも116５ページ）している。なお、ここで言う〝マクロ〟とは、分子、原子といったミクロの世界と対比して、気体・液体・固体など、目で見える世界という程度に理解しておけばよい。

人々の夢想は、それでも醒めることがない。A・オードヒュームの『永久運動の夢』は、一八九一年に米国の『全国自動車汽車製作者』誌に載った、次のような記事を引用している。

〈最も才能があり忍耐強い多くの人々が、永久運動の候補を工夫するという望みのない仕事で働いている。こうした精神的エネルギーが誤謬のために無駄になっていることに、今日の教育システムは多くの点で責任がある。物理学や初等力学が一般の学校でふさわしい注目を受けていれば、自然の法則に逆らおうとするような装置を開発するための資金を提供するよう友人に求めるような人々が少なくなるだろう。（中略）しかし高い教育を受けた人でもこの怪物の追求者となる。他の点では聡明な知識人であっても、忍びよる機械の誤謬を理解することはしばしば困難である。電気学はしばしば多くの人々を騙し、この神秘な力によって与えられた以上の動力を得ることができるという信念へ人々を導くように見える〉（248ページ）

それから一世紀余を経た現在、夢想はなお、人々の間に脈々と生きている。エネルギー問題が当時とは比べ物にならないほど深刻化した結果、むしろ肥大化した。現状は二〇世紀でも何度目かの、永久機関開発の世界的ブームと言っていい。関係者たちの話や専門誌『Space Energy Journal』（米国宇宙エネルギー協会発行）などによると、近年はNマシンの他にもPOT－MOD、WIN、ENERGY、Sマシンなど、将来有望とされる永久機関のプロジェクトが目白押しの状態だという。

わが国でも八〇年代半ばあたりから、ブームが続いている。日本の特許制度は永久機関を拒絶査定するのが原則だが、特許庁によれば、それでも九五年までの五年間で六百四十件、年間平均百三十件弱の特許出願があったそうだ。

日本の場合、ここでも〝企業〟が重要な役割を果たしているのが特徴である。私は本章の取材の過程で、〝永久機関に取り組む人間が所属している企業〟として、実に多くの社名を聞かされ、確認に歩いた。

その結果、自動車やエネルギー、エレクトロニクス、防衛といった業種の企業が殊に熱心である現実が、少しずつわかってきた。たとえばバブル時代の富士通には異端の研究に資金を出す〝マイウェイ・プロジェクト〟という制度があり、光コネクト推進部の部員と厚木研究所の所員が、この制度の中で永久機関の研究を行っていた。これに東北大学や京都大学といった大学関係者や、中小企業、特殊なメーカーの人々が加わってくる。

彼らは横の繋がりも緊密だ。すでに一つの〝業界〟が形成されているようでもある。また外部に伝えられるケースは少ないが、たとえ正式な業務になってはいなくても、特に企業の場合、永久機関の研究は上層部の黙認の下で進められていると見られる。

大林組の三田芳幸や大手鉄鋼メーカーの山崎隆生の話からも、そうした状況を垣間見ることができる。特に三田は、九三年三月に青山学院大学で行われた「第四十回応用物理学連合講演会」でNマシンに関する猪股修二との連名の論文を発表した際、上司の承認を得た上で大林組原子力本部の所属であることを公表した。完全に個人の趣味の領域だと判断しているなら、企業はそんな振る舞いを絶対に許さないものである。

ニューサイエンスと永久機関

今日の永久機関開発ブームは、一九世紀末のそれとは大きく異なる側面を持っている。いわゆるニューサイエンスの文脈で把握することができるのだ。

ニューサイエンスとは、近代科学に対するアンチテーゼとして発生した潮流である。本書が描こうとしている多様な現象の背景にしばしば顔を出す概念なので、ここで簡単に検討しておきたい。まず『現代用語の基礎知識96年版』の初歩的な説明から——。

〈ニュー・サイエンスは、近代科学に対する批判のなかから生まれてきたものであって、近代科学が秩序や合理性だけを求めて、その原理では把握できない無秩序なもの、非合理なものを取り入れなかったことを批判する〉〈ニュー・サイエンスは、部分的な真理よりも全体的な真理を優先させる。そのために、実践的な次元でエコロジー（環境保護）運動と結びつく。科学と宗教的なものとを結びつけ、さらにそれを実践運動に発展させている点で、きわめて現代的な動きといえる〉（1252ページ）

歴史をたどってみよう。『科学史技術史事典』や、ニューサイエンス側に立った概説書『パラダイム・ブック』（C＋Fコミュニケーションズ編著）などによると、その源流は一九三〇年代、かのA・アインシュタインとN・ボーアらとの間で展開された、量子力学をめぐる有名な論争に遡る。

論争に先立つ二〇年代は、物理学が飛躍的な発展を遂げた時期だった。目に見えない極微の世界では、アインシュタインが一九一五年に提出した一般相対性理論をはじめとする通常の物理法則は当てはまらないこともわかってきた。目で見える世界なら、現在の位置と速度から、次の瞬間の位置と速度とを正確に計算できる。だが極微の世界の原子や電子が次にどう動くかは予測できず、ただ確率を示すことができるだけなのだ。

極微の世界の不確定性はデンマークのボーア、さらにドイツのW・ハイゼンベルクらによって確認され、二〇年代の後半には「量子力学」が確立した。彼らはこの考え方を拡大し、いわゆるコペンハーゲン解釈を打ち立てた。『パラダイム・ブック』によれば、それは近代科学の原点である客観性を否定する一方で〈観測者の重要性を強調し、主体と客体の不可分性を論じた。ここにきて、あのデカルトの「思惟するもの」が復活した。ただし、それはデカルトが唱えたように独立、分離したものではなく、自然と不可分な関係にあるパラメータ（変数）としての「思惟するもの」である〉（17ページ）。

アインシュタインには、この飛躍が許せなかったようだ。京都大学教授の田中正（物理学）は、『物理学と自然の哲学』の中で、当時の彼の心境をこう忖度《そんたく》している。

〈量子論の誕生に決定的な役割を果し、相対論の建設を通じて最終的に強固な実在論に到達したアインシュタインにとって、「完成」した量子力学の根幹部分に、「客観的な世界の法則性、規則性」を覆すかのような自然の確率的振舞い、いわゆる「サイコロ遊びをする神」が立ち現れるようなことは到底認めがたいものとなります〉（215ページ）

アインシュタインに共鳴する田中は、〝量子力学的状態〟が古典力学の理解を超えている現実を認めながらも、さらに次のような危惧を表明した。

〈しかし客観性、実在性のあり方を、巨視的世界でなじみの、このような直観的でナイーブな形に限定し、それをどこまでも自然におしつけるとしたら、それはまた初期のアインシュタインが正当にも忌避した「形而上学的思弁」に化すおそれがあります〉（同）

つまり、極微の世界が不確定なものであるとわかったからと言って、これまで論理的に証明されてきたさまざまなことがら――エネルギー保存の法則や、相対性理論――が否定されるわけではまったくない。そのことをわきまえぬ〝知性の放棄〟をこそ、アインシュタインは危惧したのである。

一切の主観を排し、あくまでも客観的であろうとするアインシュタインのような立場は、しかし、やがて一部の科学者たちによって〝唯物論的〟であると見做されることになる。すなわちニューサイエンティストたちは、極微の世界の現象を、いつの間にか普遍的な真理として扱うようになっていく。

第二次世界大戦を経、東西冷戦が深刻化して、ベトナム戦争が泥沼に入り込んでいくにしたがい、科学者たちは、そのような地獄を演出した近代科学の存在そのものに不信を募らせた。比例して、ニューサイエンスが台頭していった。

七五年、ニューサイエンスの思想性は、オーストリア生まれの物理学者F・カプラの『タオ自然学』で、一般的に示されることになる。日本語版の一部を抜粋してみよう。

〈力学的な古典物理学は、通常の物理現象の記述には有効で、日常を処理するのに役立ってはいる。科学技術の基盤としても確かにかなりの成功を収めた。しかし、極微の世界の現象を記述するには、ふさわしいとはとてもいいがたい。力学的世界観と対立する神秘思想は、「有機体的《オーガニック》」という言葉で要約できるが、これは、宇宙の全現象を、分離不能な調和ある全体のなかの部分としてとらえる考え方である。このような世界観は、伝統的に、瞑想状態から生まれてきた。（中略）二十世紀自然学は、巨視レベルの科学や技術ではほとんど価値をもたなかった有機体的な世界観が、原子や素粒子のレベルでは有効性を発揮することを明らかにした。有機体的な世界観の方が、どうも力学的な世界観よりも根源的なようである。（中略）

科学に神秘思想はいらないし、神秘思想に科学はいらない。だが、人間には両方とも必要なのだ。神秘体験が、ものごとの内奥に潜む本質を知るのに欠かせないように、科学は現代生活に不可欠である。ならば、われわれに必要なのは、両者の統合ではない。いまこそ、神秘的直観と科学的分析のダイナミックな相互作用が望まれているのだ〉（332〜335ページ）

要するにニューサイエンスとは、量子力学と東洋的な神秘思想の共通点に注目する科学観であった。その思想の中核は、①東洋思想と現代物理学の相似性の強調②還元主義に対する包括的理論の提唱③神秘主義的アプローチ、という三要素から構成されるという（『パラダイム・ブック』21ページ）。

隠された〝真理〟を知るために、ニューサイエンティストたちは瞑想やさまざまな苦行、時には薬物によってでも意識を変化させようとする。カプラ自身、同書の序文で、こうした境地に至るために当初は〝パワー植物〟、すなわち幻覚植物を使用したことを告白していた。

なお「タオ」とは、古代中国の道家の一人である老子が〝究極のリアリズム〟に対して名付けたという〝道《タオ》〟を指している。ニューサイエンスの基調は、西洋人が理想化して捉えた東洋思想のように思われる。鈴木大拙の著作などを通して、日本の禅の影響も強烈だ。アインシュタインと論争したボーアは晩年、中国の〝易経〟の研究に没頭したと伝えられる（天外伺朗『「超能力」と「気」の謎に挑む』122ページ）。

カプラにとどまらない。七〇年前後を境に、優秀な科学者たちが続々とニューサイエンスになだれ込んでいった。米国の理論物理学者D・ボームや、ジョセフソン素子の開発者で、三十三歳の若さでノーベル賞を獲得したB・ジョセフソン、大脳生理学者でスタンフォード大学教授のK・プリブラムらが、初期の代表的なニューサイエンティストたちである。

八四年十一月、筑波大学で開かれた日仏協力の国際シンポジウム「科学・技術と精神世界」を契機に、ニューサイエンスはわが国にも本格的に上陸するに至る。そして、その信奉者たちは、かつて天動説から地動説へと世界のパラダイム（枠組み）が転換した局面以上の規模でのパラダイム・シフトを夢見るのである。

今日の永久機関開発ブームは、以上のような国際的な潮流の中に顕れた、典型的な現象なのである。ソニーの超能力研究も同様だった。東洋思想を有力な構成要素とするニューサイエンスは日本に〝逆輸入〟され、今まさに花開いているのだ。

Nマシンの猪股修二が強調していた〝意識〟や〝見えない世界のエネルギー〟は、彼の専売特許ではない。ニューサイエンスの重要なキーワードである。私が取材した他の永久機関研究者の中には、〝フリーエネルギー〟とか〝スペースエネルギー〟といった言葉を用い、それらを取り出すのが眼目なのだからエネルギー保存則には反しない、〝永久機関〟と形容されるのは心外だと怒った人が少なくなかった。

彼らの言うエネルギーとは、古代ギリシャの自然哲学以来、エーテルと呼ばれてきた存在を指す場合が多いようだ。『科学史技術史事典』などによれば、地、水、火、空気と並ぶ地上の第五の元素として発想されたエーテルは、星を運ぶ宇宙霊魂の組成物質とも考えられ、やがて光や電気、磁気などまでもを媒介するものと理解されるようになった。少なくともルネサンス末期までの古典物理学では万能の役割を負ったエーテルは、一九世紀後半には〈物理的世界と心霊界（精神的存在の世界）との媒介者であると考えられた〉（高田紀代志「心霊研究と物理学」『科学と非科学のあいだ』91ページ）。

やがて一八八七年、米国のA・マイケルソン（後にノーベル物理学賞を受賞）とE・モーリは光の媒質としてのエーテルと地球の自転運動との関係を検出しようとした精密物理光学実験を試み、かえってそのようなものが存在していないことを証明する。さらにアインシュタインの相対性理論の登場に及んで、エーテルの概念さえも完全に放棄されたのだったが、ニューサイエンスの台頭とともに、その亡霊が甦ったのである。

〝永久機関業界〟と〝精神世界業界〟

ニューサイエンスは科学者の世界の知的な思想運動だが、同時にニューエイジ運動《ムーブメント》の科学観であるという側面も持っている。アメリカでニューエイジ・サイエンスと呼ばれることが多い（『現代用語の基礎知識96年版』１２５２ページ）のはこのためだ。

ニューエイジには明確な定義がないが、すでにニューサイエンスを概観したこの段階では、ニューエイジとはこの世界を動かしている基本的価値観をニューサイエンスのそれへと一八〇度ひっくり返し、さらには人間のライフスタイルの根本的転換をも目指す運動あるいは文化であると理解しておけばよいと私は考える。その影響下にある人々の層はより広く、包含する領域もニューサイエンスより広範にわたるのは当然だが、それらについては第三章以降に譲りたい。

ニューサイエンスはニューエイジ運動と表裏一体の関係にある。そして米国の臨床心理学者マーガレット・シンガーによれば、ニューエイジ思想を標榜する集団はしばしば共同体を形成し、そのうちの多くがカルトと化す傾向があるという。

彼女の指摘はこうである。

〈カルトは、信者の行動をコントロールするという点で全体主義的すなわち全体を包括するものであり、世界観において熱狂と過激な傾向を示すという点でイデオロギー的な意味でも全体主義的である。（中略）ほとんど全部の問題に関して、いわゆる白か黒か式の思考で単純に割りきり、すべてか無かの観点に立つことをカルトは奨励するのだ。信者のライフスタイルを中断させたり改めさせたりすることを信者に要求するカルトが多い〉（中村保男訳『カルト』32ページ）

チャールズ・マンソンを中心に、LSDとビートルズによって結束した米国の「マンソン・ファミリー」は六九年、女優シャロン・テートをはじめ七人の仲間を惨殺した。七八年には南米ガイアナのジョーンズタウンで、ジム・ジョーンズの「人民寺院」の信者たち九百人以上が集団自殺している。第一章でも紹介した米国オレゴン州の「ラジニーシ・ファウンデーション」は、一時は地元アンテロープの市政さえも支配するに至ったが、武器の備蓄や細菌兵器の製造を始めたところで摘発された。

この他、九三年にFBIとの銃撃戦の末壊滅した米国テキサス州の「ブランチ・ダヴィディアン」。九四年にやはり信者が集団自殺したスイスの「太陽寺院」。九二、九三年にかけて世界各地で摘発され、多くの子供たちが保護された「神の子供たち」。そして上九一《かみくい》色村《しきむら》のオウム真理教。いずれも典型的なニューエイジ系カルト集団だ。宗教団体の体裁を採っているかどうかにはあまり意味がない。

それらほどには今のところ凶暴でないが、スイスのリンデンという村にも「Merthinita」（メタニタ）というニューエイジャーたちの共同体があるという。永久機関専門誌『Space Energy Journal』の九四年十二月号によれば、ここには独自に開発された「M－Lコンバーター」と呼ばれる永久機関が稼動していて、共同体メンバーたちはここから供給される電力を使って自給自足の生活を営んでいる、ということである。

もちろんそんな装置はあり得ない。メタニタ側でも「人類には、まだこの大発明を受け入れる準備ができていない」ことを理由に、装置を公開したことがないようだ。だが、カルト共同体がぜひ実現させたい夢であるに違いないことだけはよくわかる。

日本でも、合同結婚式で有名な某宗教団体が埼玉県内の電子部品メーカーに巨額の資金を投じて永久機関の開発を進めさせているとの情報が、研究者たちの間で飛び交っている。山梨県の清里高原で、あるマッド・サイエンティストが〝信者〟たちを動員して研究に余念がないという話も私は聞いた。

オウム殺人教団も、永久機関に強い関心を示していたそうだ。そこでこの〝業界〟では、こんな話が日常的に交わされるのである。

「オウムの連中が、われわれの業界の周辺をウロチョロしてたのは、以前から知っていました。一緒にUFOのテレビ番組に出た海外の超能力者たちの見立てで、彼らが相当に危険な集団であり、例の坂本弁護士失踪事件もオウムの仕業だと早い時期から承知してましたから、私たちはしばらく研究をクローズしていたんです」

肩をすくめたのは横山信雄である。芝浦工業大学電子工学科卒、取材当時は三十二歳。現在は大手音響メーカーの品質保証セクションに勤務している彼は、「昔からUFOとか不思議なことが好きで」、数年前、通信機メーカーに勤務する同志らとともに研究グループ「フリーエネルギープロジェクト」を結成。メンバーの給料プラス原稿料や講演料収入を研究資金に充てながら、エネルギー保存則やエントロピー増大則が登場して以降の永久機関・フリーエネルギー研究の原型とされるテスラ・コイルを使った実験などを独自に行ってきた。この研究グループにも、オウムは接近を図っていたというのである。

テスラ・コイルの名称の由来は後述するが、横山によると、この技術を発展させると地球を破滅する地震兵器が製造できるという。地球は絶えず膨張と収縮を繰り返しているので、テスラ・コイルによる高周波振動と爆発とを、地球が収縮を始めるタイミングに重ねていけば、やがて地球は真っ二つになるのだそうだ。

「まあ、米軍と共同してやれば、今だってその応用で、重力を制御して十センチや二十センチ空中に浮く程度のものは作れるでしょうし、アメリカあっての日本ですから、彼らに頼まれれば、実験の成果を渡してあげてもいいですけど。相手がオウムではねえ」

と、横山は苦笑する。

もっとも横山は、日頃の言動や趣味嗜好から、そのオウムの「信者ではないか」と勤務先の同僚たちに疑われていた。永久機関研究者という彼のもう一つの顔は、社内でも有名なのである。地下鉄サリン、新宿青酸ガス事件の直後など、周囲から「次はどこなんだ?」と真顔で聞かれたという。

バブル崩壊後の勤務先の業績は良好とは言い難く、横山の研究はなかなか会社に顧みてもらえない。ただし不思議な現象を研究しているというので、何か技術的に困ったことが起こると、研究所や工場で時々、

「これは横山君にお任せだな」

と声がかかる。そんな時彼は爽やかに笑って、

「そんなことまでわかれば苦労しませんよ」

と答えるのが常だそうだ。

ハードな実験を積み重ねてきた横山らの「フリーエネルギープロジェクト」は、一方で早稲田実業高校の元教諭(地理学)である実藤遠らベテラン研究者たちとも連携し、よりオープンな議論の場としての勉強会「フリーエネルギーネットワーク」に発展している。

本体に倣い、こちらも休眠状態が続いているが、一時は理工系の学生や企業の技術者たちからの問い合わせが殺到していたとか。

六十七歳になる実藤は語る。

「私は理科系じゃありません。エネルギーというものの裏に何があるのだろうか、といった哲学的なところからこの道に入り込んでいったんです。実はテスラ・コイルからはすべてのものを通過する不思議な〝波〟、つまりスカーラ波というものが出ていて、これが超能力とか反重力とかいったものをすべて解明するカギなんですね。

それで技術出版という出版社から『スカラー波理論こそが科学を革命する』という本を何年か前に出したところ、この本が二冊、上九一色村のオウムのサティアンに置いてあったんですって。それで警察が来て、どんな関係かだとか、いろいろ聞かれましたよ」

ちなみに永久機関やフリーエネルギーを中心にした〝未踏技術〟の勉強会は珍しくもない。東京だけでも横山の「ネットワーク」の他、前記の「日本意識工学会」、医療機器メーカー勤務の横屋正朗らが主宰する「フォースフィールドプロジェクト」、機械メーカーで製品開発室室長を務める小牧昭一郎の「ドリームサイエンスフォーラム」などが、その筋では有名だ。なお便宜上列挙したが、各グループはそれぞれ独自の主張を有しながら覇を競っており、単純に一括りになどできないことを付記しておかなければならない。

「この世界もいろいろありましてね。近親憎悪というのか、すぐにお互い喧嘩してしまうんです」

と、実藤は声をひそめた。

健康食品会社の「EMAモーター」

政府や大企業のある層が永久機関に興味を持ったとしても、本格的な研究体制を構築するまでには時間がかかる。Nマシンの猪股修二が歯ぎしりし、企業人である横山信雄らが自前のネットワーク作りに励まざるを得ない所以《ゆえん》だが、中には幸運な研究者もいる。

社団法人日本緑十字社クリーンエネルギー研究所所長・井出治（一九四九年生まれ）。七〇年代初めに立命館大学理工学部電気工学科を卒業した彼は、ややあって上京。商品のアイディアを企業に売り込む、ユニークな会社に就職した。当時の幹部に現在は観相師としてマスコミで活躍中の藤田相元がいる。かねてUFOや宇宙エネルギーの存在に関心を寄せてきた井出にとっては、格好の職場だった。

井出は入社早々、米国ロサンゼルスに住むE・グレイなる人物が発明したというフリーエネルギー装置「EMAモーター」（EMA＝Electro-Magnetic-Association＝電磁結合）の存在を知った。早速見学に赴いたが、装置はなぜか当局に没収されていたとかで、この時は見学できずじまい。だが二年後の七六年、再び訪米のチャンスを得た彼は、グレイの新しい試作機をつぶさに見ることができた。

「六号機と呼ばれるその装置は、妖しい火花を放ちながら音もたてず、モーターが回転しているのに熱くもならなかったのです。別の実験を見たことのある先輩は、それどころか逆に冷却されて、水滴が付着していたのを目撃したと言います。これが、私が今日までフリーエネルギーと関わり続けることになる原体験でした」

井出によると、グレイは当時、日本企業への売り込みに執着していたという。先輩社員がその理由を尋ねると、「ＥＭＡは日本でしかモノにならない。神が私にそう教えた」。そこで井出らは湯浅電池など有力企業との橋渡しに躍起になったが、やがてグレイはどういうわけか、突然、機械もろとも消え去ってしまったのだという。

井出はＥＭＡモーターを再現したい一心で、東京電力の研究所にいた叔父にアルバイトで雇ってもらい、基礎実験を進めたが、うまくいかなかった。その後セイコーグループの関連会社・第二精工舎（現在のセイコー電子工業）に入社し、研究開発部門でサラリーマン生活を六年間ほど続けた頃、彼はＵＦＯ番組で有名な旧知のテレビディレクター・矢追純一に、健康食品会社・ナチュラルグループ本社の会長・橋本幸雄（一九四〇年生まれ）を紹介された。

井出が回想する。

「橋本会長は私に、一緒にアメリカに行って、あちらで新しく開発されたというフリーエネルギー装置を評価してくれと言うのです。その装置はペケもいいとこでしたが、怪しげな情報にも自ら足を運ぶ会長の好奇心にぶったまげました。すると会長は、帰りの機中で、こういう未知のクリーンエネルギーの研究所を作りたいんだ、君やってくれないかと言われたのです。しばらく迷いましたが、この際、念願の研究に専心することにしました」

四年後の八九年、井出はすでに入力より出力の多いフリーエネルギー装置の開発に成功していたという。例のEMAモーターの発想に、独自の工夫を加えたとしているが、装置に格別の名前はない。

「こういうものは理屈じゃなくて、まず現象があるんです。解釈はその後。実際に起こった現象と理屈とが、どう食い違っているかを追っかけるのが私の仕事。

あえて言えば、作用・反作用というのがありますね。電磁気学では、ある特殊な条件下ではこの原理が働かず、作用も反作用も同じ方向を向くという理論があるんです。私の装置は、この理論が現象として現れたのだと考えています。ニュートン力学と電磁気学とはまったく別の体系ですが、その境界にある現象なのでしょうね」

こう語る井出の学術論文「Increased Voltage Phenomenon in a Resonance Circuit of Unconventional Magnetic Configuration」（特異な磁気構造を有する共振回路における電圧増大現象）が、米国物理学会の『Journal of Applied Physics』（応用物理学ジャーナル）の九五年六月一日号に掲載された。日本物理学会に確認したところ、権威ある学会誌であるという。

国内の学会誌は無理と判断しての投稿だったが、永久機関やそれに類する研究が公には異端視され無視されるのは万国共通だ。審査をクリアできたのは、井出の作戦勝ちだった。

「エネルギーが出る機械です、なんてやったら百パーセントダメ。本文中では出力の話は書かずに〝電磁気の異常現象〟か何かにしといてね。添付したグラフにデータを示し、未知の起動力が存在する仮説を提示するのにとどめました。だから一見フリーエネルギーの論文ではないんだけど、見る人が見ればわかる。正統派の学会誌にフリーエネルギーの論文が載ったのは、これが世界初です。反響も上々、アメリカの常温核融合関係の雑誌『Infinite Energy』の編集長が私の意図を見事に読み取ってくれ、論説ページで好意的に取り上げてくれました。もしも私が大学や有名な研究機関に所属していたら、今ごろアメリカはパニックですよ。

国内でも電気や自動車の会社の人たちが、「個人の資格で」と言いながら、何人も私を訪ねてきてくれています。また掲載直後、私はフィンランドのタンペレ市で開催された第十四回国際磁気工学会議にも参加し、新しい発見を盛り込んだ発表をしました。その内容は、九六年中にはアメリカ電気電子学会の学会誌に掲載されるはずです」

さぞかしスポンサーも大喜びだろうと、そこで東京・泉岳寺のナチュラルグループ本社を訪ねると、会長室のソファに身を沈めた橋本幸雄の横に、数日前に取材したばかりの井出がちょこなんと座っていた。

橋本は余裕たっぷりに語りはじめた。

「私は昔からUFOが好きで、ユニバース出版社という関連会社で『UFOと宇宙』という雑誌を出しておったこともあるんです。矢追ちゃんとはその線の友人。で、UFOだけでなく、私はこっち（永久機関）にも興味があったんですが、まあ、よく騙されてきましたわ。大学教授なんてのも信用できたもんじゃない。この世界、ハッキリ言って、わけのわからん人ばっかりなんですよ。ところが井出君は違った。よく勉強してるなという感じで、この人ならと思いました。

まあ井出君をだね、この研究のためにだけ遊ばせてきたわけじゃない。彼のセンスはもちろん、人脈も大いに取り入れさせてもらいましたよ。私のところには相変わらず、自分の研究を見てほしいと言っていろんな人が寄ってくるんだが、必ず井出君を同席させることにしてるんだ。で、その場では黙っててもらい、後でそいつが本物かどうかを尋ねる。面と向かってやり合うより、後から断った方が、カドが立たないでしょう。私もあまり敵を増やしたくないからね」

――それで会長は、井出さんの研究をいつ頃までに実用化してほしいと考えてらっしゃるんですか。

そう問うと、橋本は井出を振り向いて、

「初めて井出君と会った時、君、すぐにでもできそうなこと言ってたんだよね。奥さんも交えてあの時一緒に食ったメシはうまかったよ。で……だ。さ、皆さんの前で宣言しなさい」

「ハ、今世紀中には何とか、実働モデルを完成させたいと思います」

「ウチは、秩父で農園ホテルというのもやっとるんです。最初はそこで使ってみたいね。なにしろ、もう億のカネを使ってきたんだから。ワッハッハッハ」

豪快に笑う橋本に、井出は少し胸を張って、付け加えた。

「いずれブームになれば、日立、東芝もついてくると思いますが――」

お金持ちのスポンサーのいる井出は、この業界で最も恵まれた研究者だという点で衆目が一致している。でも井出さん、大変だな、と私は思った。不可能に違いないからだ。

河合モーターと住友商事

一九九三年十月、露木茂と安藤優子が司会をつとめるフジテレビの夕方六時の報道番組『スーパータイム』は、永久機関を扱ったドキュメンタリー特集を四回にわたって放映した。「永久磁石から夢のエネルギー——三十二年の研究成果」。タイトルからも知れる通り、歴史ドラマや研究者たちの群像を取材したものではない。ある特定の研究だけに焦点を絞った、異例のシリーズだった。

取り上げられたのは、東京・蒲田の会社社長・河合輝男が開発した〝動力発生装置〟である。この装置は永久磁石の持つ〝磁気エネルギー〟を動力に変換することができ、技術を突き詰めていけば永久機関にもなり得るという。過去に何度となく浮上しては消えていった磁石利用のパターンだが、番組にはファジーコンピュータの第一人者である明治大学情報科学センター所長の向殿政男や早稲田大学理工学部教授の大槻義彦も出演し、河合の研究にお墨付きを与える役割を果たしていた。

「(この発明で)人類はエネルギー問題から解放されることになるでしょう」

と向殿。大槻もはしゃぎまくって、

「二一世紀の科学文明をひっくり返す大事件です。現場に行ってみて、私は手が震えました」

大槻といえば、いまやテレビのオカルト番組には欠かせないタレント教授である。常に否定派の役回りで、スプーン曲げはトリック、UFOやひとだまは大気中に自然発生するプラズマに他ならない、と肯定派を批判する。〝霊能力者〟宜保愛子への攻撃はとりわけ注目を集めた。が、ここではなぜか、日頃とはうってかわり、河合の永久機関を手放しで讃えていた。人の世は複雑である。

学者たちだけではない。シリーズは河合の研究に対する大企業の〝熱い視線〟をひときわ強調していた。あるセミナーで河合が講演した際、参加していた東京電力原子力開発部やパイオニア第一研究室の面々の好意的な反応。あるいは住友商事の新規事業開発プロジェクトチームが強い関心を示す様子。住商の技術開発本部長・大渕敏雄と航空宇宙第二部長・玉川広志（いずれも当時）と紹介された人物が、河合の研究室を訪れる場面までが克明に映し出されていた。

ショー的要素の強い民放の報道番組とはいえ、同じテーマの〝ヒマダネ〟が四回も放映されるケースは珍しいのではないか。この時期はゼネコン疑惑の捜査が新展開を見せた他、美智子皇后が倒れて体の不調を訴えたり、教科書検定をめぐる第三次家永訴訟の高裁判決が下されたりと、ニュースバリューの高い事件が相次いでいたにもかかわらず、である。なんとも不自然なシリーズであった。

私はこの番組を見ていなかった。が、本書の取材中に河合の存在と番組出演の事実を知り、その背景を追ってみることにした。

河合の拠点である日本理研という会社を訪ねた。一九三六年に東京で生まれた河合は、すでに還暦を迎えていた。雑居ビルの七階にある日本理研の事務所で、彼は番組当時とは違い、なぜか重くなっていた口を少しずつ開いていった。

「永久磁石は電磁石と違い、エネルギーとして認められていません。単なる磁場であると。エネルギー保存則になじまないからですが、でも永久磁石だって、N極とS極とをコントロールすることで磁力を働かせたり止めたりのスイッチングができれば、電磁石と同じじゃないですか。通常のモーターには電磁石が使われていますが、回っているモーターのその電磁石の部分に永久磁石を近づけると、これが同極ならブレーキになり、異極だと回転のスピードを上げる作用を及ぼします。このコンビネーションがポイントなんですね」

わかったようなわからないような説明が続く。河合はそして、私を同じビルの別の部屋にある実験室に案内してくれた。そこには彼の〝動力発生装置〟を使ったモニターが置かれていた。スイッチが入れられ、そのモーターは回転を始めた。

「これをモーターに近づけてみてください」

河合は私に、五センチ四方ほどの磁石を手渡しながら言った。やってみると、モーターの回転は確かにスピードアップした。だが、だからどうしたのか。普通のモーターとどこがどう違うのか。河合の話をいくら聞いても、悲しいかな私には、何が何やら、まるで理解できないのだった。

河合自身、実験をしてみせながら、肩をすくめるのである。

「私は中学校しか出ていないんですが、成人して塾の先生になり、子供たちと磁石の実験をしている時に、ふと閃《ひらめ》きましてね。永久磁石のエネルギーを動力に転換する方法をです。それから三十五年の間、こうして研究を続けてきました。別に神秘的なことをやっているつもりはありません。もしも私の研究が神秘的だとするなら、それは永久磁石というものがもともと持っている神秘性ということになるのでしょう。いや実際、自分自身で説明のつかないことを話すのも、いいかげん嫌になってきましたよ」

？？？　ではどうして、そんなわけのわからない研究に、住友商事ともあろう大商社が飛びつき、しかもその動きをテレビを通じて満天下に晒したのか。研究内容だけではない。大手信用調査機関の報告書にも、日本理研の事業内容、業績、得意先など一切は不明だと書かれている。住商とはそれほど軽率な企業なのか。

河合によれば、住商は『スーパータイム』のシリーズ第一回の放映を見てやって来たのだという。ずいぶんと反応が早いことだ。河合モーターがマスコミで取り上げられたのは『スーパータイム』が初めてではなく、一年前の九二年秋に『週刊プレイボーイ』が、また放映直前には『日刊工業新聞』が繰り返し取り上げていたから、マスコミ報道がキッカケだとしても、これらとの勘違いかもしれない。

河合の話を続ける。

「ぜひ商売にしたいと言われて、住商さんと提携しました。技術者レベルでのご協力をいただき、資金援助もしてもらった。テレビに登場した大渕さんと玉川さんのお二人がその後定年退職されたこともあって、今では当時ほどではありませんが、相変わらず、会社同士でのお付き合いをさせていただいております」

ところで河合への取材には同席者がいた。日本理研顧問・長井新五郎。彼は自ら「以前は日刊工業新聞の記者だった」と言い、古巣の紙面への関与を隠さなかったが、私の質問に対しては、しばしば茶々を入れてきた。特に住商に絡む話題には触れられたくないようで、ついには止められた。

「まあまあ、もういいでしょう。われわれは今、少し仕掛けようとして考えてることがあるんだ。その前にあまり情報が表に出るのはまずいんです。今日はこのへんにしといて、また来てよ」

長井の態度に心当たりがなくもなかった。私はオカルト雑誌『パワースペース』九四年二月号に掲載された「頻発するフリーエネルギー詐欺の手口」という記事のコピーを事前に入手していた。前節で紹介した井出治の手になるこの記事は、科学の常識を知らないマスコミはインチキ装置を平気で持ち上げる、などと嘆いた後、件の日刊工業新聞の記事や住友商事株のチャート（株価変動表）を示し、露骨に株価操作を疑ってみせた。

〈この高等手法は皮肉にも良い面も持っている。被害者が特定されず、多くの株の購入者に分散されるのである。従ってジョーカーを摑まされた被害者が訴訟を起こすこともない。（中略）一般大衆は、偉い先生なら何でもわかると錯覚する。それに付け込むのが詐欺師

とマスコミである〉

デカルトだのニューサイエンスだのと言ってみたところで、所詮現世の企業社会での営みは、この種の話題から離れられはしない。井出に確かめると、彼は過去に永久磁石モーター開発を材料に株価操作とインサイダー取引を行った体験者の告白を聞いたことがあるのだという。住友商事株と河合モーター報道との関係も同じパターンに決まってますと胸を張った。

井出の話をぶつけると、河合は憤然と否定した。

「株価操作なんてとんでもない。井出さんは以前、スポンサーからお金が出なくなったとかで、ウチを訪ねてきたこともあったんです。私は彼の研究に関心なんかないけど、気の毒だから、だったら一緒にやりませんか、と誘ってもあげた。なのに、なぜあんなことを書かれなければならないのか。理解に苦しみます」

私は住友商事にもアプローチした。広報室と何度かやり取りを重ねた後、航空宇宙第二部の小沢と名乗る人物から電話がかかってきた。受話器の向こうで、彼はこう語った。

「確かに日本理研さんには資金面などでの支援を行いました。防衛産業などで、あのモーターの需要も見込めるかと踏んだわけです。アグリーメント（契約）は一年間だけで、すでに期限が切れていますが、河合さんは非常にいい方なので、当部とのお付き合いはいぜん続いています。株価操作？　初めて聞きますが、そんなことはないでしょう。仮にあったとしても、社外のことは、われわれには何もわかりません」

なお『スーパータイム』放映以前は低調だった東京証券取引所での住友商事株の出来高は、日本理研との関係が明らかにされた十月二十日の放映当日から一千万株の大台に乗せ翌々日には二千二百四十二万株を記録した。株価も十九日の九百二円から二十五日には九百五十九円に上昇している。そして十一月に入ると株価は急落した。

河合モーターが新聞やテレビで大々的に取り上げられた背後に、はたして井出が見立てたような思惑があったのか、なかったのか。真相はもはや藪の中である。

ドクター中松の「ノストラダムスエンジンⅡ」

永久機関なんて何だいそんなもの、お茶の子さいさいだと笑う人もいる。タレント発明家、いや、国際創造学者・ドクター中松こと中松義郎その人である。

東京・赤坂のドクター中松総合研究所での取材の際に手渡された分厚いプロフィル資料や、名刺の裏に書かれた肩書などによると、中松は一九二八年生まれの六十八歳（取材当時）。名門・番町小学校、麻布中学と進んで、東京大学工学部を卒業した。三井物産勤務の経験もあるそうだ。

曰く、五歳で発明を始め、コンピュータのフロッピーディスク等、発明件数は三千余でエジソンの千九十三件を抜き世界第一位。国際発明協会の発明世界一グランプリ十五回連続受賞。米国テスラ学会で「世界一偉大な科学者」に選ばれる。米国八州にキャンパスを有するドクター中松ワールドユニバーシティ総長。ガンジー平和賞受賞。国際創造学者。

ペンクラブ国際委員。ニューズウィーク誌でその価値一時間一万ドルと評価さる。アメリカ大リーグ・パイレーツで、大統領の代わりに始球式を行った……などとある。ちなみに中松を十五回連続の発明世界一に選んだ国際発明協会の会長は中松自身である。

「町の発明家は、見えるものしか対象にしていないね。エジソンでさえそうだった。私は違う。世の中には見えないものもあるんで、両方扱います。具体的には、見えるのがエネルギー、コンピュータ、長寿、農業、環境。見えないのがセックス、人間関係、教育、政治・経済、お笑いってとこかな」

そう前置きし、中松は秘書に命じてドクター中松ジェネレーターⅢと名付けられた機械を用意させた。何年も前に発明した、ドクター中松ノストラダムスエンジンⅡという〝永久機関〟の改良型だという。球型の透明なカバーの中で、モーターがくるくる廻っている。

「スジ、ピカ、イキ。これが発明の三要素。大事な順に、理論、ヒラメキ、実際に動くってことです。永久機関はあるかと言えば、ありません。熱力学第二法則に反するものは存在しない。できっこないのに大勢の素人がこれに狂って、家族を犠牲にしたり、養豚業の人が豚を全部売っちゃったりしてるんですが、私は法則に反しない理論の発明から入るわけです。それで完成したのが、〝Virtual Perpetual Engine〟。つまり仮想永久機関。目に見える範囲に限って永久機関であると。

どうするかというと、宇宙には太陽の光とかガンマ線とかアルファ線とか、あらゆるエネルギーがあるんだが、それらをアンテナで集めてインプットする。で、まずトルクに換え、さらに電流に換えるわけです。で、普通の回転軸ではエネルギーが摩擦で逃げちゃうから、無接触タイプの軸を作った。発明としてはもう完成してるので、後は産業化の方法次第でどうとでもなります」

巷に出回るデタラメな書物の世界を描いた『トンデモ本の世界』（と学会編）は、このエンジンのことを、〈太陽電池で動くモーターにしか見えない〉と評している。〈なにしろ手で光をさえぎると止まるのである〉（262ページ）というのだが、私自身は未確認である。

ドクター中松の話は続く。

「この前も中東から人が来て、二兆円でこのエンジンを買いたいと言うんです。どうも石油は枯渇し始めた。まだカネのある今のうちに、次のエネルギーに手をつけておきたいと、こうなんだな。石油がダメだからって、水力発電は森林を破壊するし、原発は簡単には建てられないものね。

しかし、私は資源のない日本に生まれた日本人ですから、外国にはあまり売りたくないんです。ただね、自動車と電力といった関連業界の若い人たちは興味を持ってくれていますが、どこも官僚組織で、上に行くと止められちゃうのね。ソニーやシャープなんかも先進的なイメージだけど、実はぜんぜん違うんだよね。それでも近く本田技研に行くことになってますし、トヨタや日産からも依頼はあるんだ。まあフロッピーディスクの時も、発明してからＩＢＭに売るまでに二十年かかりました。ジェネレーターⅢも、それぐらいはかかるんじゃないかな」

中松のプロフィル資料から、これ以外の発明品もついでに紹介しておく。醬油を一升瓶から小瓶に移す道具として発明したが、今では灯油用に使われている「醬油チュルチュル」。ゴルフのカップインの確率を五倍に高めるという「中松パター」。頭を良くするという超音波入浴器具「風呂不老」。頭においしいという「人間性能向上食品」。コンドームで動くという車「アースカート」等々。

さすがはドクター中松だ。デカルト批判からオカルトにのめり込んだ他の永久機関研究者たちとはいささか毛色が違う。と思いきや、そうでもない。私の取材に対し、彼はこんなことも言ったのである。

「今の科学は幼稚だよ。宇宙エネルギー、未踏科学、こういうのが本当の科学なんだ」

オフィスには、若き日の彼と元首相・吉田茂（故人）とが、大磯にあった吉田の自宅で仲良く並んだ写真が飾られていた。この写真について尋ねると、ドクター中松は懐かしそうに目を細めた。

「あの頃、よく吉田さんの密使として動いたもんだ」

永久機関の研究者にはこういう人もいる。にしても、いかにもテレビ的な人物が続いている。理性よりも情緒、論理よりも感情に訴える痴的なメディアにとって、実に都合のよい……。

伝説のニコラ・テスラ

永久機関の研究者たちに取材していると、必ずと言っていいほど聞かされる名前がある。ニコラ・テスラ（一八五六〜一九四三）。一九世紀のクロアチアが生んだ天才科学者だ。テスラは交流の送電システムや高周波変圧器の発明でノーベル賞候補にもなり、磁力の単位にもその名を残した大科学者だったが、同時に強烈なマッド・サイエンティストとしても知られる。そこで死後数十年、彼の評判は地に落ちていたが、時代が進むにつれて回復し、七〇年代以降はニューサイエンスの神様的存在になった。オウム殺人教団の理科系信者たちがこのテスラを崇拝し、教団幹部らがベオグラードのテスラ博物館に通いつめて彼のアイディアを盗用しようとしていたと伝えられる（たとえば吉見俊哉「われわれ自身のなかのオウム」『世界』九五年七月号）が、永久機関の研究者たちもまた、テスラに憧れているのである。

テスラの魅力とは何か。ＳＦ作家兼科学評論家の新戸雅章がまとめた評伝『超人ニコラ・テスラ』などによると——、

オーストリアのグラーツにある工科大学で電気工学を学んだ後、ブダペストの電話会社で働いていたテスラは、パリの欧州エジソン社にスカウトされた。やがて現地支配人の推薦を受けてニューヨークのエジソン本社（現在のゼネラル・エレクトリック＝ＧＥの前身）に乗り込んだのだが、彼はここで、同社の創業者にして希代の発明王、トーマス・エジソ

ンと激しく対立することになる。

二人の性格はあまりにも違っていた。エジソンは努力型のリアリスト、テスラは天才肌のロマンチスト。

〈そして、二人の間にはもうひとつ決定的な差異が存在した。送発電システムに用いる電流に関して、エジソンは直流派、テスラは交流派に与していたことである。

当時の電気工学者にとって、直流につくか交流につくかは文字どおり生死を分けるほどの重大事だった。（中略）

テスラは交流システムの優秀さを確信しており、機会をとらえてはエジソンにそのことを説いたが、発明王は決して受け入れようとはしなかった。交流にはなんの未来もないし、そんなものに手を出せば貴重な時間を浪費するだけだ。そのうえ直流は安全だが、交流は危険な死の電流であると主張して譲らなかった。

まさに両雄は宿命のライバルであり、不倶戴天の敵だったといえよう〉（『超人ニコラ・テスラ』93ページ）

なんともドラマチックな科学者人生の幕開けだった。

エジソンと訣別したテスラは、電気の世界のもう一つの雄であるウェスティングハウス社を味方につけ、一八九五年にはナイアガラ交流発電所を完成させて、この〝電流戦争〟に勝利した。かくて今日、世界中の電気システムのほとんどすべては、当時テスラが確立した理論に基づいているとされる。

だがこの過程で、テスラはマッド・サイエンティストへの道に迷い込んだ。彼は交流の特性をよりパワーアップするために高周波・高電圧のテスラ・コイルを開発する。派手な放電現象を引き起こすコイルと、それを操るテスラのパフォーマンスは、広く大衆の人気を博した。さらに彼は、これを使った無線通信とエネルギーの遠隔電送によって世界を結ぶ「世界システム」の構築を夢想した。

テスラの仮説によれば、地球には膨大なエネルギーが隠されている。前提となるのは先に説明した（103ページ）〝物理的世界と心霊界との媒介者〟エーテルの存在だ。そこでロッキー山脈のコロラドスプリングスにテスラ・コイルを敷いた高さ六十メートルの巨大実験施設を建造した。ここに交流電流を発生させ共鳴させれば、エネルギーも無線通信も、地球規模で自由自在に操り、供給できる。いや、この技術をさらに発展させれば、地球を破壊する地震兵器の製造だって可能だ——と。

実験は実り多いものではあった。地球の定常波の発見。プラズマによる〝火の玉〟の形成。だが地球外生物からのメッセージを受信したと発表したのは軽率だった。テスラは、この一件を契機に、正当な科学者としての評価を失っていく。

テスラはさらに、ウェスティングハウスの背後にいた大財閥J・P・モルガンの援助を受け、ロングアイランドのウォーデンクリフで、より巨大な実験に取りかかる。が、彼の将来を見限ったモルガンは、この件に関する援助を数年後には打ち切った。

〈時代はすでに変わりすぎていた。テスラが颯爽と登場した一八八〇年代の末、物理学はいまだにエーテル理論の迷宮のなかにあった。エーテル中の渦動が原子の姿と思われていた時代から、核物理学や量子論、相対論へと連なる物理学の一大変革に、テスラは結局乗りそこねたのである〉（永瀬唯「交流発電の父の没落／ニコラ・テスラ」『科学史の事件簿』257ページ）

テスラは失意のうちに零落し、四三年、ニューヨークのホテルで永久の眠りについた。この際FBIが、論文や実験装置を含む彼の遺産を没収したという。戦時中のことで、物理学者の動向をマークしていたFBIがそのような行動をとった可能性はある。しかもテスラの故郷クロアチアは、戦後セルビアやボスニアと連邦してユーゴスラビアとなり、ソ連陣営に属することになるのだ。

テスラの生い立ちや特異なキャラクター、栄光と没落のあまりの落差、そして死後のこうした逸話が、やがてさまざまな陰謀説を生んだ。極め付きは例によって、〝ユダヤの陰謀〟説である。石油を支配しているロックフェラー・モルガン連合が、テスラの世界システムの完成によって支配体制を揺さぶられるのを嫌い、彼を妨害した云々。

だが、晩年のテスラを援助していたのは他ならぬモルガンだった。見込みのない実験への投資を打ち切るのは、資本家として格別不可解な行動とは思えないのだが。

夢に憑かれた人々はどこへ往く

「科学というのは、新しい事実を発見するプロセスです。誰も確かめていなかった事実を探すことに科学者は喜びを見いだします。が、現代の科学はあまりに細分化している。科学者一人一人の内面には、どうしても疎外感が出てくるし、耐えられない部分があるのはよくわかります。そんな科学者たちがニューサイエンス、いや疑似科学を志向する気持ちも、ある程度は理解できなくもない」

東海大学文明研究所教授で、UFOや超自然現象に対して批判的な立場を取る人々の団体「JAPAN SKEPTICS」会長の寿岳潤（一九二七〜二〇一一）が語った。ニューサイエンスを認めない寿岳だが、現行の西洋近代科学の世界で多くの科学者が精神的に追い詰められている現実は無視できないと言う。

かくて彼らのうちのある層は、一挙に近代科学の基本的価値観であるところのデカルト哲学の否定へと飛躍し、ついには一足飛びに神秘主義者となる。年齢にはあまり関係がない。現世で到達できない〝真理〟を、彼らはオカルト世界に求め始めるのだろうか。

まだ科学が夢であった時代を生き、しかし非業の死を遂げたニコラ・テスラは今、現代のそんな科学者たちに偶像視されている。実際、彼のテスラ・コイルの高周波・高電圧性は物理的に未解明な部分が少なくなかったため、そこに永久機関を可能にする宇宙エネルギーの匂いを嗅ぐ研究者が後を絶たない。

六〇年代後半の歴史的ベストセラー『頭の体操』（カッパブックス）で知られる心理学者・多湖輝《たごあきら》の甥で〝未踏科学研究家〟である多湖敬彦の『フリーエネルギー［研究序説］』や、『超人ニコラ・テスラ』などによれば、たとえばカナダの研究者J・ハッチソンは、自作のテスラ・コイルの放電球の間に置いた物体が自然に飛んだり跳ねたり、合体したり壊れたりする〝ハッチソン効果〟を〝発見〟したという。マクダネル・ダグラス社の調査を受けるなどして八〇年代にはセンセーショナルな話題を提供し、九四年には来日もしたが、〝効果〟の真偽のほどはすこぶる怪しく、それ以上の進展はなかった。

現代の永久機関研究者たちは、しかもテスラの技術や野望を追うだけでは満足しない。テスラ伝説につきものの陰謀史観も、そのまま彼らの体質になっている。

クリーンエネルギー研究所の井出治は、フリーエネルギーには謀略がつきものだと強調する。その成功が国の支配体制を危うくするからだとして、彼は断言した。

「だからEMAモーターも発明者のグレイも消えてしまったんです。六号機の公開直後のことでした。いいですか。彼には二百人ほどの出資者がいました。なのに、あの訴訟社会のアメリカで、ただの一人も被った損害を訴えた人がいなかった。何者かが手当てして、出資者全員を儲けさせていたからです。最大株主だったC・フィラマンドというトルコ人に、私はこの耳で、ちゃあんと聞きました。日本人には理解できないでしょう。でも、アメリカじゃ当たり前の話なんです。アメリカのマスコミも追いかけきれない……」

なんとも検証のしようがない話としか言いようがない。

Nマシンの猪股修二にも楽しいエピソードが多い。たとえば彼は、元通産事務次官の山下英明が、自分の研究を強く支持してくれていると話す。

「山下さんは退官後に三井物産に天下って、例のIJPC（イラン日本石油化学プロジェクト）の後始末で苦労した人だからね。エネルギーの問題には敏感なのよ。だから通産省に予算を貰おうとする時も、応援してくれるんです」

ところが、この話の裏付けをとるために山下が顧問をしている任意団体「世界秩序研究会」を訪れると、山下は驚いていた。

「えっ、猪股さんそんなこと言ってるの。彼のNマシンの研究は、一種の哲学、人間学というのか、西洋近代科学とは違う東洋的な〝意識〟や精神の作用を、新エネルギーと結びつけてしまっているんですな。正直言って私にはわからない。確かに猪股さんを存じあげてはいるが、わからないものを推薦したり、お手伝いはできませんよ。

でもね。私も七十歳を過ぎました。二十年以上も前の事務次官の名前なんか出しても、何の役にも立ちゃしません。だから、いいんです。抗議なんかしませんよ……」

もうひとつ。語るのは、かつて猪股と二人三脚でNマシンを研究した経験を持つ小牧昭一郎（取材当時六十二歳、現ドリームサイエンスフォーラム会長）である。東京大学工学部応用物理学科卒。彼は意識工学会の副会長だった九三年当時、オカルト雑誌『パワースペース』にNマシンの欠点を書き、猪股と袂を分かっていた。なお井出治は、第二精工舎時代、この小牧の部下だった。

「猪股さんがまだ筑波の電総研にいて、人間の意識を電流に変換するという実験をした時でした。ウレタン線を二十万回も巻いたコイルの少し上に磁針を置き、この針が振れればうまくいった証拠だと言って、彼がその近くでエイ、ヤアと気合を入れていた。すると針が動くんですよ。

どうだ見てくれと言うので見ていると、彼、あんまり針の近くにいるんで、言ってやったんだ。『それじゃあ鼻息がかかるよ』。夏のことで、エアコンもかけていたから、その風も当たる。でね、サランラップを持ってきて、装置を周りから遮断してあげたの。そしたらさ……」

……磁針は二度と動かなかった。

＊　＊　＊

時代は移ろっても、永久機関が不可能であることに変わりはない。それでも見果てぬ夢を追いかけ続ける人々は後を絶たない。

ブームには周期があり、やや下火になりかけた感のあった二〇〇〇年代を経て、二〇一一年三月十一日の東日本大震災による福島第一原発事故が、一部の発明家たちの執念に再び火をつけたらしい。近年もまた、関連書籍の出版などが目立ち始めている。

第三章　京セラ「稲盛和夫」という呪術師

京セラの驚異的な生産性の秘密とは？　稲盛和夫が主宰する「盛和塾」にはその秘密を学ぼうと全国から中小企業の経営者がつめかけていた。だが、それは塾というよりは新興宗教の教団のようだった

財界ニューリーダーの出家宣言

京セラおよび第二電電（ＤＤＩ）の会長にして財界ニューリーダーの雄である稲盛和夫が、禅寺に出家する。一九九六年九月末、京都商工会議所会頭としての定例記者会見の席上、彼はこんな意向を明らかにした。

「来年六十五歳になる（筆者注・稲盛の誕生日は一九三二年一月三十日）のを機に、株主総会で京セラ、第二電電、関西セルラーなど関連企業七社の役職をすべて閑職に代えてもらいたい。宗教の勉強をしたいんです」

出席していた新聞記者によると、会見は途中まで、目前に控えた総選挙の話題で盛り上がっていた。が、終了間際になって、一人の新聞記者がこんな質問を試みた。

「ところで会頭、得度《とくど》（出家のこと）はどうするのですか」

稲盛はそこで、「その件については悩んでおります」と前置きしつつ、一気に語ったのだという。

「以前から臨済宗妙心寺派円福寺の西片義保住職の教えを受けておりまして、「仏門に入るのに六十五歳はちょうどいい時期」と勧められていたので、その時期が来たかな、と思っています。剃髪の介添えもお願いしました。厳しい修行を要求されたら怖いけど、人さまのお世話や手助けをしたいんです」

時間にしてわずか二、三分。稲盛ほどの有名経営者による、前代未聞の〝出家宣言〟は、存外あっけなくなされた。なお西片は擔雪の法名を持ち、稲盛とは若き日にある私塾で机を並べた間柄である。その縁で、京都府八幡市の円福寺には京セラの従業員の物故者を祀るための社墓《しゃぼ》があり、同社は年に一度、この寺で慰霊祭を執り行うのを常としている。

もっともここ一、二年、稲盛は雑誌のインタビューなどで、出家願望をしばしば口にしてきた（『東洋経済』九五年十一月二十五日号、『経営塾』九六年八月号など）。だからこそ記者も水を向けた。

だが、公職である京商会頭としての会見の場での明確な意思表示は、それまでの発言とは比較にならない重みを持っている。そこで円福寺を訪ねると、住職の西片は稲盛発言を裏付けた。

「八月二十一日に京セラの慰霊祭で（稲盛が）こちらに見えた時、仏門に入る意思を改めて話されていました。坊主頭で東京に行ったら、みんな驚くだろうなとも仰っていましたね。今回の発言は「御自身で後ろの橋を落とされたのだな」と思いました。公表することで、自分の気持ちを確かめたのでしょう」

世間の評判は概してよい。〝出家宣言〟が報じられた翌日の『毎日新聞』の一面コラム「余録」など、まだ実際に頭を丸めたわけでもないのに、手放しで稲盛を讃えていた。〈そのつもりでも、いざとなって実行に移せないのが人の常だが、万難を排して有言実行するのだから立派だ〉〈稲盛さんは昔から「経営資源は人、モノ、カネと言いますが、あまり唯物論的な考え方が一般的すぎる。人間の精神という最も重要なファクターを忘れている」と不満を述べていた〉〈気持ちよく働くか、いやいや働くかで、結果はまるで違う。大要するに人間の精神の問題だが、それがいまの経済学や経営学には理解されていない。大切なのは人間の精神だ、と稲盛さんは強調する〉（九六年十月二日付）と。

なるほど企業社会は拝金主義にまみれている。稲盛はかねてそのことを批判してきた。出家宣言は、彼の思想の必然的な帰結だったとは言える。

だが稲盛は、おそらくは意図的に、彼の胸のうちにある肝心な部分をぼかしている。人間の精神が〝重要なファクター〟であるのは、誰にとってなのか、という点である。

ここでも私は、ソニーの超能力研究や、永久機関開発ブームの取材の時と同種の〝引っかかり〟を感じた。いや、実はそれよりずっと以前の駆け出し経済記者時代、ベンチャービジネスの旗手としての稲盛の名を初めて聞いた頃から、同じ違和感を抱き続けていた。

第五回盛和塾全国大会

「私は全身が身震いするような感動を味わいました。父の跡を継ぎ、二十三歳で経営者としての第一歩を踏みだした私が経営とは理論でなく理念だと気づかされかけていた、そんな折に塾長と出会いました っ……。私だけでなく、今日参加されている皆様の一人一人に、塾長の言霊《ことだま》が、きっと熱い体験となって息づいていることと思います」

総合司会を務める矢崎勝彦（フェリシモ会長、将来世代国際財団理事長）の挨拶から、その異様な集会は始まった。一九九六年七月五日午後一時。琵琶湖の畔、大津プリンスホテルのコンベンションホール「淡海《おうみ》」。稲盛和夫の私塾「盛和塾」の、第五回全国大会である。

塾生総数二千七百九人。海外からの参加者も含め、この日はその三〇％近い八百人ほどが集っていた。規模において過去最大、語られる話の質において日本一だと、主催者側の説明があった。

私は盛和塾事務局の了解を得て、塾生たちと同じ客席にいた。従前からの〝引っかかり〟を解く鍵の一つが、この会場に潜んでいるに違いないと考えたのである。

一泊二日の全国大会は、塾生たちの体験発表と塾長・稲盛の講評および講話を中心に構成されていた。一番手は京都の家庭用品卸売業・カワタキコーポレーションの社長である川端健嗣の発表「稲盛哲学を真摯に学び、今、経営に生かす——講話ノートを紐解きながら」。

「私は古い塾生です。塾長例会には百パーセント出席し、塾長の人生を凝縮した教えを自分のものとするため、必死でペンを走らせてきました。そして何かあると、そのノートを紐解いて、繰り返し、繰り返し……」

川端はそう切りだし、彼が稲盛から学んできたという経営哲学を披露した。「京セラ会計学十原則」。本質追求。ハングリー精神。時間当たり採算性の向上。語るほどに熱が込もっていく。

発表を終え、深々と頭を下げた川端に、万雷の拍手が送られた。稲盛が満面に笑みを湛えて、

「あの十原則は、昔、私が会計の担当者に素朴な疑問をぶつけてまとめたものでした。彼はすごい自信家でしたが、私と話すうちに経営の神髄を知り、悟りを得たんです。今、問題になっている大和銀行も住友商事も、われわれと同じ会計原則をやっておれば、ああいうバカなことにはならなかったでしょう。

思い出します。ある講演の席で、私の話を聞かれた年配の方が、中村天風先生の本を送ってくれたことがありました。川端さんのお父さんです。そして今、息子さんが私の思想を受け継いでくださっている。感激です」

と感想を述べた。なお中村天風とは戦前からの〝思想家〟で、近年になって経営者たちの間で絶大な人気を博している人物である。詳しくは後述する。

総合司会の矢崎が最後を引き取った。

「まさに王陽明の「伝えて習うか、習って伝えるか」を彷彿とさせる発表でございました」

このような調子で、盛和塾全国大会の初日は進行した。川端に続き三人が体験を発表した。横浜の半導体販売会社社長の「人は理屈では動かない、素晴らしい笑顔で動くのだと〝神の啓示を受けた〟」話。大阪の材木会社社長の「創業社長の父親が亡くなり後を継いだが会社が傾き、社内抗争の末ようやく建て直した」話。「塾長との出会いが私を変えました」の一言は欠かせない。

稲盛はそれら一つ一つに丁寧な講評を加えていった。

「素晴らしいことに気づかれた。反骨心の強いあなたがバカみたいに笑顔の人になれたら、あなたの勝ちだ」「企業はモノカルチャーでなければいかん。経営者は社員に哲学を押しつけていいんです。嫌なら辞めろ、と」「能力のある人が会社を興し、人々に職を与え、利益を出して税金を納める。神様があなたにそういう才能と任務を与えたのですから、それを果たすためにも、ぜひ会社を大きくしてもらいたい」――。

盛和塾は八三年、稲盛の周囲に集まってきた若手経営者が自主的に始めたという勉強会「盛友塾」に端を発している。九二年、稲盛の六十歳の誕生日を機に本格的な任意団体として改組、稲盛和夫の中程の二文字に因んだ名称に改められて今日に至った。『ぴあ』の矢内廣や大手ソフトウェアハウス・アスキーの西和彦、人材派遣会社パソナグループの南部靖之、サカイ引越センターの田島治子といった有名経営者たちも塾生である。

稲盛にとって盛和塾とは、〈心ある企業経営者こそが明日の日本を支えるとの信念〉に基づく〈大変やりがいのあるボランティア活動〉だという。塾生と稲盛とが〈互いに魂の火花を散らす人生道場〉で、〈塾生同士の切磋琢磨の場〉（入塾案内より）でもあるそうだ。業種は問わないが、稲盛より年下であることが入塾の条件とされる。本部事務局の下、全国四十七地区およびブラジルと台湾で展開され、稲盛を迎える塾長例会だけでなく、地区独自の勉強会も盛んだ。近い将来、中国本土でも結成される予定だという。

〝平成の松下幸之助〟

人呼んで〝平成の松下幸之助〟。稲盛和夫は、全国の中小企業経営者たちの憧れの的である。

理由は明らかだ。現代の日本社会において、稲盛が最高の成功者の一人と見做されているからに他ならない。

稲盛は一九五九年に仲間たちとともに興した京セラ（当時は京都セラミック）を、一代で今日のような国際的な大企業にのしあげた。八〇年代半ばにはＤＤＩを設立して国家独占だった電気通信分野にも斬り込み、ＪＲグループや道路公団が後押しする日本テレコム、日本高速通信に大きく水をあける成功を果たした。またカメラのヤシカやアミューズメント機器のタイトー、米国の電子部品大手・ＡＶＸといった有力企業を次々に買収しては傘下に収め、九四年には故郷の鹿児島で豪華ホテルをオープンさせた。

社外での活躍もめざましい。第三次行革審では部会長として大活躍した。九五年一月、京都商工会議所会頭に就任。イトマン事件に絡んで経営危機に陥ったＫＢＳ京都の支援に乗り出し、あるいはサッカーJリーグ・京都パープルサンガの筆頭スポンサーにもなった。私財で設立した財団法人・稲盛財団が十数年来優れた科学者に授与してきた「京都賞」を、塾生たちは〝日本のノーベル賞〟とさえ讃え奉る。

政財界主流に対しても、稲盛は遠慮なく正論を吐く。NTT分割論を叫ぶのはDDI会長として当然としても、すでに既定路線になりつつある持ち株会社解禁論に対しても異を唱える姿は、弱者の味方を思わせる。

素晴らしい人間性の持ち主、人格者であるとも伝えられてきた。私自身も、DDIのある幹部に、こんな挿話を聞かされたことがある。同社が創業されて間もない頃だった。

「仕事をしていると、稲盛さんは突然、「昼飯おごってあげる」なんて言いだすんです。どんなご馳走だろうと期待してると、車で着いたところは有楽町駅高架下、牛丼の吉野家。「同じ吉野家でも、ここはあまりはやってない。だからウマイ」なんて。苦しかった時代を忘れず、庶民的な感覚を失っていない方なんです。仕事にはものすごく厳しいけど、だからこそ私たちはついていける」

鹿児島市生まれ。鹿児島大学工学部卒。何の後ろ楯もなかった男が、京都の碍子《がいし》メーカー・松風《しょうふう》工業の一エンジニアを振り出しに今日まで成り上がったサクセス・ストーリーは、本田宗一郎や井深大以上に、世の中が定着してしまった時代に成し遂げられたという一点だけでも、エスタブリッシュメントではない中小企業経営者の心を揺さぶるのである。

かくて稲盛は九五年、経済誌『ダイヤモンド』（九月三十日号）が企業経営者を対象に行った「最も尊敬する現役経営者」アンケートで、堂々のトップ得票に輝いた。翌九六年の『文藝春秋』（九月号）の特集「第一線経済記者が選んだ二十一世紀の財界リーダー一〇〇人」でも、調査時点での〝時の人〟孫正義（ソフトバンク社長）に次ぐ第二位にランクされた。

稲盛への高い評価は、当然のことながら、そのまま彼の経営する企業にも反映される。九六年一月に日本経済新聞社が行った「理想の企業」アンケート調査でも、最高の支持を受けたのは京セラに他ならなかった。

〝人生の真理〟としての京セラフィロソフィ

稲盛は七〇年代の後半、ベンチャービジネスの旗手として売り出した当時から、独自の経営哲学を持つ名経営者の誉れ高かった。初期には特に松下幸之助の影響を受けている。松下語録をテキストに、京セラの全組織を通じて輪読会を開いたりした。

人生の結果＝考え方×熱意×能力——

この方程式に集約できるという稲盛哲学は、やがて経営だけでなく人生全般をも包含する〝京セラフィロソフィ〟として結実する。内容は広範にわたるため、ここでは彼の語録から主だった言葉を抜き出すにとどめる。

「売上げを最大限に伸ばし、経費を最小限に抑える」「潜在意識に到達するほどの強く持続した願望を持つ」「ベクトルを揃えよう。同じ考え方をしよう」「利他の心」「エネルギーを部下に注入する」「従業員に物心両面の幸福を与える」「大きな愛は多くの人たちに幸せをもたらす」「才能を私物化してはならない。集団のために使うべき」等々。

たとえばDDIを設立して電気通信事業に進出する際、「動機善なりや、私心なかりしか」と自問自答を重ねた末に決断したのだという話を、稲盛は好んでする。大事業に臨んで利己的な欲望は排せというのだが、その心はこうである。

「利己の場合はどうしても、一部の人しか共感・共鳴しませんけど、利他が加わってくると、普遍性を帯び、共感させる」「『じゃあ、俺は金儲けしたかったのにどうなんのや』というと、これは面白いことに、利他になったら決して損はしないんですね」「これはもう見事に宇宙ってのはそうなってます。心配無用なんですよ。徹底して利他で行ったら、自分も潤うようになっとるんです」（盛和塾機関誌『盛和塾』九四年一月号「フィロソフィ座談会」での発言）

また稲盛は、かつて米国のジャーナリストに京セラフィロソフィとは何かと問われて、「禅とソ連型のスタハノフ運動を併せたもの」だと答えている（G. Bylinsky「The Hottest High-Tech Company in Japan」『Fortune』九〇年一月一日号）。戦前の社会主義者・荒畑寒村が雑誌『改造』に残した記述によれば、スタハノフ運動とは一九三五年にウクライナ地方のドンバス（ドネツ）炭田で始まった生産性向上運動のことで、労働者個人の自発性を重視する点に特徴があった（「スタハノフ運動の揺籃」、三六年六月号）。ただし案の定ノルマ強化に繋がり、労働者ばかりか管理者側の反発も招くに及んで、失敗に終わっていた。

稲盛の言動からは、彼の企業観、労働者観が浮き彫りになってくる。七六年に制定された「京セラ労働組合憲章」の〝労使関係〟の規定は、その集大成だった。

〈京セラの労使関係においては、「労使協調」という言葉は当たらない。

この「労使協調」という言葉は、企業の考え方、フィロソフィ・目標・方針・判断……といったものに、一歩離れた所から眺め、調整や折り合いをつけ、ひいてはその協力に対する恩恵にあずかろうとすることを意味するもので、それは〝同調〟するといった受身で消極的な響きしかない。

そうではなしに、労使関係とは、企業と深いかかわり合いを持つ人間集団が、共に運命を切り開いていこうというものでなければならず、同じ考え方のもとに喜びも悲しみも分かち合うという厳しい関係（労使同軸）でなくてはならない。労使は一つの行動を起こし、また判断するのに、目的、考え方の軸を一本にして共に働かなければならない。（中略）

幸せを掘り求める開拓者として互いに汗し、苦しみ、悲しみ、いつくしみ、喜びを分かち合うことを通し、労使はどちらがどちらかを見分けられないほどの渾然一体の関係となる。そして〝労使協調〟という考え方をはるかに超え、互いに離れることのできない、そしてそれを許されない関係へと高まってゆく〉

稲盛は環境や共生の問題にも目を向ける。その理由を問われて、自らのうちにある〝愛〟、あるいは〝思いやり〟の心が、そうさせずにはおかないのだと語ったことがある（高山文彦「稲盛和夫の『哲学』」『プレジデント』九六年八月号など）。

「世界人口が五十億人を超え、いずれは百億人になりそうだと言われるなかで、限られた地球の中でいつまでも成長を続けていかれるでしょうか。地球にはそれを許容できる能力があるのかというと、たいへん疑問だと思うんです」

かつてリサイクル運動の先鞭をつけた環境運動家・高見裕一（ニッポン・エコロジー・ネットワーク代表）のインタビューを受けた際も、稲盛はこう応じていた。成長を追求する企業活動は大きな矛盾を孕んでいると自省し、使い捨て文化を否定したいとも語った。が、彼は次のように付け加えることを忘れなかった。

「社員は、賃金は当然、年々上がっていくと思い込んでいるから、経営者としても、その期待を裏切るわけにはいきません。だから企業というもの、年々成長しなければ維持できないんですな。ところが、ゼロ成長下では企業経営がどうなるかというと、当然、賃金は上がらない。環境問題を真剣に議論するなら、そういう問題も納得したうえで議論しないといけないんです。残念ながら、いまの段階では環境を守るためにはゼロ成長、ゼロ賃上げを、いというコンセンサスはできていません」（「地球環境のためにゼロ成長、ゼロ賃上げを」『月刊Ａｓａｈｉ』九二年十一月号）

もっともらしいようでいて、ここには巧みな論点のすり替えがある。賃上げは企業が成長しようとするモチベーションの一部ではあってもすべてではないし、地球規模の課題を解決するためとはいえ、真っ先に切り捨てられるべき領域でもないはずだ。

稲盛という人物の話は、結局は人間をいかに支配して安く効率的に使い、生産性を向上させるかという点に収斂していく。京セラ労組の前書記長で、現在は盛和塾の事務局長を務める福井誠によれば、前記の憲章も、オイルショック後の不況下にあった七五年に同社労使がベア凍結で合意し、二七％アップ統一要求を掲げていた上部団体のゼンセン同盟から脱退したのを機にまとめられたものだった。

このような経営者の下に京セラ社員たちは棲んでいる。約一万三千人の社員全員が「京セラフィロソフィ手帳」を持たされ、毎朝の読み合わせに余念がない。中堅社員を対象に、九六年度からは徹底のための研修会も始まった。これまで京セラ流とは一線を画していたＤＤＩも、前年の九五年六月、ほぼ同じ内容の〝ＤＤＩフィロソフィ〟を策定した。

京セラグループは企業ではない。共同体《コミューン》である。

「入社して、社長を始めとする重役から教育を受けたがみんな全身で話しかけて来る。それがみな社長の言うことに帰結する。幹部一人一人が同じ方向を向いている」

「生活即仕事、仕事即仲間、明けても暮れてもすべて仲間とともにいる感じであった」

「企業に入ったとは思っていない。教団に入ったと思っている。仏教の修行者が荒行をするのにも似ている」

七九年に京セラの創立二十周年を記念して出版された『ある少年の夢――京セラの奇跡』で、著者である作家の加藤勝美は社員たちの以上のようなコメントを列挙し、その猛烈ぶりを讃えていた（352～371ページ）。

京セラ共同体の頂点に君臨する稲盛の愛唱歌は、そして『愛馬進軍歌』である。

♪弾丸《たま》の雨ふる濁流を　お前頼りにのり切って
つとめ果たしたあの時は　泣いて秣《まぐさ》を食わしたぞ

私が会った京セラグループの元社員は、カラオケが流行りだした当時、稲盛がこの歌を熱唱しては部下の顔を覗き込んでいた光景を語り、おぞましげに吐き捨てた。

「俺は馬じゃない。人間だ」

ヒトラーを賞賛

京セラフィロソフィのエッセンスを、稲盛は盛和塾の例会でも披露してきた。塾生たちが待ち望む、これが稲盛の〝教え〟である。彼は、女たらしならぬ〝人間たらし〟こそ経営者たる者の絶対条件だとして、こうも説く。
「社長で、なんとか治めていらっしゃる人というのは人間たらしだと思います。百人なら百人、千人なら千人をたらしこめるということはすごいリーダーシップです。ヒトラーなんかはまさに人間たらし。演説をぶったら何万という群衆がワーッと声をあげて感動する。理屈を超えてついていくというんですかね」（「塾長講話」『盛和塾』九三年一月号）
稲盛はヒトラーを敬愛してやまない。さすがに公の席や著書の中ではあまり触れないが、身内意識の強い盛和塾の場では、あの殺戮者を一再ならず絶賛していた。

やはり塾生との〝フィロソフィ座談会〟で、稲盛はこんなことも言っている（『盛和塾』九三年七月号）。

「経営者というのは大体燃えるタイプです。私は燃えない人を燃えさすということを、手段、策略として使ったのではありません。結果として燃え上がったのですが、忙しくても夜にコンパもして、リラックスして、私のフィロソフィを受け入れやすいようにして燃えさせていこうとしました」

稲盛はこう前置きした後、朝礼などの場で〝燃えにくい〟タイプの従業員に人生観を語らせるテクニックを披露した。どうせ何を話してよいかわからないから、社長の持論を借用するはずだ、そもそも勝手なことを言いそうな「ろくでもない奴」は最初から指名すべきでない、とも語った。

「つまり、社長が正面切って言っても、なかなか表に出なかった奴があゝ言ったというので、似たような人間もアクセプトするんです。もしかしたら、ヒトラーなんかが使った手がそうかもしれません。彼の演説に非常に酔って、それに同調する人間がどこかで演説をする。そして洗脳というか集団発狂現象のようなものが起きていく」

ヒトラーについて、改めて多くを語る必要はないだろう。しかも稲盛は単に人心掌握術の天才としてのみヒトラーに傾倒しているのではない。

アーリア人が世界の支配人種であると本気で信じたヒトラーは、同時に超能力や占星術などの神秘主義に耽溺するオカルティストだった。ナチズムの根底にオカルティズムが深く根ざしていた事実を追究した『黒魔術の帝国』（M・フィッツジェラルド著、荒俣宏監訳）に、こんな指摘がある。

〈西洋科学および西洋の自由博愛主義の伝統がナチスのヴィジョンを拒否しても、かれらはまるで意に介さない。ナチ指導層は真実は自分たちにあると「知って」いた。かれらにいわせれば、西洋科学は浅薄で、底が浅く、見当違いのものである。欠陥がある半面、悲劇的なほど壮大で力強いナチスのヴィジョンでは、西洋科学は人類史の一挿話にすぎない。理想の世界の輝きの前にはそんなものは影が薄くなる——少なくともそうかれらは考えた。

このような生命ヴィジョンに把われた者は、数百万人の死など取るに足らぬと考える〉（9〜10ページ）

神戸の震災でカルマが消えた？

ヒトラーに憧れる稲盛もまた、同じ体質を持つオカルティストである。九五年一月十七日に阪神地方を襲った大震災の爪痕もまだ生々しい頃、彼は被災地の塾生たちに向けて、次のような講話を行った。

「大病になるとか挫折するとか、そういう災難に遭うのは、自分が過去に——先祖をも含めて——魂が積んできたカルマ、業というものが消えるときなのです。私は皆さんに、災難に遭ったら喜びなさい、とよく言います。それは、自分が今まで犯した罪が消えるのだから、その程度のことで済んでよかったではないかと言いたいわけです。実際、今度の震災では不運にも亡くなられた方がたくさんいらっしゃいますが、皆さんはこうして元気に生きておられます。つまり、あなたの魂が今まで積み重ねてきた因果が災難に遭って消え、カルマが消えたのです。

土地にもカルマがあります。神戸周辺は昔の源平合戦やいろんなことがあって、そこには定着したカルマがあったでしょう。私には、そういう積み重ねられたカルマを清算するために、今度のような大震災が起きたとしか思えません。しかし逆に考えれば、神戸周辺のカルマはいま消えたのです。ですから今後、神戸地区は大きく発展するはずです」

後にこの発言内容を知った際、私は麻原彰晃こと松本智津夫の狂気を連想して、震えた。社会思想家・武藤光朗の分析によれば、松本は新約聖書ヨハネ黙示録に描かれたハルマゲドン（世界最終戦争）に魅せられ、これを〝地球規模でのカルマの清算〟と受け止めた。ならばカルマの重い人間の生命を断つことが善行と考えたという（「哲学はオウムを批判できるか」『諸君！』九六年三月号）。

稲盛もまた、自らを神になぞらえ、他人の尊厳に唾を吐きかけている。〝稲盛哲学〟において震災の犠牲者たちとは、企業経営者が繁栄するためにカルマとやらを背負って死んでくれた〝尊い犠牲〟に過ぎないのだ。

この講話は震災のちょうど一年後、被災地の塾生たちの体験談とともに、『経営者たちの大震災——稲盛和夫と経営者たちが語るクライシス・マネジメント』というタイトルで一冊にまとめられた。目にとめた遺族たちはどう思ったろうか。人間が最低限身に着けておかなければならない想像力と、それこそ人間性が、稲盛とその周辺の人々には決定的に欠落している。

取り巻き経営者たちと稲盛との関係をもう少し述べておきたい。

会計事務所や経営コンサルタント会社などを経営する傍ら、盛和塾北大阪の代表世話人を務める矢野アズ紗（取材当時五十五歳）は苦労人だ。坊ちゃん育ちの夫に失望し、自ら言いだして離婚した。二人の子供を抱え、慰謝料や養育費は一銭も受け取らなかったという。

彼女が稲盛に初めて会ったのは九一年の夏である。「盛友塾」から「盛和塾」への改組が計画されていた折、世話人候補として面接を受けたのだった。

矢野が振り返る。

「二十二人の候補者が集まって、一人三分の面談時間だったのに、私には二十分も取って下さったんです。それで、すぐに北大阪で活動を始めるように、と仰ってくださった。

私と塾長の考えが一致したからです。ユングの言うシンクロニシティ（共時性）でした。あの方程式は真理ですもの。私は生まれる前から、稲盛塾長に出会うように運命づけられていたんです。宇宙の法則って凄いのね。神様は優しいから、その人の考え方次第で、思い通りの人生を歩ませてくれるんです」

他の塾生たちの稲盛評も列挙しておく。

「右と左、どちらが正しいかをジャッジする場合、右が正しいとするのが通念とします。

でも、塾長が左が正しいと言われたら、周りの人間も納得して左が正しいと思わせてしまう神業みたいな力がありますね。（中略）これが「稲盛教」といわれる所以ですかね」（エスティー社長・建野晃毅）

「年末の慌ただしさのなか淋しい例会となりましたが、塾長講話録第六巻『利他の心』を全員で拝聴し、心の底からこみ上げてくる涙に只々嗚咽の連続で、すべてを忘れて利他愛の声に聞き入っていました。我を忘れて……肩を震わせ、しゃくりあげ……ひとしきり泣いたあとのすがすがしさはいったい何なのでしょう？」（盛和塾広島の報告）

「松下幸之助さん亡きあと、私は塾長が「神様」だと考えています。お会いするのは初めてでしたが、テープ、本等を読ませていただきまして、この人は「生き神様」だとしか思えませんでした。きっといつか、「神」と呼ばれる人になると思います。神に触れ、神から気を頂戴することができました」（トータル財務プラン代表・友弘正人）

いずれも『盛和塾』に寄せられた塾生たちのコメントである（順に九三年一月号、同四月号、九五年一月号）。

〝生き神様〟たる稲盛の教えは、〝信者〟たる盛和塾塾生一人一人の現実の経営に多大な影響を及ぼしてきた。九三年の第二回全国大会では、こんな〝実践〟ぶりが開陳されている。

「ウチには十八人の料理人がいましたが、二月二十五日をもって全員解雇しました。その理由は、表向きには「あなた方の料理はお客様の支持を受けていない」、その一言です。その二十五日の朝食をもって、全員が出ていき、昼から新しい板前さんたちが入ってきました。

環境、設備、料理、おもてなしという私どもの商品のうち、料理の大改革をして立派な柱を立てようとしたわけです」

香川県の高松市で年商十七億円規模の旅館「喜代美山荘」を経営する三矢昌洋（当時四十九歳）の体験発表だった。ただし稲盛はこの後の講評で、戸惑いを隠せなかったのだが。

「ちょっと気合を入れすぎたのではないかと怖くなりました」

宗教的な生い立ち

稲盛和夫という人は、きわめて宗教的な環境の中で少年時代を過ごしている。彼の故郷である鹿児島には、幕末以来、浄土真宗本願寺派系の〝隠れ念仏〟と呼ばれる信徒集団があった。尊皇攘夷を旗印に明治維新を推進した薩摩藩が神道以外は認めなかったため、排除された宗派のいくつかは地下に潜った。隠れ念仏もそのひとつだった。

昭和に入っても存続していた隠れ念仏の集会に、稲盛はよく連れていかれたという。〝隠れ〟というだけあって山里の民家で、それも深夜に開かれることが多かったらしい。

「ナンマンナンマン、アリガトウ」

そうした集会で、稲盛は両親に倣い、南無阿弥陀仏が訛ったらしい念仏を唱えた。稲盛は成人した後も、こうして拝んできたという（『ある少年の夢』67〜70ページなど）。

生長の家の教典『生命の實相』（谷口雅春著）との出会いも広く知られている。彼自身が何度となく打ち明けてきた話によると、彼は太平洋戦争末期の四四年、中学受験に失敗した。失意のまま高等小学校に通っていた頃、肺結核に罹った。

当時の結核は死に至る病だった。稲盛が自宅で療養生活を送っていると、近所の奥さんに『生命の實相』を薦められたという。挫折の連続に悩んでいた稲盛少年は、全四十巻にも及ぶこの大著を貪り読んだそうだ。人間の〝念〟の力の偉大さが、そこには繰り返し強調されていた。

〈ごらんなさい、野獣には病気はないのであります。野獣は健康法をもっていない。薬をもっていない。それで完全な健康を生まれながらに備えている。（中略）人間の病的思想——つまりいえば、こうしたら不衛生ではあるまいか、こうしたら病気になりはしないだろうかというような、本来「病気」が存在するということをあらかじめ信じておいて、それを避ける方法ばかりを考えている人間の思想の波動の中に住むから病気になるのであります〉（第一巻第二章）

〈ともかく、思念を長期間持続的に集中することは、必要な事物を引き寄せる磁力となるのです。すなわちその事物を成就するに必要な要素——霊知的生命体がその人の周囲に集まって来、それが自然にその事物の成就のために働いてくれるのです。要するに持続的に志す事物に想念を集中してやまなければ、事物それ自身は、ただそれだけでできあがるのです。それは想念は事物の実体だからです。想念そく事物だといってよろしい〉（第二巻第六章）等々。

やがて病も癒えた稲盛だが、鹿児島大学に入学して間もなく、今度は母親のキミが結核に罹ってしまう。当時自衛隊に在籍していた兄の利則（現、稲盛財団理事）からの仕送りもあったが、稲盛の学費に加えて薬代がのしかかり、家計は逼迫した。

稲盛への密着取材を試みたことがある経営評論家・永川幸樹《えいかわこうき》によれば、父畩市《けいいち》の懇願にもかかわらず、稲盛は大学を諦めなかった。代わりに母親の枕元で、こんな話をしたという。

「お母さん、病は気からというがあれは本当だよ。それはお母さんが一番知っているはずだよ。だってこの僕が『生命の実相』を読んでから〝病気なんかくそくらえ〟と思って跳びまわっている間に治ってしまっただろ。お母さんも必ず治る。僕が保障する」「自分の心に曇りがあったり、いつも病気にかかったときの妄想を抱いたり恐れたりしているとほんとうに病気になってしまうんだよ。ましてや病気になったことを不幸と思っちゃいけないんだよ。逆に感謝しなくちゃいけないんだ」（『稲盛和夫の挫折人生に何を学ぶか』96〜97ページ）

キミはすでにこの世になく、息子の言葉をどう受け止めたのか確かめる術はない。が、ここで私は、首相在任中の中曾根康弘による舌禍事件を思い出さずにはいられなかった。八三年八月、広島の原爆養護ホームを訪れた中曾根は、被爆老人たちを前に「病は気から。根性さえしっかりしていたら、病気は逃げていく」と言い放ったのだった。

こうした発想が励ましになる場合もある。が、どうしようもない理不尽、不幸に見舞われて逃げだせない境遇にある人々に向かって、たまたま自分の思い通りの人生を歩むことができた人間が安全圏から傲然と語り下ろす時、それは他者の人格に対する冒瀆となる。

ともあれ稲盛の原点は『生命の實相』だった。信者ではない、と稲盛は強調しているが、八一年頃、教団内の経営者グループ「栄える会」の元会長で本部理事長だった和田英雄との対談に応じ、次のように語っていた。

「何しろ小学校の時ですから。読んだそのままが私の人生観になっているんですね。社員向けに書いた〝京セラ哲学〟というものがあるんですが、それはもう谷口先生の教えそのままが出ています。

今でも〝ナンマンナンマン、アリガトウ〟と唱えると言いましたが『甘露の法雨《ほうう》』(筆者注・谷口雅春の自由詩を集めた聖経)にある〝生きとし生けるもの〟という、森羅万象のすべてのものに感謝する毎日と言いますか、そういうものは、もう自分のものになり切っています」(『新価値創造の黄金律』27ページ)

ニューエイジと稲盛和夫

稲盛和夫は、単なる宗教心の篤い経営者ではない。私が本書で稲盛流経営を取り上げようと考えたのは、盛和塾活動の華々しさもさることながら、彼が谷口雅春(一八九三〜一九八五)の影響下にあることも理由の一つだった。

生長の家は、京都府綾部市に興り古神道的な教義を持った大本教の流れを汲む教団である。『新宗教事典』や、図書館情報大学教授だった小野泰博(一九二七〜一九九〇。宗教学)

による評伝『谷口雅春とその時代』などによると、谷口は大本教の開祖である出口ナオの〝お筆先《ふでさき》〟と呼ばれる予言に惹かれて大本教に入信したが、ナオの娘婿で教団の後継者となった出口王仁三郎《おにさぶろう》らが不敬罪などの容疑で逮捕された第一次大本事件を機に離脱し、三〇年に雑誌『生長の家』を創刊した。これが教団としての生長の家の母体になる。

谷口には、一九世紀末の米国で発生し、当時世界的に拡大しつつあった思想潮流・ニューソート（生長の家では〝光明思想〟という）の一翼を担わんとする自覚があったと言われる（『谷口雅春とその時代』190〜198ページ）。ニューソートとは〝癒し〟の思想に他ならず、すべては精神の持ちようであるとする楽天的な教義を持つ多くの教団が緩やかに連合して進めていた宗教運動である。大本教出身の谷口が、その後に西田天香の一燈園や仏教的キリスト教と形容されるクリスチャン・サイエンスなどの新宗教、あるいは一九世紀末の欧米社会を席巻した米国心霊主義《スピリチュアリズム》にも学んだ末の結論だった。

米国心霊主義とは、いわゆる霊能者たちを中心とした、霊魂の実在を強調する潮流だった。ニューヨーク州ハイズビルに住むフォックス家の二人姉妹による降霊術に端を発する。わが国でも一九二九年に東京心霊科学協会が設立され、谷口が去った後の大本教とも連携したという。

共産党系の新日本出版社から『宗教と政治反動』を出した宗教学者の佐木秋夫は、生長の家の教義は、そこで〈物質などの現象は精神すなわち「実相」の世界の影にすぎないという極端な観念論となった〉（39ページ）と分析している。

客観性を無視した谷口の思想は、人間を〝使う〟側にとっては実に便利である。

「心がしっかりしていれば、銃弾など当たらない」

谷口は戦時中、時局講演会などでしばしばこう説いていた。京都大丸の出身で、百貨店を舞台にしたサラリーマン小説で知られる作家の渡辺一雄（一九二八～二〇一四）は、当時、たまたま連れていかれた講演会でそんな心得を聞かされ、非常な嫌悪感を抱いたのを記憶していた。

「では戦死した人は信心が足りなかったということになるのですか。純粋培養の軍国少年だった私はその場で質問しましたが、何も答えてはもらえませんでした」

谷口は戦後も独特の天皇史観を展開し、靖国神社法案や元号法制化などの運動の主要な一翼を担い続けた。「善人よ、今こそ勇敢に」をスローガンに、改憲構想を打ち出したこともある（佐木『宗教と政治反動』39ページ）。また生長の家は、参議院議員だった故・玉置和郎の支持母体だったことでも知られる。

右翼系の教団と見られている生長の家が、不敬罪で摘発された教団から派生したという歴史は一見不自然にも思えるが、そうではない。大正年間から大本教が唱えていた大正維新論は、明治維新を王政復古にとどまる中途半端なものとして位置づけ、大正天皇の下での神政復古を求める主張であった。『古事記』『日本書紀』といった古典を根拠に天皇崇拝の絶対化を唱えた江戸後期の国学者・平田篤胤《あつたね》に近い思想で、天皇を神と見倣す点で戦前の国家神道体制とは共通していたのだが、大本教は次のような理由で、体制の敵となったのである。

〈神政復古の思想は、明治維新の指導原理となった復古神道の強い影響をうけており、思想的にみれば、時代錯誤の復古主義にほかならず、近代天皇制のイデオロギーを質的に超えるものではなかった。しかし同時に、神政復古の主張が、近代天皇制下の民衆の生活のきびしい現実と、その生活からの脱却を望む強い願望を反映していたことは疑いない。大本教が権力のはげしい憎悪の的となり、「邪教」としてくりかえし弾圧された必然性は、この世直し的な民衆救済の教義がもつ、近代天皇制イデオロギーとの異質性にあったといえよう〉（村上重良『国家神道と民衆宗教』２１５～２１６ページ）

ともあれ谷口には先見の明があった。彼が手本としたニューソートや米国心霊主義は、その後二度の世界大戦を経て、六〇年代にはメスメリズム（催眠術による治療法）や神智学といった長い歴史を持つ他の神秘主義思想、中国の道教《タオイズム》や日本の禅のような東洋思想、あるいはベトナム反戦運動に伴い燃え盛ったカウンター・カルチャー運動とも融合して、第二章で詳述したニューサイエンスなど、現代の西洋近代文明とはまったく異なった価値観に基づく新しい文明を目指そうとするニューエイジ運動《ムーブメント》へと連なっていく。

米国的な個人主義や科学万能主義に対するアンチテーゼでもあるニューエイジは、個を超えた全体意識を重視する。それだけに全体主義的で、科学的な論理性・合理性の放棄に繋がりやすい。ニューエイジの歴史を丹念に辿った英国人ジャーナリストのレイチェル・ストームは、ニューエイジのこうした特性にナチズムとの関連を見いだしている。

〈理性的精神の代わりに「無心」の状態が、「歴史」の代わりに体験への信頼が求められた。一九三三年、山と積まれた本が篝火《かがりび》に投じられたとき、ゲッベルスは、ユダヤ的主知主義の終焉を、ドイツ精神による絶対的支配の時代の再到来を、歓呼して迎えた。

このようなイデオロギーの大半は、まさにニューエイジの考え方である。その中でも、とりわけユングは非常な影響力をもっている。感性と直観が知性を支配し、心が頭を支配し、共同体が個人を支配する。その目指すところは、集団体験の中での自己実現である〉(『ニューエイジの歴史と現在』304ページ)

畢竟《ひっきょう》、ニューエイジは全体主義に結びつく。

ストームの議論を続ける。

〈ニューエイジは、現実の境界を取り払おうとする。宗教の境界を、国家の境界を、心と肉体と霊の境界を。境界は疎外と分裂を意味する。ニューエイジにとって、分裂は最大の悪である。「あれもこれも」の教義に忠実に、ニューエイジは男も女も黄金時代に帰そうとする。男も女も全能であり、神々に等しい。しかし、実際に力をもっているのは、ニューエイジの指導者やグルであり、信奉者は、内なる自己の中に真理を求めよ、と教えられるが、しかしその内なる自己が語るものを解釈するのは、指導者なのだ。ニューエイジは深い「自己」責任を教えるが、ニューエイジに改宗した多くの人が、個人的な意志決定をすべて指導者に委ね、人生の伴侶の選択から、何を食べ、何度体を洗うべきかに至るまで、およそあらゆる事柄に関して、指針を与えられてしまう〉(同書316ページ)

稲盛哲学なるものの正体が、少しずつ見えてきた。稲盛は〝グル〟でありたいのだ。彼の著作やインタビューなどには、この間、西郷隆盛や二宮尊徳、石田梅岩といった歴史上の人物、あるいは中村天風、安岡正篤ら昭和の〝思想家〟たちに私淑したという記述が散見される。いずれもニューエイジ思想が吸収した日本の伝統的な価値観の持ち主だ。本書ではあえて一項を割くことをしなかったが、とりわけ近年のビジネス社会で神様のごとく崇められている天風は、いかにも稲盛好みの人物である。

天風がどのような生涯を送ったのか、正確には不明である。ただ、彼を崇める経営者たちは、次のような波瀾万丈の物語を信じているらしい。

――一八七六（明治九）年、東京で旧柳川藩士の家に生まれた天風は、福岡の修猷館《しゅうゆうかん》に学んだ中学生の時、柔道の試合の遺恨で彼を狙った相手を殺し、〝昭和の怪物〟と言われた右翼の草分け・頭山満のもとへ預けられた。日露戦争では軍事探偵として満州で活躍、〝人斬り天風〟の名をほしいままにしたが、激務がたたって三十歳で結核に冒される。救いを求めて欧米を放浪する途中立ち寄ったエジプトでヨガの聖者・カリアッパ師に出会い、ヒマラヤで修行した。その後米国コロンビア大学を首席で卒業し医学博士となり、帰国後は東京実業貯蔵銀行頭取などを歴任するが、一九一九（大正八）年、何もかもを捨て統一哲医学会という集団を組織し、自身の思想と修行法の集大成である心身統一法を広めた（以上、松本幸夫『中村天風伝』など関連書籍、雑誌記事等から構成）――。

天風の教えとは何か。『日経ベンチャー』九六年四月号の特集「中村天風が教える『人

材革命』」によれば、
〈「心の持ち方で人生は変わる」ということだ。積極思考が、〝潜在能力〟を開発し、心に念じたことは必ず実現する、とも言う〉〈困難も肯定的に受け止めれば、道は開かれる、とする。さらに、人間の力の元を「気」であるとし、難題も将来のいい方向につながるためにあるモノだと感謝の念で受け止める内に「気」が体内に入り、潜在能力が開発され、思わぬ力を発揮して願いが叶う、というのである〉

要するに天風は、生長の家の谷口雅春と同じことを言っていた。伝えられている経歴をある程度信じるとすれば、天風は大勢の人間を殺したわけだが、では彼がその手で命を絶った人々の人生はどういうことになるのだろうか。心の持ち方が悪かったのだから殺されても仕方がないとでも言いたいのか。

早い話が人殺しを尊敬する経営者というのは、一体どんな神経を持っているのだろう。反対に経歴が嘘だというなら、経営者たちは単なるホラ吹きを崇め奉っていることになる。

稲盛も、そんな天風に学んだ。天風の〝素晴らしさ〟を、彼はこう語ったことがある。
「混迷する世相の中で、生きる指針が大変フラフラしているときに、磐石の思想のようなもので現象をとらえ、見ていかなければならない。変動する現象界の中で、フラフラしていたのでは消耗しきってダメになってしまう。そういう、つまり真理を説いたのが天風さんですね」
「天風さんは、吾とはなにか、人生とは何か、ということを明快に説いていますし、たった一回しかない人生の中で、感情の赴くまま、または理性の赴くままに、ああでもない、こうでもないと一喜一憂し、ない頭で一生懸命考えて策を練り、いろいろなことをして生きていけるけれども、人生とはそんなものではないはず、と説いています。
　感情や感覚や理性、そういうものを超越したところに真のあなたの意識があるはず、それはこの宇宙のあらゆるものと共通の存在としか言いようのないもの、真の吾、宇宙のあらゆるものと共通の真である、と」（「稲盛和夫が語る『中村天風に学んだこと』」『財界』九五年八月二十九日号）
　中村天風の無責任な思想とも呼べない代物を〝真理〟だとする稲盛は、京セラを大躍進させた七〇年代を経、八〇年代に入ると、その志向性を満天下に示し始めた。

「イメージは実現する」

一九八三年三月三十日、京都。京セラがカメラメーカーのヤシカを買収する計画を発表する前日のことだった。京セラのゲストハウス「和輪庵」で、稲盛はじめ、同社の主だった幹部社員六十人ほどが、一人の青年を見つめていた。

　彼らの視線の先には、弱冠十九歳の大学生がいた。現在は普通の会社員に収まっている彼の名は明らかにできない。仮にYとしておく。

　Y本人の話によれば、彼は分厚い目隠しをしていた。そこで稲盛が、紙に「企業は永遠なり」と書いた。何も見えないはずのYは、はたして書かれた文字を当ててしまったという。〝透視〟であった。

「まず、成功した時のイメージを思い浮かべるんです。思い浮かべられないようなら、うまくいきません」

目を丸くしている幹部連を前に、Yは言った。事前に稲盛と打ち合わせていた通りの台詞である。稲盛がこれを受け、京セラフィロソフィと結びつけて、一時間ほど熱弁を振るった。

「みんな見たか？ 人間の能力は、ハイテクより凄いんだ。女は子宮で考えるなんて言うが、Y君がやって見せたように、実際、イメージしたことは実現できる。よい製品を作ろうと思えば作れるし、売ろうと思えば売れるんだ」

稲盛はこのことを言うために、Yの〝能力〟を幹部たちに示したのだった。Yは、これも事前に稲盛と交わした、次のような会話を記憶している。

「本当に大丈夫かい」

「お顔を潰さないようにしますよ」

「頼むな。Y君に失敗されたら、俺は何も言えなくなっちゃうよ」

その晩Yは稲盛に連れられ、祇園の会員制クラブ「イレブン」に赴いた。稲盛や京都商工会議所の前会頭だったワコール会長・塚本幸一ご用達の店である。この夜も地元財界人の会合があった。Yは再び〝透視〟を成功させてのけたが、ここで稲盛が描いたのはカメラとレンズの絵だった。翌日のヤシカ買収の発表を暗示する、彼一流の茶目っ気だったことが後日判明する次第――。

Yが回想する。

「僕は小さい頃からそういう能力があったんです。で、ある証券会社の京都支店長だった父が、営業の一環かどうか知りませんが、稲盛さんに僕のことを話して、ああなった。あの方自身、相当な〝気〟を発されていて、僕と同じような能力があるのではないかと感じましたね。その後、今の会社に就職するまで、月に一度はお会いしていました。

稲盛さんの講演の前とか、財界の会合がある時にやってみせていたんです。ある時、透視を否定する人がいて、稲盛さんと口論になったことがありました。「こんなことに熱中してると、あんたはダメになるぞ」と言ったその方に、稲盛さんが「否定するのはおかしい。人間の存在自体が不思議なんじゃないか」とムキになって反論してくれたのを覚えています」

Yはその後も、稲盛の寵愛を受けた。彼がフジテレビの番組で、別の〝超能力学生〟とともにトリックを見破られ、週刊誌などで叩かれたのは八四年のことだったが、その時も稲盛は、Yに優しく接してくれたという。

「僕はトリックなんか使ってません。一緒に出演したスプーン曲げのK君がやったんで、Yもどうせ、って話になってしまっただけなんです。稲盛さんには放映前にお話ししましたが、その時こう言われました。今の世の中は、摩訶不思議なものはネタにされてしまうだけだ。これからはマスコミに出るのは止めて、その能力を自分の仕事に役立てたらどうか、と」

京セラへの入社も誘われたが、Yは断った。それで気まずくなったわけではないと言うが、大学卒業以来、二人は顔を合わせていないという。ただYは、稲盛の忠告を守り、〝超能力〟の分野で表舞台に出るのを極力避けている。

Yにまつわるエピソードは、稲盛のオカルトへの関心には明確な目的があったことを示している。彼はオカルトを、あくまでも企業経営、もっと言えば従業員の労働へのモチベーションに役立てる便法として活用したかったのである。

だから逆に、経営の役に立ちそうもないオカルトに対しては、アンチ勢力以上に激しい態度で蔑む。これより数年を経た八六年頃、稲盛はあるオカルト関係の勉強会で、周囲の眉をしかめさせる挙に出ていた。

その日、稲盛とともに講師役を務めた気功師の林義貢（一九三〇年生まれ）は、一つの得意技を披露した。猪口に注いだ酒に、自らの手をかざし、聴衆に語りかけた。

「こうして〝気〟を入れると、お酒がマイルドになるんです」

講演は無事終了した。が、勉強会の中心人物たちに招かれた打ち上げの会食の席で、林は稲盛の猛烈な追及を受けたのである。

「どうしてそうなるのか、その仕組みを理論的に説明してください。そうでなきゃ納得できない」

林が言葉に詰まると、稲盛の舌鋒はますます鋭くなっていったという。

「あれほど激しい人は後にも先にも見たことがありません。講演されていた時は、まるで禅坊主のように達観した方だなと感心していたんです。まだ若いのに、こんなに完成されてていいのかと思ったぐらい。この間のギャップにはただただ驚きました」

現在の林は、淡々と語るだけである。だが当時の出席者は、苦々しげに振り返った。

「稲盛さんは衆人環視の中で年上の林さんを罵倒したんです。なんと無礼な人だと思った。その場にいた全員が不快な表情をしていました。透視少年は大好きで、なぜ気功はいけないのか、私にはさっぱりわからない」

だが主催者側はじめ、誰にも稲盛を止めることはできなかった。彼はこの勉強会のスポンサーでもあったのだ。

稲盛のニューエイジ人脈

八〇年代前半のこの時期、日本の哲学・心理学・精神医学・宗教界および自然科学界は、重大な岐路を迎えていた。すなわち西洋近代文明に疑義を申し立てる動きが活発化し、一方、前述の東洋思想を含有したニューエイジ運動《ムーブメント》が、国際的な潮流に乗って、本格的に〝逆輸入〟されてきたのである。

ニューエイジ世界を扱った二つのビッグイベントが、上陸の契機になった。八四年十一月に筑波大学で開かれた日仏協力筑波国際シンポジウム「科学・技術と精神世界」と、翌八五年四月に国立京都国際会館で行われた第九回トランスパーソナル国際会議である。いずれもユング派と呼ばれる哲学者たちが中心となって開催にこぎつけた。

日仏シンポでは、ニューサイエンスの論客たちが一堂に会する中、新体道なる武道の師範である青木宏之が〝遠当て〟（体に触れず気合で相手を倒す術）を行い、この際に生じるという〝気〟の流れを脳波で測定する試みがなされたが、欧米の学者が強い拒否反応を示すというエピソードを残した。フランス人記者レオン・メルカデの描写が面白い。〈われわれは呆然と顔を見合わせた。言葉がどっと飛びかいはじめた。あれは、神がかり（トランス）だぞ、いや、催眠術だ、いや黒魔術だ、ヴードゥーだ、といったぐあい。どう考えても、少なくともあれは、いんちきだ、と〉〈なあに、青木は仲間に呪術をかけているのさ、と難詰する声も、二、三にとどまらなかった。すわ、妖術だ、というわけである！「ファッシズム」だという声まで揚がる始末だった〉（湯浅泰雄、竹本忠雄編「気の合戦」『ニューサイエンスと気の科学』169〜171ページ）

一方のトランスパーソナルとは、京大教授の河合隼雄（臨床心理学）によれば、〈自我（Ｅｇｏ）を超えること〉（『宇宙意識への接近』序文Ⅸページ）で、個と他の生命体はその深層において一体であるとする考え方に基づく心理学および心理療法的実践である。ユングの集合的無意識の延長線上にある観念と言っていい。ニューエイジ運動《ムーブメント》の重要な要素である。

そのトランスパーソナルの国際会議が日本で初めて開かれるとあって、関係者たちは大いに意気込んだ。事務局のコピー機が開催前日に壊れてしまったほどだというエピソードを、私は、当時の事務局員から聞いている。

稲盛和夫なかりせば、しかし、これら二つのイベントは成立しなかった。財界では他にソニーの井深大が理解を示したが、こちらは機材や人手の貸与にとどまっている。稲盛は数百人単位の京セラ社員を参加者として動員し、さらに巨額の資金を融通した。トランスパーソナル国際会議では国内組織委員長も務めている。

日仏シンポの日本側代表の一人で筑波大学教授だった湯浅泰雄（一九二五〜二〇〇五、桜美林大学教授＝人文・東洋思想・哲学）が語る。

「開催を決めたはいいが、お金がなくて困っていた時、稲盛さんが精神世界に関心をお持ちだと知って、お願いにあがった。まだ京都賞を作られる前のことで、京セラも創立二十五周年になるので、何か意義のあることをしたいと仰って、五千万円ほどいただきました。井深さんを紹介してくれたのも稲盛さんです。

ただ、稲盛さんに頼めばカネが出るというので、電通やゲーム会社のナムコを巻き込んで、筑波の学内にもう一派ができてしまいましてね。ゴタゴタしたんで、稲盛さんは途中からはあまり表面に出なくなってしまわれた」

稲盛を湯浅に結びつけたのは、東京・三鷹の井の頭公園にある玉光《たまみつ》神社の宮司で、関連の「宗教心理学研究所」所長も兼任する本山博（一九二五〜二〇一五）だった。六〇年代の初めにアメリカに渡り、超能力の研究で有名なアメリカ・デューク大学教授のJ・B・ラインの薫陶を受けたという本山は、チャクラマシン（生体エネルギー測定器）を発明したと言い、あるいはインドのクンダリニー・ヨーガを実践する精神世界の〝大御所〟で、フィリピンの心霊手術を初めて日本に持ち込んだ人物としても一部で知られている。

この本山が創設した本山人間科学大学院大学（ＭＩＨＳ）の理事にも、稲盛は就任している。かなり以前から、稲盛は本山に師事していた。

本山も語る。

「私のところはヨガの会など、さまざまな勉強会を主催しているんですが、稲盛さんとのそんなご縁で、京セラの社員さんの会員が多いんです」

日仏シンポの会場には、国際トランスパーソナル学会会長のセシル・バーニー（故人）も顔を出していた。東洋思想の故郷であり、かつインドや中国とは違って先進国でもある日本での国際会議開催をすでに内定していたバーニーは、稲盛という男の存在を知るや、いそいそと京セラ本社に出かけていった。

当時の関係者の思い出。

「時期尚早を危惧されていた空気が、稲盛さんの登場でいっぺんに消え失せた。最終日のパーティーには稲盛さんもみえて、ギョーザを大量に差し入れてくれました」

アカデミズムが国内で国際会議を開き、京セラがスポンサーになったことで、それまで〝いかがわしいもの〟でしかなかったニューエイジは、俄然、輝かしいお墨付きを得た。湯浅の許には中国の気功師たちが連日押しかけるようになる。後に日本テレビで売り出し、詐欺で訴えられることになる邵錦《しょうきん》も、その中にいた。

もちろん、すっかり精神世界の有名人となった稲盛の許にも、多種多様な人々が集まってきた。彼のニューエイジ志向は、とどまるところを知らなくなった。

NHK出身の映画監督・龍村仁が制作した『地球交響曲《ガイア・シンフォニー》』の二作目に出資したのは九四年である。地球を巨大な生命体（ガイア＝ギリシャ神話に出てくる大地母神）と見做す仮説はエコロジー運動に深い影響を与えたニューエイジの考え方だ（ストーム『ニューエイジの歴史と現在』241〜242ページ）。

同じ年の五月にも、稲盛は京セラの主幹事証券である大和証券の副社長だった山下剛正《よしまさ》ら親しい友人たちと一緒にフィリピンに飛び、かの地のヒーラー（心霊治療師）を訪れている。肝臓ガンの友人に〝心霊手術〟を受けさせるためだった。

「そのヒーラーは友人の腹部に手をつっこみ、ガン細胞を摑みだしました。お蔭で彼は、今なお健在です。稲盛さん自身もヒーラーに身を委ね、健康診断を受けていました」

同行メンバーの話である。本当にそれで治ったのかどうかは知らない。少なくともその友人が〝心霊手術〟を受けたことについてだけ、私は複数の証言を得ている。

アメーバ経営・ホロン経営

京セラフィロソフィは、ますます磨かれていった。

京セラの有名な労働管理手法に〝アメーバ経営〟がある。同社発行の資料によれば、〈組織を細胞（アメーバ）のように細かく分けることにより、社員の一人ひとりが経営者的な感覚をもって仕事をすることができる経営システム〉であるという。

文章での説明は困難だが、具体的には職場を生産品種や工程によって十人前後の小集団に細分化し、部門別採算制度を徹底する仕組みである。各小集団には定まった形がなく、伸縮自在。仕事が増えれば膨らみ、減れば縮んで、他の小集団の手伝いに回ることもある。大きくなりすぎれば分裂し、仕事が少なければ営業にも出る。構成員個々の内面に京セラフィロソフィが浸透して初めて可能になる手法で、一般のQCサークル活動などより、はるかに高い生産性を達成できるという。

アメーバ経営のノウハウが、その奇抜な名称とともに注目され始めたのは、八〇年代半ばのことだった。折しも新しもの好きな経営者たちの間で流行しつつあった〝ホロン経営〟の優等生だというのである（名和太郎『ホロン経営革命』２０８〜２１３ページ）。

〝ホロン〟とは米国の科学評論家、アーサー・ケストラーが提唱した概念で、ギリシャ語の holos（全体）に、部分を表す接尾語ｏｎを付けた造語だ。全体であると同時に部分であるヤヌス的実在を指している。

たとえば個人はそれ自体全体だが、企業とか国家といった、より大きな実在に対しては自ら部分として振る舞う。ケストラーは生物特有のこうした協調的性格を持つ存在をホロンと定義し、独特のシステム論を展開した。〝ホロン〟はやがて、組織論や経営論の方面でも脚光を浴びていく。

〝ホロン〟以前から、ケストラーは「還元主義を超えて」というシンポジウムの企画者として知られていた。六八年、スイスのアルプバッハで行われたこのシンポジウムはニューサイエンスの旗揚げ的な意味を持つイベントである。〝ホロン〟もまた、ニューエイジ、とりわけトランスパーソナル心理学の影響を色濃く受けていた。

〝ホロン〟には危険な側面もあった。ケストラーはそのことを承知し、重ねて強調していた。

〈誠実な信奉者は社会の中に緊密に組み込まれていく。教会であれ、党派であれ、自己と同一視した社会的ホロンの内部深くへと入っていく。そしてこうした「純な」形態の同一視の過程には、すでに見たように、ある種の個性破壊そして批判能力と責任感の放棄が必然的に伴う〉〈個人の精神はさまざまだが、もし集団がホロンとしてその結束を維持しようとするなら、「シングル・マインド」（一致団結）でなければならない。となると集団精神はすべての構成員に理解できるような知的レベルで機能せねばならないから、必然的に「シングル・マインド」は「シンプル・マインド」になる。こうしたことから集団の情緒的な力は高められると同時に、知性は減少する。それは「ヒエラルキー意識」という理想に対する悲しい戯画と言ってよい〉（ケストラー『ホロン革命』156～158ページ）

〝ホロン〟が日本に輸入され、労務管理に応用されていく過程で、しかしケストラーが指摘したような危険性への認識はすっぽりと抜け落ちた。ホロン経営を賛美する経営者たちは、企業組織があたかも生物のように動くことの〝自然さ〟〝美しさ〟だけを強調した。大平政権の政策ブレーンだった「文化の時代の経済運営研究グループ」や「科学技術の史的展開研究グループ」は、八〇年七月、それぞれの報告書で〝ホロン〟の素晴らしさを述べ、政策への幅広い応用を提言していた。

計算ずくなのか、無意識の産物なのか。私はこういうところに、日本という国の奥底に潜む底知れぬ〝闇〟を感じる。西洋近代文明へのアンチテーゼであるニューエイジは、米国の個人主義が行き過ぎた反動として必然的に登場した。だがわが国は悲しいかな、初めから個が生息できる余地が限りなく小さい国なのだ。

稲盛は同じ頃、「国際マハリシグループ」日本代表の小山《おやま》克明と知り合った。マハリシとはインド人マハリシ・マヘシ・ヨギによって創設され、ヒンズー教をベースにした超越瞑想（Transcendental Meditation＝ＴＭ）と呼ばれる瞑想法を世界百八カ国で指導している国際組織である。

多くの文献や資料が、この超越瞑想もニューエイジ運動《ムーブメント》の一つに位置づけている（たとえば『ニューエイジ・ワークショップ・カタログ』111ページ）。実際、マハリシの日本法人であるマハリシ総合教育研究所発行のパンフレット「マハリシの超越瞑想法とＴＭシディプログラムに関する科学的研究概観」は、超越瞑想には実践者の潜在能力を引き出す効果があるだけでなく、実践者が人口の一％以上住んでいる都市では犯罪が激減するなどと、まぎれもなくニューエイジ的な主張を展開している。

小山が語る。

「京セラフィロソフィは、まさに私どもヨギの哲学と呼応していました。純粋なる意識こそ社会の、または企業の生産性を高めるのだと。それで稲盛さん自らTMを始められ、やがて京セラの教育部を通して幹部クラスへと広がっていったんですね。二十分の瞑想で通常の睡眠の二倍の休息ができますので、特に営業の方々に好評でした。稲盛さんは、日本は大改革が必要だと仰っていました。社会があまりに混沌としてしまい、人々は正しい方向性を見失っている。だが政治家や学校教育には何も期待できない。では誰を変えればよいか、若手の経営者たちだ。彼らを正しく導けば、その企業全体が良くなり、周辺の社会が良くなる。いずれ日本、いや世界全体に波及するだろう、と。これが盛和塾の始まりです。その発想は、ヨギとまったく同じなんですね。当然、私も参加させていただきました」

塾生たちの証言によると、稲盛は盛和塾の場でも、しばしば超越瞑想を引き合いに出してきた。尊敬する塾長の薦めだからと、企業ぐるみで導入する塾生も少なくない。

「空中浮揚なんて簡単です。私の場合、すでに前世で究めてたみたいだと、塾長と話したこともありました」

盛和塾の幹部塾生の一人が洩らしたこの台詞が、今も私の耳に残っている。地下鉄サリン事件以後、ここまで口にできるニューエイジャーはさすがに減った。が、稲盛周辺の人々は、かえって〝グル〟への帰依を、より強めているかのようである。

京セラに日本での橋頭堡を築いたマハリシは、その後トヨタ自動車や住友重機械工業、NECなどに顧客を拡げる。そこで海外でも、日本企業に学べとばかり超越瞑想の導入を図る企業が急増した。九五年には日本はじめ数カ国でマハリシ経営大学が開設された。この大学のプログラム案内（日本版）の表題は、あろうことか〈地上の楽園〉である。

なお米国の天文学者カール・セーガンは、超越瞑想について「Perhaps the most successful recent global pseudoscience」（近年でおそらく最も成功した国際的疑似科学）と表現している（『The Demon-Haunted World』16ページ）。また米国には、ＴＭ－Ｅｘという超越瞑想の被害者を支援する組織があるという。「それは破壊的カルトのすべての特徴を備えています」――元米国統一教会の幹部で、現在はカルト被害者救済ネットワークの代表であるスティーブン・ハッサンは、自著の中で、ＴＭ－Ｅｘリーダーのこんな言葉を紹介していた（『マインド・コントロールの恐怖』１６４ページ）。

徹底した〝企業の論理〟

精神世界に深く入り込み、あるいは使い捨て文明を批判して、〝愛〟や〝共生〟を声高に叫ぶ稲盛だが、外の社会から見た京セラ・ＤＤＩグループの企業活動のベクトルの角度は、普通の大企業と寸分変わらない。生産性が高い分だけ、企業の論理の徹底ぶりは、むしろ凄まじい。だからこそ稲盛は、わが国企業社会において躍進を続けてくることができた。

「長時間の拘束はまったくない。しかし自発的に夜更けまで働くことは、各人の燃える情熱の表現だ」（国友隆一『稲盛和夫語録にみる京セラ・過激なる成功の秘密』２１４ページ）

最近はあまり強調されなくなったが、これもまた、稲盛語録の重要な一項目である。実態は何ら変わっていない。

京セラグループの役員を経験した関係者は、こう証言した。

「家庭を顧みるようでは管理職失格、という空気ですから、幹部には家庭崩壊に追い込まれる者が多い。過労死も珍しくないんです。九四年にはK常務がクモ膜下出血で亡くなりました」

盛和塾の本部事務局は、関連会社の京セラコミュニケーションシステムズに置かれている。各地の塾生たちは、活動に必要なツールを同社から購入することになる。稲盛の「経営講話カセットテープシリーズ」（全二十六巻）は各巻定価五千二百五十円（塾生様特別価格四千二百五十円）也。同じく「バックナンバーCDセット」は十万円（同八万円）也。

アメーバ経営のノウハウも、京セラコミュニケーションシステムズ経営コンサルティング事業部の主力商品になっている。同社関係者によると、指導料は月間四百万円ほど。これに十カ月から十二カ月の指導期間を乗じるから、最低でも四、五千万円の費用がかかることになる。中小企業にとっては相当な負担だ。

「価値のあるものはいくら金を取ってもいいというのが稲盛さんの考え方です。私はほぼ同じ内容を、その何分の一かで指導していますが」

京セラOBで、アメーバ経営に独自のアレンジを加えた時間当たり採算システムを販売している経営コンサルタントがこう語る。一方、盛和塾のある代表世話人は苦笑した。

「必要もないのに、稲盛塾長に気にいられたい一心でアメーバを導入する経営者が大勢いる。費用対効果が悪すぎて、かえって危なくなった会社もあるんですよ」

企業ぐるみ選挙と言われてもいい

九六年二月二十五日、京都市長選挙が行われた。

自民、新進、社民、さきがけ、公明の五党連合の支持を得た候補・枡本頼兼と、共産党系候補・井上吉郎の事実上の一騎討ち。僅差で枡本が勝利し、その後の住専への公的資金導入に道筋をつける結果になったのは周知の通りだが、稲盛はこの際、京都財界をあげて展開された大々的な企業ぐるみ選挙の旗振り役を買って出ていた。

京都商工会議所会頭でもある稲盛は、まず枡本の選挙母体「健康都市京都を作る会」を結成し、その会長に就任した。地元記者によると、そして告示後に開催された各経済団体の会長・事務局長会議の場で、次のような檄を飛ばしたのである。

「企業ぐるみ選挙と言われてもいい。皆さん、それぞれの企業をあげて枡本候補の必勝のために奮闘してもらいたい」

かくて京都中の主だった企業の管理職という管理職が、枡本の応援に駆り出された。選挙関係者たちの話を総合すると、各社とも急速な合理化の中で連合傘下の労働組合の組織的動員がうまく運ばなかったため、管理職への負担がより大きくなったと見られる。

Jリーグ京都パープルサンガの選手たちも、「京セラ」の胸文字も鮮やかに、河原町の街頭に現れた。東京への反発からか、かねて野党的な土地柄で、他の都市のような企業ぐるみ選挙は難しいとされていた京都の選挙風土を、稲盛はたちまち一変させてしまった。

桝本の当選から三日後の二月二十九日。京セラは京都市南部の京都産業ファッション団地内で地上二十階、高さ九十五メートルの新本社ビルの地鎮祭を行い、ただちに工事に着手した。設計は黒川紀章。屋上はヘリポートにする計画だ。

計画に法的な問題はないのだが、京セラは京都景観論争の流れで市民団体の猛反発を食らい、着工が遅れていた。が、自ら先頭に立って票を集めた候補が市長に就任した今、稲盛は誰にも遠慮する必要がなくなった。

地鎮祭の翌日、今度は稲盛が会頭をつとめる京都商工会議所が新市長に対して要望書を提出した。

〈新しい産業・ビジネスゾーン形成のために、交通基盤の整備はもとより、税制面での優遇措置や建築規制の緩和など思い切った誘導策を講じて頂きたく存じます〉

要望書は京セラの新社屋が建つ京都市南部についてこう求め、さらに稲盛のサッカーチームについて、次のように訴えていた。

〈京都のシンボルとしてのパープルサンガ支援体制をとり、京都市民に感動を与える熱気あるJリーグを通じて、京都市民のスポーツへの関心や意欲を高めることはもとより京都活性化に結びつけられるようお願い致します。また、日本文化・京都発信の絶好の機会であるワールドカップサッカーの日本招致・京都開催に力を注いで頂きたく存じます〉

一般の常識は、こういうやり方を〝市政の私物化〟と呼ぶのである。

ごく普通の中小企業経営者としての俗物根性を、稲盛は十二分に持ち合わせている。京セラの発行済み株式数の二・四%を保有する「ケイアイ興産㈱」は典型的なファミリー会社だ。登記簿謄本の役員欄には、稲盛の妻である稲盛朝子と妹の稲盛豊実の両名が代表取締役として、また兄の利則、弟の実および稲盛の三人の娘がいずれも取締役として名を連ねていた。

監査役には大蔵省主計局長や公正取引委員会委員長を歴任した橋口収を起用している。ＤＤＩの社長にかつては元資源エネルギー庁長官の森山信吾、近年は元郵政省事務次官の奥山雄材を天下らせたのと同様、官僚批判や持ち株会社反対、さらには西洋近代文明の否定などに示される稲盛の一見反権力的な姿勢が、どこまでも見せかけのポーズでしかない現実が露になっている。

「動機善なりや、私心なかりしか」も、こうなると色褪せる。リクルート事件についてさえ、稲盛は経営評論家・針木康雄との対談で、こんなやり取りをしたことがあった。

〈稲盛　私はいつも思うんですが、ああいう場合には結局、自分がほんとうにやましいのかどうか、また自分の精神の状態が善なりやどうかということを問うてみて、曲がったことはしていないという自覚があれば、じっと耐えられますね。

針木　そうそう。

稲盛　だから江副君のケースも私はかわいそうにと思ってね。いろいろ配ったのはおかしいと言われれば、そうかも知れんけれども、もっと見方を変えますと、世の中にお金持ちはいくらでもおるだろうけれども、そんなに他人に配る人はおらんのではないかと。お裾分けを配ったんだから、立派ではないかという気もするわけですよ。しかし、そういう理屈は通らない。

針木　嫉妬社会だからね）（傍点引用者。「京セラと第二電電に見る稲盛和夫の『大いなる野心』」『経営塾』八八年十月号）

出家の前に、この人は小学生レベルの常識を弁《わきま》える必要がある。政治家や官僚への贈賄が〝立派〟だと言う人間に〝愛〟を語る資格はない。なお、前段の〝ああいう場合〟とは汚職ではなく、京セラが八五年に武器輸出三原則違反（ICパッケージを核巡航ミサイル・トマホーク向けに製造・輸出した）、薬事法違反（セラミック製の人工骨を無許可で製造販売した）などに問われ、国会で追及された問題を指していた。

盛和塾の有力塾生である田島治子のサカイ引越センターは九六年十一月、運送業の許可を持たない業者にピアノ運送を委託した事実を貨物自動車運送事業法違反に問われ、大阪府警交通指導課の家宅捜索を受けている。コストダウンのために安全性を犠牲にしたのだった。稲盛流の「売り上げの極大化、経費の極小化」は手段を選ばないのである。

京セラ系列のゲーム機器大手・タイトーもきな臭い。折しも稲盛が出家宣言をした九六年九月三十日からの三日間、東京・平河町にある同社の本社ビルは、連日右翼の街宣車に取り囲まれてしまった。

確かに上場当時のタイトー株は、初日に九百三十万円という株式史上最高値をつけながら、翌日には一挙に六十三万円も〝暴落〟していた。前後して同社の粉飾決算を伝える怪文書が出回り、仕手筋の介入が噂されたものだった。なおタイトーはその後、紆余曲折を経て二〇〇六年からスクウェア・エニックス・ホールディングスの傘下に入っている。

稲盛和夫インタビュー

稲盛和夫の持論と行動の、何もかもが矛盾している。私に言わせれば、〝稲盛哲学〟ないし〝京セラフィロソフィ〟は、その実どこまでも人間を企業に縛りつけ、奉仕させるために内面から操り、究極の奴隷とする呪術的便法に過ぎない。

バブルが崩壊して、忠誠心の見返りに終身雇用・年功序列の安定を与えることで成立してきた従来型の日本的経営手法は難しくなった。

世界経済は大競争時代に突入し、企業サバイバルのためにはより生産性を高めたい。そのためには、見返りを求めない従業員の忠誠心を涵養《かんよう》したい。

何とも虫のいい企業の論理も、物は言いようである。何もかも肯定する生き方こそ人生の真理だと説くニューエイジ思想こそ最高の方法論になり得ると、稲盛は判断しているようだ。経営者たちはそのことを本能的に感じ取っているから、彼を手放しで支持するのである。

九六年七月六日夕刻。盛和塾全国大会の閉会後、大津プリンスホテルの一室で、稲盛に会った。ひどく疲れていたらしく、彼は最初から不機嫌だった。

――それぞれ一国一城の主である経営者の方々が、なぜこうまで稲盛さんに魅かれるのでしょう。大会を拝見して、非常に宗教的な印象を受けたのですが。

「短絡的な見方ですね。普遍的な価値観というものがあると思うんです。激動する世界の中で、皆がそれを求め、模索している。そういう人々が、普遍的かもしれない価値観に結集するということの何が悪いのですか。政治結社だとか宗教の衣を着て売名や利益を求めるような企《たくら》みがあったら問題でしょうが、私は強制して洗脳しようなんて思ってません」

――いけないとは言ってません。ただ、普遍的な人生哲学だと仰りつつ、いつの間にか企業の論理こそ普遍的な価値観だということになってしまっている気がします。企業活動には美しくないこともあるはずです。

「ありません。あってはならないということを私は説いている。卑劣な手段で利益を得たのでは意味がありません、と」

――日本の場合、ただでさえ個人の私生活に企業の価値観が侵食してくる風土がありま す。好例が企業ぐるみ選挙ですが、稲盛さんも先日の京都市長選でおやりになった。稲盛哲学と矛盾しませんか。

「企業ぐるみ選挙などやっていません。わずかな幹部社員に、共産党が強くて与党四会派の候補が苦戦してるから、皆で呼びかけようじゃないかということはいたしましたけど。私の言う普遍的な価値観とは、人の思想信条までを変えようとするものじゃありません。だから中途半端にこういう話を聞いてもらうのは問題なんだ。それに会社の中と外と仰るけど、そんな二重人格のような生活ができるわけはありませんがね。ですから普遍的な価値観とは、経営者だけでなく、社員も共有できなければいけない。でなければ、表面上は聞いたふりをしても、誰も賛同するはずがない」

——マハリシの小山さんに聞いたのですが、盛和塾は彼との交流もキッカケになったのではないかと。

「いや全然。彼はマハリシさんの超越瞑想みたいなものを、盛和塾で広めたいと思ったのかもしれません。でも許してません。まったく違います。人間の心を落ちつかす立派な手法だとは思うので、私や京セラの有志は受講してますが、強制したことはありません」

——（超越思想が）米国ではカルトだとされているのをご存じですか。

「いや知らん。誰が決めるのかね。権威のない学者の言うことでしょう。確かにオウム真理教のように、瞑想というのは軽々とやると幻覚や幻聴が起こってきますので、正しい解脱をしたことのあるグルが指導しなきゃならない。そういう意味ではマハリシさんのところは非常にいい指導をしておられたかと思いますけど」

——神戸の震災で亡くなった方々はカルマですか。

「カルマかって、なんか魔物みたいな……。そうじゃありません。生き残った人が立ち直って生きていくために、勇気づけるために使っている言葉であってですね、俺はカルマが解けてよかったわい、死んだのはカルマの重みで死んだんやと、そんなことはひとつも言ってません」

——戻りますが、私にはやはり、企業の論理が普遍的価値観であるとは思えない。影響力のある公人は、発言にもっと慎重であるべきではありませんか。

「違うよ。もう、ちょっと話になりませんわ。誰も断定なんかしてない。私も普遍的な価値観を求めてさまよっていますと。共鳴する人が集まってるだけです。作家は思想を表明してよくて、なぜ経営者ではいかんのか」

――もはや経営者ではないと思うんです。稲盛さんの行動や発言は、むしろ宗教家のそれに近いような。来年は経営から手を引きたいというのは、そのへんのご自覚では。

「いやいや、もう……。そうじゃありません」

「経営者は偉いんだ」

インタビューの数時間前に行われた塾長講話で、稲盛は次のような話をしていた。体験発表に対する講評の時とは打って変わって、うっとりした表情で目を瞑り、両手にマイクを包み込んで――。

「われわれの誰もが輪廻転生を繰り返し、何回となく生を受けているのです。現世は悪からの誘惑が多い。しかしそこで善行を積むことができたら、魂は純化・浄化できる。そのために生を受けたのだと考えてよいのです。街角に『世界人類が平和でありますように』という標語が貼ってあるのを目にされたことはありますね。あれなど、すごく大きな愛に目覚めた教義であります。

宗教で言う〝あの世〟、あるいは霊魂というものがあることを信じてほしいんです。一一世紀、人類が最終的に救われるのだとすれば、それは人類があの世の存在をわかった時です。でなければ人類は救われません。

私たちはこうして会社を経営して、自分一人でも大変なのに、他人の家族まで養っている。それだけで、すでに利他行なんです。経営者は偉いんです。その経営者がもっと立派になっていくことが、世の中をよくしていくんです。

経営者は宗教家のように、生涯を通して修行するというわけにはいきません。しかし仕事を通して魂を浄化することはできる。

経営を教えてあげる先生としては、京セラの業績が低迷していてはいけません。私自身は、今では京セラには週に一日行くか行かないか程度なのですが、伊藤（謙介）社長以下、大変よくやってくれまして、京セラと第二電電の九六年三月期の連結決算を足しますと、一兆三千億円の売り上げになりました。来期は一兆八千億円になると言います」

ホーッ。その瞬間、場内にため息が溢れた。

あくまでも現世利益追求と一体となって受け入れられる稲盛の宗教的言辞。彼はオカルトや人生を語りながら、その実、企業の、経営者の論理こそ絶対的普遍的な価値観だと言っているとしか思えなかった。

「それはここで、白隠《はくいん》（慧鶴《えかく》）禅師の座禅和讃の一部を読み上げさせていただき、終わりにいたします――」

彼は明らかに、自分が神であると信じて疑っていないように見えた。私の周りにいた経営者たちの誰もが、そんな稲盛に感激し、涙さえ流しかねない表情をしていた。

＊　＊　＊

稲盛和夫と盛和塾の隆盛はその後も続いた。二〇一八年には国内に五十六、海外に四十四の支部と、約一万四千人の塾生を擁するまでになっている。

民主党政権時代の二〇一〇年二月、経営破綻した日本航空の再建を図る会長職に就任した。後援会会長を務めていた前原誠司国交相（当時）の指名による人事にも、盛和塾生らはすかさず反応。この頃すでに約五千五百人の規模に膨らんでいた彼らが一人で百人に声をかければ、という発想で「盛和塾　ＪＡＬを支援する55万人有志の会　ＪＡＬ応援団」を立ち上げて応援に努め、あるいはプライドの高い日航マンたちへの京セラフィロソフィ注入に尽力した。

日本航空はやがて再上場を果たして結果を示すことになる。稲盛はこれも「利他の心の賜」だと繰り返したが、改めて指摘するまでもなく、そこに至る過程は、彼が持ち込んだ「利益なくして安全なし」という新生ＪＡＬのスローガンそのまま、あくまで稲盛らしかった。

パイロット八十一人、客室乗務員八十四人の合計百六十五人を整理解雇したのが二〇一〇年十二月。それまでの希望退職者は当初の人員削減目標を二百人も上回る千七百人を数えており、かつ特定の労働組合に加入しているベテランを狙い撃ちにしていたこと、また営業利益も目標の数倍にも達していたことなどから、百四十六人が現職復帰を求めて東京地裁に提訴する。更生管財人が各人に通知する形ではあったものの、稲盛は法廷で「(解雇は回避できることは)誰が見てもわかる」としながら、自分は「細かいことは知らなかった」と嘯《うそぶ》いていた。

それでも裁判は一審、二審とも原告敗訴。二〇一五年二月には最高裁でも上告不受理が決定された。

まだある。日航には会社更生法の適用に伴う法人税の減免措置が三千億円規模にも及び、野党時代の自民党に「民主党のお手盛り」と攻撃されていたのだが、更生手続き終了直前の二〇一一年三月に実施した第三者割当増資では、京セラが五十億円、稲盛が社外経営諮問委員を務めるなどで関係が深い大和証券グループ本社が五十億一千万円を引き受けるなど、インサイダー取引の疑いを持たれ、国会で追及される一幕もあった(この時点では非上場だったので法的には該当しない)。

もっとも稲盛は、その自民党が政権を奪還して間もない二〇一三年三月には日航の取締役を退任。名誉会長職にはとどまりつつも、第一線から退いた。

なお盛和塾については、二〇一九年末の解散が一八年の暮れに発表されている。高齢になった稲盛が身体面などを考慮して決めたとされるが、塾生には野心的で政治に近い企業経営者がひしめいている。いずれ続々と分派が登場してくるのではないか。

第四章 「万能」微生物EMと世界救世教

沖縄の国立大学の教授が開発したという微生物資材を、自治体が、医者が、教師が、〝地球を救う万能薬〟としてあがめている。が、その〝万能薬〟のルーツには、世界救世教の内部抗争があった

奇妙な造成工事

岡山県浅口郡船穂町（現、倉敷市）のマスカット農家・浅野年彦（取材当時五十二歳）が、その異変に気づいたのは、九五年八月十一日のことである。自宅の近所で奇妙な造成工事が始まったのだ。

「道路工事だと説明されましたが、ゲートボール場を作るようにも見えました。でも、どちらでもなかった。町はEM堆肥プラントを建てていたんです」

EMとはEffective Micro-organismsの略で、「有用微生物群」と訳される。詳しくは後述するが、食糧不足はじめ環境、エネルギー、難病など地球上のあらゆる問題を解決する〝万能の救世薬〟なのだという。

このEMを、たとえば米糠や籾殻にまぶし醗酵・乾燥させた粉末を家庭の生ゴミに混ぜて密封すると、腐らず、上質の有機肥料になるという。件《くだん》のプラントは、そうして処理、回収されてきた生ゴミに大根の葉などの農業残渣を加え熟成させてEMボカシ（堆肥に有機質肥料や山土などを混ぜ込んだものをボカシという）を作り、農家が使いやすいようペレット（塊）に加工する工場だった。年間約二百八十トンの生ゴミを原料に、約百トンの堆肥を生産する計画。

町長の土井博義は、かねて環境問題に関心を寄せ、町の中長期計画にも盛り込んできた。中でも「ＥＭ・ＦＵＮＡＯ」と名づけられたリサイクル計画は、まさにＥＭを活用した〝エコシステム農法〟の実現を謳っている。

計画の中核をなす堆肥プラントは、目と鼻の先の水島臨海工業地帯に大製鉄所を擁する川崎製鉄の関連会社・川鉄物流に発注された。そこから建設に至る経緯は、しかし、ビジョンの美しさとは裏腹に、伝統的な土建屋行政の手法そのものだった。

町当局は着工から一カ月余りが経過した九月二十日、ＥＭによる生ゴミ堆肥化の先輩格である福井県武生《たけふ》市の「㈲ＥＭワールド」を地元住民に見学させ、芦原《あわら》温泉に一泊するツアーを組んでいる。参加者たちはその晩、公費でコンパニオン付きの宴会を楽しみ、翌日は越前大仏や舞鶴の引揚記念館も見物した。なお、ＥＭワールドを経営する増田太左衛門は現職の武生市会議員である。

計画の全体像が正式に明らかにされたのは、それから一週間後のことだった。

浅野が語る。

「地元説明会の前に接待ツアーがあったんです。まるで原発誘致のようなやり方でしたね。町長とも会いましたが、話してくれるのは、一方的なバラ色の夢ばかり。私たち隣接住民

「のことは眼中にないようでした」

鶏尾（けいお）地区と呼ばれる周辺の一帯には、もともと不燃物の処理場が立地している。杜撰（ずさん）な運営が続けられ、地元住民たちは長年、異臭や煤煙、汚水に悩まされてきた。船穂町は全国でも一、二を争うマスカットの産地だが、この上、堆肥プラントまで建てられてしまっては、鶏尾のイメージは地に墜ちる。

そこで九六年二月、浅野はじめ十七所帯四十五人がプラント建設反対を申し入れたが、町は強硬だった。地縁・血縁に支配されるムラ社会である。反対派はたちまち切り崩されていく。六月にはプラントが完成して稼働を始めた。

地元の政治通によれば、船穂町は当初、北谷や平石といった町内の他の地区に堆肥プラントを建設する予定だったらしい。が、どこでも嫌われ、結局は政治力の弱い鶏尾地区に押しつけられてしまったという。

製品のペレットを地元のJA（農協）が扱うことも決まった。それでも抵抗を続ける浅野は、ある日、町役場の職員に小冊子を手渡された。

「これを読めば、あんたもEMの良さがわかって、賛成してくれるはずじゃけん」

『救世自然農法とEM技術』と題された小冊子の内容に、浅野は驚いた。そこではEMが〝神からのプレゼント〟と形容され、新興宗教団体である世界救世教の教祖・岡田茂吉（一八八二〜一九五五）が創始した救世自然農法の普及活動の一環である旨が明記されていた。

ＥＭ開発者の〝確信〟

「ＥＭ農法で作った米の上にタバコを載せると、ニコチンがビタミンに戻るんです。マイルドになる。コーヒーも同じ。お酒が好きなら、安い焼酎を買ってきて、この米の中に一晩入れておけば、たちまち〝下町のナポレオン〟に早変わりします」

「車のガソリンに混ぜれば、一五％程度の燃費はすぐに節約できる。排気ガスもキレイになります。一酸化炭素が百分の一に減りますから、排気ガスをホースで車の中に引き込んで自殺するなんてこともできないくらい」

「ＥＭから生成したＥＭＸは、末期ガンやＣ型肝炎に効果が高いんです。これを飲んで白血病が治ったとか原爆症が良くなったなんて話もたくさんある。あらゆる病気は酸化作用ですが、ＥＭに含まれる微生物はみんな抗酸化性を持った蘇生型で、酸化の原因になるフリーラジカル（活性酸素）の発生を抑える効果がありますから」

「ＥＭを撒いた土の上にムシロを敷いて寝るだけで病気が治ります。狭心症で心臓が三〇％しか動かない人が実行したら、元に戻りました。俗に言う〝イヤシロチ〟（癒しろ地）とは、こういうものかと思いました。対極が〝ケガレチ〟（穢れ地）ですね」

巧みな話術で聴衆を引きつけていたのは、琉球大学農学部教授・比嘉照夫（一九四一年生まれ）である。他に㈶自然農法国際研究開発センター理事、㈶地球環境財団理事長、㈶日本花の会技術顧問などの肩書が並ぶ。ＥＭの開発者として、近頃は超のつく有名人になった。以上は九六年九月某日、都内で行われた講演会での比嘉の発言の一部だが、年間百回は講演をこなす彼は、どこでもこんな調子で話をしている。

EMは本来、農業用の微生物資材として開発された。土壌微生物の作物への養分供給機能は古くから期待され、わが国でも戦前・戦後にかけて熱心に研究された時期がある。近代農法の発達につれ忘れられていったが、化学肥料や農薬の弊害が認識され、有機農法や自然農法が注目され始めたのに伴い、再び脚光を浴びるようになった。

微生物資材メーカーも少なくない。全国にはその数、百とも二百とも言われる。気候条件のいい九州地区では有力な地場産業にもなっているようだ。出光興産や三井金属鉱業などの大企業も一部で参入している。

そうした時代背景の下、EMは登場した。

「農は国の基なるぞ。私の行動はすべてこの考え方に立脚しております。かつては私も、農業問題は化学肥料と近代農法で解決するのだと信じていました。が、私自身が農薬中毒になってみて、環境破壊や健康被害など、農業がいかにたくさんの社会的マイナスを生み出してしまっているかに気づいたんです。ガンやアトピーも誘発している。これでは国の基どころか、お荷物ではないかと」

どの講演でも、比嘉は地球環境の悪化を憂う。真剣で誠実そうな口調から伝わってくるのは、大いなる〝確信〟だ。そこで彼は、EMこそ地球再生の切り札だと畳みかける。

「EMで農業の生産性は上がるし、病気が減るので国の医療費も半分以下に減ります。詳しくは自然農法国際研究開発センターや、地球環境財団に問い合わせてください。金儲けではないので指導料はいただきませんが、成果が上がれば公開が原則です」

比嘉によれば、ＥＭは他の微生物資材では例を見ない大量五科十属八十余種の微生物を組み合わせてタンク培養した液体であるという。酸素が不可欠な好気性微生物と酸素を嫌う嫌気性微生物とが共存し、独特の〝波動〟を発する点に特徴があるそうだ。太陽熱をエネルギーに抗酸化物質やアミノ酸などを合成して植物の生育を促す光合成細菌が主成分だとか――。

化学肥料や農薬に代替できるだけでなく、米なら三倍、ミニトマトなら十倍という驚異的な収量をもたらすという。病害虫を遠ざけ益虫を招く性質を持ち、土壌改良効果もあるので連作も容易にするとしている。この他、糞尿が浮く汚水を飲料水に変えるほどの水質浄化作用がある、コンクリートの劣化や金属が錆びるのを防止する力がある云々。

比嘉の専攻は果樹園芸学だが、並行して微生物の研究もしていた。そこで十五年ほど前、余った微生物の入った水をぶちまけた草むらが異常に成育した偶然が、ＥＭの原点になったという。

業者から指導料は取らないと言うが、私が比嘉に直接聞いた説明によると、彼がＥＭの製造を認めたのは全国に三社だけで、またＥＭを使った商品を製造販売する場合、沖縄県宜野湾市の「㈱イーエム研究機構」（ＥＭＲＯ、並里康文社長）との間で「利益の五％は社会還元する」旨を約束する契約を交わしてもらっているそうだ。こうした条件を呑んでＥ

Mを取り扱う業者が全国に相当数誕生した。小売価格は原則として一律に定められている。たとえば原液一リットル二千円、EMXは同じく一万二千円。

比嘉の名がEMとともに一般的になったのは、九三年秋だった。彼の著書『地球を救う大変革』がサンマーク出版から出版されたのが契機になった。続編も含め、同書はこれまでに四十万部以上を売り上げたが、EMの大衆への浸透ぶりには、その勢いを上回るものがある。

もっともこれには前段がある。有力な経営コンサルタントである船井幸雄（船井総合研究所会長）が、EMは〝本物〟技術であり、それを開発した比嘉こそ〝本物〟人間だとして講演や著書の中で積極的に取り上げていたのだ。船井の紹介の仕方は、たとえばこんな具合だった。

「いいことだけあって、悪いことがないというものが、最近出てきました。これが〝本物〟というんです。その中の一つをお話しします。EMというものです。EMを世に出したいと思ってますので、EMの話をちょっとします。

八九年十月に私の会社が、スイスフランの転換社債を出しましたので、チューリッヒに行ってきました。調印式の後にパーティーがあった。スイス銀行の頭取の挨拶の中で、最近日本人というのは素晴らしいことをやると。世界の食糧難を解決しそうな開発をしたドクター比嘉がいると。同席した十三人の頭取さんがみんな頷いている。ドウユウノウ、ドクターヒガと聞かれたんですけど、知らないけど知らないと言えない雰囲気なんで、適当に誤魔化しておいたんです。それで徹底的に比嘉さんのことを調べたら、とんでもない人だというのがわかったんです……」

以上は九四年三月、山口県下関市での講演会で船井が話した内容を、関係者が残していた速記録からの引用である。『地球を救う大変革』以後の発言だが、私が確認した限り、船井が比嘉を持ち上げる場合の語り口は、それ以前も現在も、ほぼこれと同じである。

船井の講演をもう少し続ける。大衆にわかりやすい比嘉の視覚的なイメージは、船井が作ったと言っていい。

「私は『これから10年本物の発見』という本を去年（筆者注・九三年）の六月頃に出したんです。四月に原稿ができてて、本人の了解をとろうと沖縄に行きまして、〝比嘉さん、ＥＭのことを本に書きたいんだがどうだろうか〟と聞くと、〝やめてくれ〟と言うんですよ。〝これが出ると農薬メーカー困るよ〟と言いました。〝化学肥料メーカー困る、農協困る、農林水産省もっと困る。大学の先生方も困る。全部失業せんといかんぐらいだ。あと四、五年たったら医者と製薬会社が困る。俺もっと気楽に生きたいから書かないでくれ。それでなくても脅迫電話がかかってきて仕方がないんだから〟ということだったんですが、〝そんなこと言ってる暇ないよ〟と強引に説得しまして、最後はジャンケンしようと。で、私が勝ったので、本に書きました」

そして船井によれば、彼の語るＥＭと比嘉にサンマークの編集者が着目し、『地球を救う大変革』の出版が企画されたという。後に九五、九六年にかけて、空前のベストセラーになった田園都市厚生病院院長・春山茂雄の『脳内革命』で注目されることになる船井―サンマークの連携プレーのパターンは、すでにここで確立していた。

いずれにせよ船井の後押しは、EMと比嘉の人気を煽り、拍車をかけた。

比嘉によれば、EMはその後、それによって既得権益を侵される側の激しい抵抗に遭いながらも、社会的に認知されるに至ったという。行政の世界でも、中央官庁では積極派が優勢になり、県レベルでも十余県が本格的に取り組んでいるほどだという。

これも比嘉によれば、EM活動を行っていない市区町村は皆無だそうだ。神奈川県三浦市では農協・生協・市の三者および市民が共同でEMを使った生ゴミリサイクルを展開しているし、急速な人口増加で汚染が進む千葉県の手賀沼では、周辺三市が共同でEM処理による湖水浄化計画に乗り出した。どの市区町村でも同様の生ゴミ処理や汚水の浄化が中心だが、他の目的への応用も加速度的に広がっているという。比嘉の総監修による『EM産業革命』は、EM処理によって有効利用された生ゴミは、九四年度の時点で五十万トン余、金額にして百五十億円余だったとの試算を示している（20ページ）。

海外では国内以上の評価を得ているともいう。タイやブラジルは言うに及ばず、インドネシアやブータンでは国連の食糧増産計画の中心的技術とされ、将来の深刻な食糧難が予想される中国やインド、北朝鮮、あるいはチェルノブイリ原発事故の後遺症に悩むベラルーシなどでは、EMの普及体制が急速に整えられつつあると、比嘉は語るのである。

「北朝鮮がEMを導入したのは三年前からです。最初は平壌《ピョンヤン》の南の水田地帯で、五ヘクタールほどから始めた。九七年度からは国土全域で使いたい、それで二〇世紀末までには食糧自給を果たしたいと言っていますね。EMなら何とかできると思いますよ。つい先日も、北朝鮮科学技術委員会の副委員長に会ったばかりです」

〝真理〟としてのEM

初めに岐阜県可児《かに》市があった。早くも九二年にEMによる生ゴミ処理対策を開始した同市の〝先駆的〟な事例を、『地球を救う大変革』は、こう報告していた。

〈家庭から出される生ゴミの量が、全国どこの地域でも増加していて、その処理に多くの地方自治体は苦慮しており、ゴミ非常事態宣言を出している。可児市もその例外ではなく、現有のゴミ焼却場の能力が限度にきており、新しい焼却炉の建設計画を立てたところ、建設予定地の住民から猛烈な反対の声があがったのです。

その反対運動グループのメンバーだった一人が、たまたま私の著書『微生物の農業利用と環境保全』を読んで、EMが生ゴミ処理にも役立つことを知り、まず自分で試してみてから、市役所に「これを使ったらどうだろうか」と提案したのです。

ただなんでも反対するだけでなく、代案をもっていくことは正しい住民運動のあり方ですが、またそれを受けたお役所の対応も、これまでの常識からすれば模範的なものといえます。「なるほど、面白いかもしれない。ひとつ研究してみましょう」。官民一体でいろいろ研究した結果、「EMを使えば、各家庭から出る生ゴミを大幅に減らせるのではない

か」との見通しが得られたのです〉(89〜90ページ)

市民が行政を、それも日頃あまり顧みられることのなかった環境問題の領域で動かした。可児市はEMのモデル都市に擬せられ、全国の自治体の関係者が見学に押し寄せるようになる。開いた風穴は大きかった。

役人は前例のないことはやりたがらないが、逆に前列があれば、大抵のことはやってのけるだけの能力も権力も持っている。行政での実績が積まれるにつれ、比嘉の〝理論〟は、より大胆になっていった。

〈「万能は存在しない」というのが、この世の常識であることは私も否定しない。だが、私がこの常識に対して、あえて挑戦しているのは、現在の科学技術や学問的理論のすべてが「エントロピーの法則」の上に立脚しているからに他ならない。(中略)EM技術は、従来不可能とされていた「エントロピーの回収」をも実現する技術なのである。したがって、「万能でなければ、EM技術はニセモノ」ということになるのである〉

九五年暮れに出版された、上智大学教授・渡部昇一との共著『微生物が文明を救う』の一節である(200〜201ページ)。比嘉はさらに、EMを文明論にまで昇華させていく。

〈EMは地球誕生の頃から存在した微生物たちの直系の子孫である。彼らがかつてアンモニアやメタンの大気を酸素に満ちたものに変えたように、彼らの力を借りれば、さまざまな有害物質に満ちた現在の地球環境を蘇生できるはずだ。(中略)

これまでの科学は、地球進化の流れをまったく無視した形で進んできたと言える。

人類は、嫌気性微生物たちが創りだした酸素を消耗し、地球が蓄えてきた石炭や石油などのエネルギーを消費し、大量の炭酸ガスと汚染を放出してきた。それが文明であり、進歩だと考えられてきた。だが、それは間違いである。もう一度、地球進化の正しいサイクルを取り戻して、崩壊の文明から蘇生の文明へと転じなければならない。それが、私たちにＥＭが教えてくれている「真理」なのである〉（２１１〜２１２ページ）

農業用途の微生物資材が、いつの間にか〝真理〟になってしまった。

こうなれば、何が起こっても不思議ではない。医師たちが集まって「ＥＭＸ医学研究会」（会長・岡本丈医博）を組織する。医師でもある埼玉県和光市長の田中茂は、自ら経営する病院に「ＥＭＸ予防医学研究所」を設置した。

現在、これらに何らかの形で関わり、ＥＭＸを患者に飲ませたり注射したりしている医師が全国に五百人ほどいる、と比嘉は言う。私が入手した「ＥＭＸ医学研究会」の名簿によっても、確かに参加者は全国の町医者から国公立および私立病院の院長、勤務医、大学教授まで幅広い。また外科、内科はもとより、耳鼻科、精神科、皮膚科、産婦人科、肛門科、歯科、眼科……と、あらゆる専門分野を網羅していた。

彼らの多くは、ホリスティック医療を志向する医師たちだ。人間の自然治癒力を重視するこの考え方がニューエイジ運動《ムーブメント》から派生した思想潮流の一つであることは指摘済みだが、わが国における推進母体である日本ホリスティック医学協会に問い合わせたところ、厳密にはニューエイジから派生したヒューマン・ポテンシャル運動（六〇年代のアメリカで台頭した潜在能力開発運動。いわゆる自己啓発セミナーもその一種）の医学的な領域が枝分かれしたものとの評価が一般的であるとの返答を得た。九五年十二月に同協会が東京・新宿の東京医科大学病院で開催した「ホリスティック・フォーラム」の案内にも、同じ趣旨の記述があった。

ヒューマン・ポテンシャル運動

ＥＭＸのルーツとも言えるヒューマン・ポテンシャル運動の歴史的経緯について、ここで若干触れておきたい。

六一年、米国の心理学者マイク・マーフィーが、カリフォルニア州の海辺の村、ビッグ・サーに「エサレン（エスリン）研究所」を設立した。それまでもユング心理学の強い影響を受けた同様の考え方や方法論は存在していたようだが、その後のヒューマン・ポテンシャル運動は、このエサレンを中心に発展していくことになる。

エサレンとヒューマン・ポテンシャル運動の歴史を綴った『The Upstart Spring』（W. T. Anderson 著）などの文献や、この分野における長年の研究者である元横浜国立大学教授の伊東博（一九一九～二〇〇〇、心理学）の話などによれば、エサレンは研究所であると同時に共同体でもあった。そこには当時の代表的な心理学者エイブラハム・マズローや、後にトランスパーソナル心理学の中心的人物となるスタニスラフ・グロフ、精神分析医フリッツ・パールズといった面々が集結して、ドイツのゲシュタルト心理学（知覚や思考などの心理過程を諸要素の集合として説明する連合心理学や構成心理学を批判して、心理過程を分解することのできない一つの全体として説明する二十世紀初頭に生まれた心理学＝『社会学事典』弘文堂より）や東洋のヨガ、瞑想を基にした心理療法やエクササイズを発展させ、全米に広めていった。

やがて、このエクササイズを企業の教育訓練に応用し、商売にしようとする動きが出てくる。ＮＡＳＡ（米航空宇宙局）が、プロクター&ギャンブル（家庭用品メーカー）が、シェアソン・リーマン銀行が、元セールスマンのワーナー・エアハルドが設立した「ＥＳＴ」などの教育訓練業者に群がるようになった（Ｒ・ストーム『ニューエイジの歴史と現在』155〜157ページ）。

七〇年代後半あたりから、そうした業者が、わが国にも上陸してくる。やがてバブルの時代、凄まじい勢いで増殖することになる〝自己啓発セミナー〟の萌芽だった。

「エスリンの精神は、エアハルドのために完全にねじ曲げられてしまいました。それでもアメリカでは玉石混淆だったが、日本には企業研修への普及を狙ったものばかりが乗り込んできて、正統な運動はまったく入ってこなかったんです」

元横浜国立大学教授の伊東が語る。ヒューーマン・ポテンシャル運動の理想には共鳴している彼がそのように確信したのは、八五年頃、実際に代表的業者であるライフダイナミックス社のセミナーに招かれてからのことだった。

〝It's up to you to decide.〟（決めるのはあなただ）の言葉を皮切りに、東京・西新宿の住友ビルで二日間、日比谷の日本生命ビルで二日間の合計四日間にわたって続けられたプログラムでの伊東の見聞は、わが国の管理職教育の裏面史を追ったジャーナリスト・福本博文の手で、すでに活字になっている。福本の著書『心をあやつる男たち』から、一部始終を引用する。

セミナーの最終日――。

〈受講者は各々眼をつぶって歩き、誰かとぶつかると、「I Want ～」と自分の欲しいものを言うのだ。これを何回もおこなう。すると、会場の若者たちは「金が欲しい」「出世したい」「女が欲しい」「愛情が欲しい」などと熱狂的な表情で叫ぶ。欲望を強引に吐露することによって、無意識のなかに隠されていた欲望が引き出されてゆく〉〈セミナーも終わりに近づいた。受講者は椅子に座って眼を閉じ、いま自分の前に母親がいると仮定して、「お母さん」などと声を出して叫ぶ。母親の髪の毛、眼、鼻、口、頬、眉、顎を、感情を込めて手で触る真似をする。そして、心から言いたいことを声に出して言う……〉〈場内は、泣き声の渦に包まれていた〉〈その興奮が覚めないまま、グループごとに輪になった。会場には「誕生日」を祝うフォークソングふうの歌が流れ、全員で合唱をはじめた〉〈歌いながらすすり泣く者がいた。ひとりが泣くと、つられてもうひとりが泣く。二百三十人が一体となった集団が持つエネルギーは、凄まじい迫力であった。そして今度は一列になり眼をつぶるように指示が出された〉〈「しっかりと感じとりましたか。では、静かに眼を開けてみてください」〉〈受講者二百三十人の眼の前には、隣の部屋で控えていた彼らの紹介者がそれぞれ立っていた〉〈会場は号泣の渦に巻き込まれ、床は涙で濡れた。人数が二倍に膨れ上がった部屋の熱気は、見る者を圧倒した〉〈「ありがとうございます」「よかったね」「お蔭さまで生まれ変わった」「わかってくれて嬉しい」「人間って本当に素晴らしい」「もっと多くの人と分かち合おうね」……〉（１８２〜１８４ページ）

洗脳と言っていい。伊東は深い嫌悪感を抱き、精神に異常をきたす受講者が出てくる可能性を心配したという。

「ライフダイナミックスのロバート・ホワイト社長が、私に日本での活動に協力してもらいたい、と言うので見学させてもらったのですが、あれでは……。少し厳しいことを話したら、それっきりになりましたが」

それでも、わが国の多くの企業は彼らを受け入れた。一時は自己啓発セミナーの手法による企業の教育訓練が横行して精神的な被害を受けたり、マルチ商法の格好の標的にされるサラリーマンが続出したという（同書２１０〜２１４ページ）。

洗脳による社員の教育訓練が、企業側にとって都合のよいことは間違いない。が、さしたる批判も抵抗もなく、そうした手法が職場に浸透していったのは、ヒューマン・ポテンシャル運動らしいもの、ニューエイジ運動《ムーブメント》めいたものを歓迎する心性が、社員の側にも醸成されていたからに他ならなかった。八〇年代の先進各国で現出したバブル経済が、そうさせたのである。

ストームの『ニューエイジの歴史と現在』の、この時代の分析は圧巻だ。

〈一九六〇年代には、カウンター・カルチャーを信奉する無数の人々が、資本主義の自己破壊的なシステムからの自由を希求して、コミューンを求めた〉〈コミューン支持者が主張する労働倫理は（中略）お金によって価値を判断するのではなく、ある仕事を成し遂げるに必要なエネルギーによって価値を判断しようとしたのである〉〈一九八〇年代になると、六〇年代に自分自身を見出そうとしてドロップ・アウトしたものたちの多くは、抵当債券を担って家族の中にいる自己を見出したのである。彼らはそれでもなお「愛こそすべて」だと信じていたかもしれないが、愛するためには、内的生活においてと同様、外的生活においても豊かでなければならなかった〉〈さまざまなグルたちも、彼らのこうした変遷を巧みに導き、彼らのブランド志向の生き方が、霊的悟りと調和するよう指導したのである〉〈「物質的貧困は、決して霊性に至ることはない」と述べたのは、バグワン・シュリ・ラジニーシ（筆者注・米国オレゴン州のカルト集団「ラジニーシ・ファウンデーション」の総帥で、サルモネラ菌を使った殺人未遂で逮捕された人物。第一章でも触れた）であった〉〈自己宗教の眼目は、個人に真の自己を発見させる点にあった。そうすることで、個々人は、資本主義体制の有力な一員となることができ、その利益を亨受しながら、しかも資本主義体制の変革に協力できる。自分たちの内面のパラダイスを職場に浸透させれば、大きな取引それ自体が、ユートピアのエンジン・ルームになる、というのである〉〈自己宗教が、経営術という形で労働現場に持ち込まれることによって、職場それ自体が悟りの道場

となった〉（151〜154ページ）

ストームのこうした分析を読んでいくと、八〇年代に米国のビジネススクールなどで日本的経営が盛んに賞賛され学ばれたのも、日本的経営それ自体に、〝自己宗教が経営術という形で労働現場に持ち込まれる〟という側面がもともと強かったからだということがわかってくる。日本的な無私の忠誠心を従業員一人一人に植えつけることができれば、コストパフォーマンスでそれに優る労務管理政策はないという事実を欧米の経営者たちの合理主義が理解したのは、時代がもたらした〝歴史的必然〟だったのである。

わが国では今日、自己啓発セミナーそのものを社員の教育訓練に採用している企業はそれほど多くない。が、他の各種洗脳ノウハウとともに、その方法論は継承され続けている。この点については次章の船井幸雄の項で詳しく述べることにする。ＥＭの比嘉照夫を売り出した船井は、もともとそうした世界に生きてきた人物なのだ。

ＥＭ環境教育

企業の洗脳教育に応用されたヒューマン・ポテンシャル運動から派生したホリスティック医療運動は、これも本来の学問思想運動としての志はともかく、大衆レベルでは根拠の乏しい民間療法や、いかがわしい健康食品の類を数多く生み出してしまっている。殊に最近は、ＥＭＸと同じように、体内のフリーラジカル（活性酸素）発生を抑えて酸化を防ぎ病気を予防すると謳った商品や治療法が目立っており、悪質な業者による被害が急増していると伝えられる（「日テレ・TBSが推奨番組／アトピー療法に苦情」『AERA』九六年九月二日号など）。

が、現実に病に冒され、普通の病院の治療ではなかなか改善されない症状に悩む人々にとっては、非科学的で、神秘的な対象であるほど、かえって信じられるものになりやすい。プラセボ（偽薬）といって、ただの水でも患者が特効薬だと信じて飲めば効いてしまうケースが案外少なくないとは、どの医師も認めるところだ。

自分の病院に「EMX医学研究会」を発足させた和光市長の田中茂（一九二五〜二〇一二）は、私の取材に答え、こう語ったものである。

「EMは丸山ワクチンのようなもんなんです。私は臨床医だから、理屈はどうでも、患者に効きさえすればいいんでね。肝臓ガンを手術したけど肝硬変が残っていた女房と、私自身とが最初に試し、これならというわけで」

種痘を発明したエドワード・ジェンナーを連想させる美談にも彩られて、EMは単なるブームではなくなった。「㈱イーエム研究機構」自身が〈EM活動は共存共栄の新社会運動である〉と宣言したこともある（季刊『あしのうら』九六年四月号）。

近年になって急速な勢いで広まりつつある環境教育の具体的な教材として、EMを学校現場で取り上げる教師も増えてきた。任意のサークル「教育技術法則化運動」（TOSS、会員数約六千人）に参加する小学校教師たちは、有害な微生物をバイキンマン、EMをアンパンマンになぞらえて、「ＥＭＸは超能力を持っている」と、子供たちに教えている。

ＴＯＳＳ代表で東京都大田区立池雪《ちせつ》小学校教諭でもある向山洋一（一九四三年生まれ）の授業スタイルが、そのまま彼らのモデルになっているという。向山の著書『ＥＭを学び、教える』によれば、それはこんなやり方だ。

――まず、自然と社会のメカニズムを図式化した基本サイクル図を示す。そこには自然から取り出された資源が加工されて製品となり、人間に消費された後にゴミとなって、再び自然に還っていく循環が描かれている。向山はそこで、

「このゴミが自然に戻っていれば問題はないんです。グルグル回ることを〝サイクル〟と言います。日本語で言えば〝循環〟と言います。仏教で言えば〝輪廻《りんね》〟と言うんです。みんな同じです。でも、これがどこかでプッツンしているんです」

どうすれば解決できるのか、向山は生徒たちに話し合いをさせる。物を大切にとか、自然に有害なものを使わないといった意見が出る。大事なことだが、それだけでは駄目だと言う。

子供たちの話し合いが煮詰まったところで、向山は話題を変える。水道水と池の水の拡大写真二枚を見せ、こう語りかけるのだ。

「これはね、水道の水と池の水に、あるものを混ぜておいたんです。そして一カ月、二カ月、そのままにしておくの」

さらに澄んだ水の拡大写真を提示して、

〈「こんなに汚れていた水がきれいになっちゃうんだよ。どうして、こんなにきれいになっちゃうんだと思う？　さあ、みんなどう思う？」

「虫たちが食べちゃったから」

「微生物だ」

「薬を入れたんだ」

「薬を入れたと思う人？」

（挙手多数）

「微生物だと思う人？」

（挙手多数）

「これはね、微生物なんです」

〈「微生物に〝人の役に立つように手伝ってくれませんか〟ということを考えだした人がいます。

琉球大学の比嘉照夫先生です。これが、そうです（EM液のビンを見せる）。このなかには、全部で八〇種類以上の微生物が入っています。人間の役に立つ微生物だけです。そして、この微生物に協力してもらって、悪くなっているいろいろなことをストップする――そんな試みに、世界でいま八〇カ国くらいが取り組んでいます。でも、これをつくったのは日本人です」〉（『EMを学び、教える』54～83ページ）

実際、たとえば東京都世田谷区立喜多見小学校のある教諭は、向山のやり方を担任クラスで実践している。彼がその模様や背景の考え方を保護者に伝えようとしている学級通信を、私は入手した。

題して「環境教育への挑戦」。それによれば、この教諭は向山同様、生徒たちに環境問題の現状を示し、理解させた上で、こう考えたいと説いている。

〈今までの環境教育は、ここから、

では、どうすればいいでしょうか？

と問うものであった。

子ども達からはどんな考えが出されるだろうか？

・物を大切にする　・リサイクルに心がける　・汚いものをなるべく流さないようにする。

これぐらいであろう。これは無理もないことである。仮に保護者の皆さんが同じ事をたずねられても、同じ事しか答えられないのではないだろうか。（中略）

大人が考えても結論が出ない問題を子どもに考えさせ、あげくの果てに「このままでは、君達が大人になる頃は大変な時代になっているねぇ」ということは教師として私は断固、できない。

教師としてこの仕事に就いたからには「明るい未来」を子どもと共に語りたい。その方法はないのか？

探して探してたった一つ、あった。

現在ではたった一つである。

それは、微生物を利用した環境の浄化である〉（学級通信九六年十二月二十四日号）

学校の授業に、ある程度の誘導は不可避だろう。が、ＥＭそのものの是非以前に、評価が真っ二つに分かれていて、しかも価値観の根本に触れるような事柄を、無防備な子供たちが絶対視するように持っていくことが妥当だとは到底思えない。

そう問うと、ＥＭ環境教育の総師である向山はかえって胸を張った。彼の口ぶりは、あたかも増税を語る時の自民党政治家や大蔵官僚のようだった。

「比嘉先生の仰ることがすべて絶対だと考えているわけではありません。しかし事実は事実として教えます。人類にはもうあまり時間がない。危険だの何だのと言いだしたら何もできません。本当はよいことなのに、五年、十年経たないとわかってもらえないこともある。ＥＭもそうです」

向山によれば、いまやＥＭ教育の拠点となっているＴＯＳＳ（教育技術法則化運動）はもともと、六〇年代半ばに東京・大田区の小学校教員になった彼とその仲間たちが始めた勉強会だった。彼らは日教組の組合員ではあっても、会として格別の思想性は打ち出さず、あくまでも授業技術の研鑽に専念してきたと言う。京浜工業地帯のど真ん中という土地柄もあり、自然環境の問題には初めから関心が強かったそうだ。

向山は続けた。

「その後しばらくして騒がれるようになった公害問題は、まだしも地域や加害者が特定できました。現在の地球環境問題というのは、世界中の人間全員が加害者でも被害者でもあって、正直、どうしようもない。そう思ってたところに、ＥＭが出てきたんです。たとえば今、最もひどい環境破壊であるチェルノブイリ原発事故の被害を解決しようとする科学者が、比嘉先生の他にいますか？　やってやろうってスタンスの問題です。何とかなるはずだ、と比嘉先生だけが言った。これが本当の科学者の態度じゃないですか。称賛されこそすれ、非難される謂《いわ》れなんか、これっぽっちもないじゃないですか」

チェルノブイリを解決せんとする比嘉の意気や壮なのは確かである。が、だからといって、彼の主張や行動のすべてが、どうして〝真理〟になってしまうのか。

やり切れなくなった私は、その後、ＥＭ以前の向山に関する資料を集め、取材を進めてみて、またしてもため息をつく羽目になる。『日本経済新聞』八八年二月二十九日付夕刊には、ＴＯＳＳに関する向山自身のこんな形容が残されていた。

「教育の場でのＱＣサークルといったところですかね」

向山にとって学校とは、工場の生産現場と同じなのだ。いくつかの民間教育団体は、当然のように彼を非難した。――カリスマ向山洋一が支配する〝学校ＱＣ〟である法則化運動は子供を効率的に管理する技術に過ぎず、しかも教師が思索する機会を奪ってしまう――。

だが逆に、各地の教育委員会や校長ら、教育界の指導的立場にある人々は、向山と彼の法則化運動を大歓迎したというのである。

ジャーナリストの斎藤茂男（一九二八〜一九九九）は、八八年当時、こう指摘していた。〈この運動にいま熱烈ラブコールを送っているのは文部省である。学習指導要領の改訂とも絡んで、文部省はこの運動が現場で支持され、広がってくれることを期待すると明言している。新種とはいえ民間教育運動の流れのなかに生まれた運動であるはずなのに、官の側がそれに寄りそってくるのはなぜなのか〉（「『法則化』教師たちはどこへ行く」『「教育技術の法則化運動」症候群』11ページ）

取材を積み重ねた後にこの記述に出会った私は、ＥＭを超能力だと教える向山のやり方の本質を表現するのに、多くの言葉は必要ないと思った。わずか一言で事足りる。

愚民教育。

「国立大学教授のやることに間違いはない」か

当然のことながら、ＥＭあるいは比嘉の主張の非科学性・非論理性は、批判の対象にもなってきた。とりわけ日本土壌肥料学会所属の農学者たちの反発が激しい。九五年四月の同学会では、東京農業大学教授の後藤逸男（一九五〇年生まれ、土壌学）が、ほぼ全面否定の痛烈な発表をしている。

「比嘉先生の本も読みましたが、土壌学の基本もご存じなく、とても認められない、自然科学の対象にはなり得ないと思い、やるせなくなりました。相手にもしたくなかったけれど、農家の方々が関心を示している以上、こういうものにきちんと反論するのも農大の仕事だと考え、取り組んだんです。

　ＥＭはイカサマ。これが結論です。ＥＭボカシで収量が増えたという農家はありますが、それはボカシにする米糠などの有機質肥料や、畑に残っていた前年までの化学肥料が効いたか、他の家の畑の肥料が地下水で回ってきたまでのこと。化学肥料をやり過ぎていた農家が突然止めると、ちょうどよくなるんです。その証拠に、年を経るにしたがって収量が減っていったというケースばかり。こういう〝自然農法〟を、私は〝お余り農法〟と呼んでいます。農薬や化学肥料まみれの近代農法が嫌だという気持ちはわかりますけど、日本の土壌は残念ながら、自然農法ができるほど肥沃じゃないんです」

と、後藤は語る。比嘉がＥＭの主成分だと強調する光合成細菌も放線菌も、後藤の分析ではまったく検出されなかった。

　土壌肥料学会の前会長で東京大学教授の茅野充男（一九三六年生まれ、応用生命化学）も手厳しい。

「ＥＭは科学のスキャンダルです。新しい発見は、まず他の研究者が追試できるよう実験方法を明示した論文を学術雑誌に発表し、その上で世間に問うのが科学者の基本ルールでしょう。あの常温核融合の騒動の時でさえ、権威ある学術雑誌での論争があった。しかし比嘉先生は、まともな論文など一つも書いていない」

　茅野は後藤の発表の直後から、学会に「微生物資材専門委員会」を発足させ、ＥＭを含む微生物資材の徹底的な比較検討を進めて、一年間で後藤同様の結論を導いた。九六年八月には東京農大で「微生物を利用した農業資材の現状と将来」をテーマにしたシンポジウムを開き、現状では未知の部分があまりにも多い微生物資材の可能性には理解を示しながらも、ＥＭについては「評価に耐えるものではない」とする見解を明らかにした。

土壌肥料学会はまた、現状のような混乱を避けるためには、微生物資材にも化学肥料や農薬と同じように客観的な評価・検定基準が必要だとして、具体的な提言を行っている。規制の甘さが詐欺的な商法を野放しにする結果となっているという判断だ。

ＥＭの研究に協力したことのある学者からの批判もある。京都大学農学部助手の西村和雄は肩をすくめた。

「比嘉さんは、陽がよく当たって生育競争のない、最高の条件を与えたプランターでの実験で得られた数字を、そのまま掛け算して〝十アールあたり何俵〟なんて言ってるだけ。実際の畑や田では、絶対にそんなことにはなりません。たとえば稲で、本当に彼の言うような収穫ができたとしたら、びっしり密集した稲穂の上を歩けてしまいますよ」

後藤論文の発表前後から、〝ＥＭ信者〟だった各地の農家にも不安が広がった。このため、ＥＭによる生ゴミリサイクルを手がけたものの、うまくいかずに撤退する自治体も出始めた。

神奈川県平塚市の担当課長の話はこうである。

「生ゴミをＥＭボカシで処理しただけでは、水分が多すぎて、農家が使ってくれないんです。ペレット加工もやってみましたが、今度は採算に合わなくなる。それでも強行するほど、私どもはＥＭを信頼していない」

比嘉の主張のポイントが、近頃は本職の農業から医療など他の分野に移りつつあるのは、このあたりにも理由がありそうだ。前記の都内での講演会の質疑応答の際にも、こうした経緯を踏まえた質問が発せられたが、比嘉はムッとした表情で、こう答えていた。

「私は責任ある国立大学の教授ですよ。……東大や東京農大の人たちが否定したがるのは、彼らのやり方が悪いからです。極端な話、効くまで使えというのが私のやり方なんだ」

既存の秩序を否定しようとする人が、国立大学教授の地位を笠に着る。滑稽なほどに矛盾した比嘉の態度は、さすがに聴衆の失笑を誘っていた。

ルーツは世界救世教の内部抗争

偉大な発明や発見は、それによって既得権益を侵される旧体制の迫害を受ける、とは世直しを唱える人々がしばしば口にする嘆きである。丸山ワクチンの顚末は、確かにその通りの現実を示していたかもしれない。だが、ＥＭ現象やそれをめぐる論争や対立を、同じ構図で単純に理解してしまっては、本質を見誤る。

冒頭に登場した岡山県船穂町の浅野年彦は九六年九月、ＥＭ堆肥プラント建設を強行した町長を相手取り、工事代金と同額の一億二千六百六十九万円の損害賠償を船穂町に支払うよう求める訴えを岡山地裁に起こしている。浅野はこの際、百三十万円以上の請負工事の随意契約を禁じた地方自治法二三四条違反、公序良俗に反する法律行為を無効とする民法九〇条違反の他、政教分離原則を定めた憲法二〇条三項、同八九条違反を請求の原因に挙げた。すでに少し触れた通り、EMと世界救世教とは、密接な関係があるからだ。

この事実は、ことさらに秘匿されてきたわけではない。『地球を救う大変革』でも、比嘉は教祖の岡田茂吉（一八八二〜一九五五）を〈私のEM技術に正しい思想を与えてくれた〉（220ページ）人物だと述べている。ただ世界救世教は、長年の内部抗争の渦中にある。EM現象のルーツは世界救世教、というより、むしろその内部抗争にあった。

教団史『世界救世教物語』などの文献によると、世界救世教は大本教の宣伝使で東京の大森支部長だった岡田が一九三四（昭和九）年に独立して結成した教団である。当初は大日本観音会と称した。やはり大本教から出た谷口雅春が創設した生長の家とは兄弟のような関係にある。

当時大本教には、自由で、ある種学究的な雰囲気があったという。そのことが分派を出しやすい体質に繋がったと指摘されている（井上順孝ほか編『新宗教事典』74ページなど）。宗教団体は、その母体となった教団の影響を免れ得ない。古神道的な大本教の特徴のうち、生長の家が万教帰一、万教同根的な宗教観を色濃く継承したのに対して、世界救世教は鎮魂帰神を中心とする霊術を中核とした布教活動の方法論を踏襲したとされる。岡田茂吉はそれでも、手かざしによる治病儀礼（浄霊）や薬を毒と見做す思想、無農薬自然農法の主張と実践、地上天国の雛形としての聖地など独自の宗教伝統を生み出していったが、分派を出しやすい体質は、大本教の伝統をそのまま引き継いでしまった。

戦後間もない時代、また五五年に岡田が亡くなった直後と、世界救世教からの分離独立の目立つ時期が相次いだ。世界真光文明教団、神慈秀明会などが有名である。さらに教団の中央集権化が推進された七〇年以降は、より激しい内紛や分裂が何度も繰り返されてきた（『新宗教事典』74〜88ページ）。

そうした過程で、世界救世教には政治家が介入するようになっていく。過去のマスコミ報道を繰るだけでも、福田赳夫《たけお》、中曾根康弘、加藤六月《むつき》、安倍晋太郎、石原慎太郎……と、数えきれないほどの自民党議員が教団との関係を取り沙汰されてきていることがわかる（たとえば早川和廣「世界救世教を食い散らした『総理大臣』」『現代』八六年六月号）。政治家たちとの関係で、戦前からの右翼・松本明重が介入したり、わが国最大の広域組織暴力団・山口組三代目組長・田岡一雄の長男である田岡満が内紛の調停役を務めたこともある。

そうした中、世界救世教は八二年三月、重要な教義のひとつである自然農法の研究を目的とした任意団体「自然農法国際総合開発センター」を設立した。比嘉照夫は同じ年の暮れ、琉球大での教え子との縁でセンター指導を頼まれたのだが、当初は研究レベルの低さに唖然としたと言う。

「まるで実体が伴ってない。これでは詐欺じゃないか」

「そうならないために研究しているんです。先生、ぜひ協力してください」

教え子との間にこんなやり取りがあり、岡田茂吉の思想に共鳴したこともあって、比嘉は依頼を引き受けた。石垣島の農場で、彼は微生物資材を使った農法の指導に情熱を傾ける。八五年秋、同センターが「自然農法国際研究開発センター」（以下、自農センター）と名称を改め財団法人化された際には設立発起人となり、役員としても名を連ねた。

ところが翌八六年五月、教団は「再建派」と「新生派」とに大分裂してしまう。八四年に少数派の「護持派」が結成されていたから、合計で三派に分かれたことになる。株の仕《し》手筋《てすじ》「誠備グループ」との関係やダ・ヴィンチの絵をめぐる不正融資事件が騒がれたのはこの頃だ。三代目教主の岡田斎《いつき》、続く四代目の岡田陽一は、ともに再建派が確保した。この構造は、現在に至るまで基本的に変わっていない。

三派はその後、教団総本部が置かれてきた静岡県熱海市を拠点に、事務所を別にしながら、二十件にも及ぶ三つ巴の訴訟合戦を展開してきた。とりわけ再建派と新生派とは、それぞれが擁立する川合輝明、松本康嗣の教団総長および自農センター理事長としての正統性を争い続け、今も泥沼の係争のただ中にある。この過程で新生派弁護士の木川統一郎が、中央大学教授時代に国際勝共連合系とされる『中央キャンパス新聞会』会長だったことなどから統一教会との関係を疑われた経緯もある（木川は新生派の機関紙で否定。岩崎武『世界救世教裁判を批判する』28～29ページなど）。

比嘉は世界救世教に対し、独特の解釈をしていた。九四年に渡部昇一や船井幸雄との鼎談を中心にまとめた『本物の世紀』（ＰＨＰ）に、彼はこう書いている。

〈私自身は信者でもなく、また世界救世教を宗教団体とは思っておらず、岡田思想を実現する「地上天国建設集団」としてとらえて〉いる、と。

この捉え方は必ずしも不自然ではない。微生物資材と宗教団体の密接な関係は、何もＥＭと世界救世教に始まったことではなかった。

終戦直後、名古屋で豆腐店を営んでいた島本覚也という人物が大本教に入信し、この教団が取り組んでいた〝酵素農法〟と呼ばれる一種の自然農法に魅せられて、やはり微生物の活用によって土壌改良を図る〝島本微生物農法〟を発案している。島本は微生物が分泌する酵素こそあらゆる生命活動の要であるとし、こう唱えていたという。

「コーソは万有の生命を育てるものであり、育てるものは愛であり、愛は善と道に通ずる、これコーソ法にあらずコーソ道なり」（島薗進『精神世界のゆくえ――現代世界と新霊性運動』285ページなど）。

前述のように、大本教は世界救世教の源流であり、その発想もよく似ているが、それにしても微生物資材の研究が特定の宗教団体の下でしか行えないということではなかったわけだ。このあたりの柔軟さ、曖昧さこそ、ニューエイジャーたる比嘉の真骨頂だとも言える。

八六年の大分裂以降、比嘉は新生派に同調した。彼の研究成果はやがてＥＭと名づけられ、同派に活用されることになる。

「教祖の教えとはいえ、自然農法の実践はきわめて難しい。新生派はＥＭを宣言し、生ゴミ問題を入口に普及を進めたことで、法廷戦術上、自らの正統性を主張する格好の材料に仕立てたんです」

再建派関係者の話だから多少割り引く必要があるが、確かに新生派は、九〇年代になってEMの普及イコール宗教活動と弁《わきま》え、組織的に行動してきた。私の取材に対し、複数の新生派幹部は、可児市でEMを持ち出した焼却炉建設反対運動のリーダーや、やはりEMによる生ゴミ処理の先駆けとしてしばしば取り上げられる香川県高松市の担当課長が、いずれも自陣営の熱心な信者であることを認めた。他の地方で行政を動かした市民運動の中にも、実は背後に新生派が控えていたケースが少なくないそうである。

逆の場合もある。環境問題への関心が強い首都圏のある市民団体は、背後の宗教団体の存在などまったく知らないまま、真剣にEMによる生ゴミリサイクル運動に取り組んだ。彼らの熱意は地元自治体を動かし、市民会館でEMのイベントを開くところまでこぎつけた。と、どこからともなくたくさんのボランティアが現れ、資料の収集も、会場の設営も手伝ってくれた。

が、ある男性メンバーは回想する。

「気がついた頃には、いつの間にかEMの普及員に仕立てられそうになっていました。私をはじめ、世界救世教新生派の思惑に勘づいたメンバーは活動から離れようとしましたが、しばらくの間、連日の無言電話と、深夜、家の周りを黒塗りの車に監視される恐怖に悩まされました。家族まで巻き添えにされたらと、本当に恐ろしかった」

再建派が手を拱《こまね》いてきたわけではもちろんない。EMのマイナス情報をマスコミを通じて積極的に流した。傘下の「㈶微生物応用技術研究所」は九五年、日本土壌肥料学会に百万円を寄付し、併せて微生物資材に関する研究を委託している。前記の微生物資材専門委員会による研究は、この応用技術研究所の受託金四百万円によって賄われた。

寄付を受けた当時、同学会の会長だった茅野充男は言う。

「学会にはお金がないので、申し出を受けました。ですが、だからといって再建派には一切縛られていません。自由に研究させてもらうとの一札も取ってあります」

この一事だけをもって農学者たちの良心を疑おうとは思わない。専門委員会設置の前段となった東農大の後藤逸男の研究は、当初、ＥＭを推進する新生派の長野農場で行われていた事実を付け加えておく。「後でケチをつけられないように」（後藤）申し入れた共同研究が受け入れられた形だったが、途中で一方的に解消を通告されたという。

宗教評論家の清水雅人（一九三六〜二〇一八）は語った。

「ＥＭなんてものは、結局、世界救世教の内部抗争に尽きます。それ以上でも、以下でもない。私も世の中を惑わした一人として、深く反省しています」

早くから新生派支持の立場を鮮明にしていた清水は、比嘉が表舞台に登場する以前から、毎日新聞社の雑誌『毎日グラフ』、㈶富民協会発行の『農業富民』でＥＭの礼賛記事を再三にわたって企画・執筆した人物である。その後、関連情報の収集と発信を目的に設立された「ＥＭ普及情報センター」の理事長に就任し、現在に至っている。

当事者でもある清水の指摘は重い。だが、私にはそれだけだとも思えない。ＥＭ現象の奥底には、もっと根深い何かがある。

〝マルチの教祖〟が虜になった

何千年先かわからないが、富士山のあの美しい姿は、いつか崩れ去る。千年前から続いている西側の大沢崩れが、ついには臨界点に達するというのが定説になっている。微生物資材で露岩地帯を緑化すれば食い止められると提唱していた比嘉は、八〇年代半ば頃、この意見をキッカケに四元義隆《よつもと》（一九〇八〜二〇〇四）の知遇を得ることになった。一九三二（昭和七）年、昭和維新を掲げて元日銀総裁の井上準之助と三井合名会社理事長の團琢磨を殺害した血盟団事件に連座した四元は、戦後の歴代内閣と深く関係し、安岡正篤らとともに元首相・中曾根康弘の陰の指南役とも言われた大物右翼だが、ここでは富士山の麓の町・静岡県沼津市にあって、臨済宗の中興の祖である白隠慧鶴《はくいんえかく》が若い日に修行した禅寺・松蔭寺の信者会会長として比嘉に接した。

比嘉が回想する。

「四元先生には、大勢の方をご紹介いただきました。そのお一人が、稲葉修先生です」

三木内閣の法相で、中曾根派の顧問格でもあった稲葉（一九〇九〜一九九二）は、農産物の自給自足体制確立を公約に掲げる〝国士〟型の政治家だったが、同時に足尾鉱害事件を追及した田中正造を尊敬し、当時では珍しく、環境問題にも理解を示していたと伝えられる。世界救世教とも関係が深かった。この稲葉に可愛がられたことも、比嘉とＥＭには大きな力になった。

稲葉を介して、比嘉は島津幸一（一九三二〜九四）なる人物との交際も始めた。当時は前記の自己啓発セミナー業者「ライフダイナミックス」日本法人の親会社「アーク・インターナショナル」の会長になっていた島津は、特異な過去を持つ人物だった。六〇年代後半に香具師《やし》（テキヤ）商法をアレンジした催眠商法の会社「新製品普及会」（いわゆる〝SF商法〟）を経営して大儲けし、七〇年代にはアメリカから上陸したマルチ商法「APOジャパン」のセールスマン教育を一手に引き受けた。〝マルチの教祖〟として、かの世界では誰一人知らぬ者がない。

主としてネズミ講とマルチ商法に対抗する任意の消費者団体・悪徳商法被害者対策委員会委員長の堺次夫によれば、APOは当時、その被害者の広がりの大きさから、やはり米国系の「ホリディ・マジック」、国内資本の「ジェッカー・チェーン」とともに〝三大マルチ〟と異名を取る悪徳業者群の一つだった。そして「ホリディ・マジック」の教育係は、後に「ライフダイナミックス」を設立することになるR・ホワイトだったのである。

因縁でも〝シンクロニシティ〟でもない。マルチ商法という洗脳ビジネスは、ヒューマン・ポテンシャル運動から派生した自己啓発セミナーの〝兄弟分〟だった。その後も「ベルギーダイヤモンド」や「ジャパンライフ」「原ヘルス工業」といったマルチないしマルチまがい商法が誕生しては消えていったが、彼らが〝夢〟だの〝ライフスタイル〟だのといった美辞麗句を使いたがるのは、騙しのテクニックであると同時に、自らの出自に忠実な証左でもあるのだ。

上智大学講師の芳賀学（社会学）と国学院大学日本文化研究所講師の弓山達也（宗教学）の両氏は、化粧品や洗剤を商う米国系の無店舗販売会社である日本アムウェイという企業について論じた文章の中で、こう表現していた。

〈アムウェイとは、ビジネスをエクササイズとする自己啓発集団といってもよいかもしれない〉（『祈る　ふれあう　感じる』203ページ）

比嘉との交際を通じて、島津はこれも兄弟分のホリスティック医療と繋がるＥＭに、本気で夢中になったらしい。比嘉も告白する。

「島津さんはＥＭのためにと、私の所属する琉球大学に一億円を寄付してくれた。心から感謝しています」

もっとも島津周辺によれば、比嘉は最後まで警戒を緩めなかったという。そのためか、海千山千の島津も、結局はＥＭをビジネスにすることができないまま、九四年秋、肝不全で逝った。

島津の遺志は、しかし夫人の美奈子に引き継がれた。彼女は翌九五年、米国シアトル市の近郊に十ヘクタールの農園を取得。ＥＭを活用した「ヒーリング・ファーム」（癒しの郷）を開設した。九六年七月には比嘉夫妻も赴いて、現地住民百人を招く大バーベキュー・パーティーを催している。

私は島津美奈子に会った。今は亡き夫を語りながら、彼女は何度も涙声になった。

「主人はマルチ商法を自分で手がけたことなど一度もありません。ヒューマン・ポテンシャル運動を直接学んだこともない。エリートでも一流企業の社員でもない、でもチャンスを摑みたい人たちを成功させてあげたかっただけなんです。そういう人たちは自己啓発に熱心でしたから。

いつも、愛と感謝を忘れない純粋な人でした。だから、地球を良くしようというビジョンの具体的なものとして、ＥＭに惚れ込んでいました。ＥＭクレージーになる人たちは、微生物そのものに興味があるんじゃない。ＥＭを媒介にして、世界の人々と結ばれる実感を欲しがっているんです」

彼女のこの言葉が、図らずもＥＭ現象の一面の真実を物語っていると思った。西洋近代文明の行き詰まりを察知した大衆は、なるほど彼女の言うような感情を抱くに至った。が、バブルまで経験してしまったわれわれは、所詮、経済的繁栄をいつまでも亨受したい性根を改めることはできない。基本的な底流は、前述のストームの指摘通りだ。

ＥＭはその両方の心性を満たす要素を持っている。だからこそ、これも近代的自我を否定しつつ金儲けも大好きな点で共通する古神道系新興宗教団体や右翼、マルチ商法の人脈が、ＥＭの周りに結集した。

シアトルの「ヒーリング・ファーム」の運営主体で、島津美奈子が社長を務める会社「プランズボード・ジャパン㈱」は、九六年十月某日、東京・芝の東京プリンスホテルで「地球と生命の未来を創る」をテーマとするイベントを開催した。比嘉照夫は、この場で行われた講演で、次のように語っていた。

「ＥＭは生き物だから、人間の感情を反映します。ＥＭを使って失敗する人は、自分の立場だけを考え、それを相手に押しつけようとする人です」「ＥＭは波動を持っています。抗酸化物質と抗酸化波動を持っています。それを引き出せない人は、ＥＭを使っても成功は望めません」「見えない汚染が広がって、Ｏ－１５７など病原菌が出やすい状況になっています。これを防ぐにはＥＭで抗酸化物質を作りだす以外に方法はありません」

大いなる〝確信〟は、とどまるところを知らないようだった。

創価学会人脈

永久機関の開発ブームを紹介した第二章で、井出治なる研究者のスポンサーとして登場した橋本幸雄という人物をご記憶だろうか。健康食品会社「㈱ナチュラルグループ本社」（本社・東京）の創業会長である橋本もまた、ＥＭが発散するフェロモンに魅せられた人である。もともと新製品普及会（ＳＦ）時代以来の島津幸一の愛弟子で、その後もマルチ商法から決して足を洗うことがなかった彼は、師匠によく似たメンタリティの持ち主だった。

「橋本さんは本当のワルじゃない。宇宙や自然を愛し、すべてに感謝できる人なんです」

橋本をよく知る知人は、そう言って彼を弁護する。嘘ではないと思う。だが、マルチ商法のルーツを顧みれば、だからこそ橋本が、骨の髄までその世界の人間であることがわかる。

他人を信じ込ませるには、まず本人が自らの〝善意〟を確信していなければならない。マルチ商法は単純な詐欺ではなく、宇宙と一体になろうというニューエイジ思想が根幹に詰まった、あるいは目一杯利用した、〝革命的確信〟による詐欺的商法なのである。

ナチュラル関係者の話を総合すると、島津とは無関係に、橋本は八九年頃、東京オリンピックに出場した元体操選手で、旧中曾根派の参議院議員だった小野清子の縁で、比嘉と知り合った。九四年、橋本は、ナチュラルがフランチャイズ展開を始めた自然食品と環境関連商品の店「アニュー」の品揃えに、プライベートブランドの「環境イーエム」を加えた。ナチュラルと比嘉とは、ＥＭ関連商品を商う者が「㈱イーエム研究機構」に利益の五％を支払う通常の取引とは異なる、特殊な関係になっている。

橋本は熱心な創価学会の信者でもある。彼のナチュラルグループは、かつて公明党の元委員長・矢野絢也の〈金脈の母体〉（溝口敦「野党一の大富豪・矢野委員長の錬金術」『週刊文春』八九年三月二日号）とさえ形容されたほどの、同党の有力な資金源だった。

世界救世教新生派とは切り離せないＥＭの普及活動は、自民党だけでなく、後述のように創価学会や公明党ないし新進党の熱心な応援を得ていた。この事実と橋本のラインは無関係ではないと思われる。

比嘉が「㈶地球環境財団」の理事長に就任したのも、橋本の思惑と工作の産物だった。

「あの財団はもともと、橋本さんの持ち物なんですよ」

と、ある財団関係者は打ち明ける。

この関係者の話によれば、橋本は健康食品会社の経営者としてのし上がっていく過程で、休眠中の社団法人や財団法人に資金を提供して、実質的な支配下に収めていった。政治献金や天下りを通して政官界とのパイプを築く手段とするためだ。

七〇年代半ばには、戦後の食糧難の時代に設立された名門社団法人・日本緑十字社（農水省主管）の実権を握った。橋本は同社の再活性化に注力し、岸信介や福田赳夫を社団の長に招いた。環境問題にも取り組むようになる。㈶地球環境財団はその事業を母体として、八七年、環境庁主管の下に設立された。

初代理事長には東洋英和女学院大学学長の朝倉孝吉が就任した。理事には主管官庁の環境庁から元事務次官の清水汪《ひろし》（農林中金総合研究所理事長）が送り込まれた他、「㈶育青協会」理事長の末次一郎、独特の自然農法の実践者でもある福岡克也、テレビプロデューサー・矢追純一、共同通信経済部からナチュラルの社長に転職していた有賀裕らが名を連ねた。

そして九三年、橋本は朝倉の任期切れに伴い、後任理事長に比嘉照夫を推薦した。理事の間では当初、財団がEMの宣伝機関に変質してしまう危険性が懸念されたが、いざ理事会では、全会一致で比嘉理事長が承認された。

財団関係者が首を捻る。

「清水さんと末次さんの豹変ぶりがとりわけ目立っていました。お金で動くような人たちではないだけに、不思議でしたね」

なお戦時中のスパイ養成機関だった陸軍中野学校出身の末次は、強烈な反共思想の持ち主である一方で旧ソ連に強力な人脈を持ち、特に中曾根政権では対ソ外交における有力ブレーンだった。北方領土問題が解決に向けて一歩踏みだしたと伝えられ、その後の中曾根人気を煽った八五年暮れのプリマコフ（ソ連科学アカデミー世界経済・国際問題研究所長）訪日も、この末次が根回しした結果だったと言われた（松井茂「知られざる中曾根ブレーン・末次一郎の評価」『政界往来』八六年十二月号など）。

国立大学の教官である比嘉が財団の理事長職に就くことについては、地球環境財団を主管する環境庁や文部省の内部でも異論があったようだが、これもいつの間にか沙汰止みになった。折しも公明党公認の参議院議員・広中和歌子が、同財団を主管する環境庁長官の座にあった。私が会った関係者の全員が、彼女の関与を疑っていなかった。

危惧された通り、公益法人であるはずの地球環境財団は、その後、見事なまでの〝ＥＭ〟財団に成りおおせている。同財団の機関紙『Ｅａｒｔｈｉａｎ』は、毎号、ＥＭ関係の記事が満載である。関係者の証言によれば、ＥＭの普及に大きく貢献した岐阜県可児市の元環境課長の子息の就職を引き受けたのも同財団だ。また、ある大手鉄鋼メーカーの定年退職者を受け入れる見返りとして、そのメーカーにＥＭ入りの防錆鋼板の研究を依頼しているともいう。

九四年夏には、比嘉の著書と同じ『地球を救う大変革』のタイトルの漫画小冊子を発行した。作中のキャラクターたちは、ＥＭの〝万能薬〟ぶりを謳う台詞を、これでもかとばかりに連発していた。

「ＥＭ自然農法が豊作の秘訣さ」「アトピーにもいいのかもしれない」「ＥＭのお風呂で全ての水が浄化されることになる」「ウチの健康と環境はＥＭが守ってくれるわ」「病室って薬臭いから、ＥＭが絶対必要よ」「ＥＭを浸したタオルで身体を拭けば臭いがなくなるさ」「背広にかけておけば布地の酸化が防げて今までの二倍長持ちする」「ＥＭが酸化脂肪も分解してくれゴキブリも出なくなるのね」……。

環境庁の後ろ楯を得た格好のＥＭを、だからこそ地方自治体は受け入れる。県議会や市町村議会などの場で、ＥＭの有効性を示唆する質問を試みた都道府県議会議員が続出した時期もあった。彼らのほぼ全員が、自民党か公明党、あるいは新進党に所属していた。

「各地の農業試験場にいる土壌学の仲間たちが、上からの圧力で、ＥＭの研究を強制されているんです。それでいて三年間はデータを発表するなと言われるという。本当のことを公にされては元も子もないから。彼らの学問は、あんな荒唐無稽なものを宣伝する権威づけに使われているんです」

土壌肥料学会の前会長・茅野充男が、唇を嚙んでいた。同学会が対立陣営の援助を受けてまでＥＭに敵愾心を燃やした最大の理由は、おそらくはここにあった。

創価学会のＥＭへの肩入れは、ただし橋本の関係ばかりとも限らない。九五年一月、比嘉の父親の比嘉徳仁（元・屋我地小学校校長）が九十四歳で亡くなった際、沖縄県名護市で営まれた葬儀に参列したＥＭ関係者は、斎場に樒《しきみ》（モクレン科の常緑小高木）を発見して驚いた。創価学会の〝同志葬〟は、花輪の代わりに樒を用いる独自の習慣を持っているのである。

「しかも、その樒の送り主は、名誉会長の池田大作さんだったんです」

と、その関係者は証言した。

ＥＭと比嘉の売り出しに大きく貢献した船井総研会長・船井幸雄の動きについても、ここで若干触れておく。比嘉自身の話によれば、船井と比嘉とは、船井総研の顧問先である橋本を通じて関係が生じた。

ＥＭは比嘉の発明でも何でもない、と怒っている人々が、実は少なくない。古くからの微生物メーカーの経営者たちで、彼らは自分たちが苦労して育てた微生物資材の猿真似を、一般の知識が乏しいのをいいことに、さも大発明のように喧伝して売りまくったのがＥＭだと認識している。九四年の夏頃には、「日本ライフ㈱」社長の門馬義芳が訴訟準備を開始した。

関係者の話を総合すると、この情報をキャッチした船井は、その年の暮れ、門馬とＥＭメーカーの一つである「㈲サン興産業」社長（当時）の森山紹一を東京・品川のホテルで引き合わせている。他にもＥＭ関連の商売をしているＤＩＹセンターやホテルの社長らが同席したが、当の比嘉は姿を見せなかった。

「有効微生物の先駆者は、門馬さんだったんですね。よくわかりました。でもこの際、

『アーゼロン』（日本ライフの商品名）もＥＭも共存共栄しなさいな。微生物全体が有名になったんだし、みんな一緒に広めていったらいいじゃないですか」

大要このような船井の取りなしで、門馬は振り上げた拳を下ろすことになる。船井は自らの言葉を裏付けるように、それからの講演や著書の中で、ＥＭ以外の微生物資材にも言及するようになった。「アーゼロン」だけでなく、他の開発者の「アガリエ菌」「平井菌」なども取り上げられたが、ＥＭほどのインパクトはなかったようである。

薬事法違反の疑惑

厚生省薬務局監視指導課が比嘉のＥＭＸに薬事法違反の疑いを抱いた時期がある。九五年の秋口のことだった。

ＥＭＸは医薬品ではなく、沖縄県具志川市にある「㈲熱帯資源植物研究所」（名護東一郎社長）が食品衛生法に基づく県知事許可を受けて製造している〝清涼飲料水〟であるにもかかわらず、注射用のＥＭＸアンプルが出回ったためだった。現物付きの投書が監視指導課に寄せられたと言われ、『政界』『中外日報』『宗教新聞』など、世界救世教問題をフォローし続けていた媒体も、この疑惑を相次いで報じた。

本省の指示を受けた沖縄県環境保健部薬務課の課員がただちに具志川の現地に走り、アンプル製造が事実であったことを確認している。だが結局、ＥＭＸが薬事法違反に問われることはなかった。

「事情を聞いてみると、事業者は法律をよく知らなかったようです。悪質なら告発しますが、二度としないということでしたし、諸々の状況を勘案して、監視・指導を続けるのに止めたということです」

県薬務課課長・波平俊彦の説明である。もっとも波平は九六年の四月に異動してきたばかりで、詳細は知らないと言う。当時の課長も、担当した課員も、現在は他の部署や保健所などに移っていた。

ＥＭは初めから、法スレスレの線を狙っていた。比嘉のマスコミデビューを飾った『地球を救う大変革』の初版本156ページには、こんなくだりがある。

〈医薬品として製造販売の許可を得るまでには化学構造の解明から動物実験にはじまって、長い研究期間と具体的な臨床データが必要になってきます。健康保険が効くようにならなければみんなにゆきわたらず、安心して使えないという医療関係者の声を無視するわけではありませんが、この技術は法的に許容する国では医薬品、そうでない国では健康食品の分野で普及したいと考えています。各種の発酵飲料や生菌飲料が出ている時代ですから、とくに問題はないと思います〉

この他、初版本には〈ガンや糖尿病、肝臓病、膠原病などの治療例〉という節もあったが、これらは九四年九月以降の改訂版からは削除されている。関係筋によれば、いわゆる〝バイブル商法〟として摘発されることを恐れた比嘉周辺が版元にねじ込み、〝処分前是正〟を行って、当局に恭順の意を表そうとしたのだという。

しかもアンプル事件に先立つ九五年春には、病院の薬を使わずEMXを皮膚に塗り続けた愛媛県内のガン患者が死亡したというニュースが宗教関係者の間を駆けめぐっている。もともと手遅れだったとされ、因果関係も不明だが、厚生省はこうした経緯も承知していたはずであるだけに、あっけない幕の引き方には不透明な印象が残った。

プラセボ（偽薬）の習いもあり、医師法は医師がそれぞれの責任で医薬品以外のものを患者に投与する自由を認めている。医師たちの報告にかこつけて、比嘉の講演や著書の内容は、ますますエスカレートしていく。

〈精神病院などで患者さんが暴れたり、情緒不安定のときなど、EM－Xを飲ませたり、生活のなかにEMを使っていくとだんだん落ち着いて、症状がかなり改善されるという報告も受けています〉

九六年六月に刊行された書物に掲載された比嘉発言である。ややあって彼は、対談相手の和光市長・田中茂との間で、こんなやり取りを交わしていた。

〈田中　人間の脳は二歳までに完成しますが、将来精薄になる子どもの七割はこの時期は正常な脳を持っており、残る三割はなんらかの異常がある子どもです。（中略）そこで、警鐘を発しているのですが、二歳までに正常に発育すればいいのですが、そうでない子どもたちにもEM－Xを飲ませよう、と考えています。同時にEM－Xでどうやら秀才も育てられるのではないか、など期待もふくらみます。

比嘉　それは大変いいアイデアですね〉（田中茂『蘇る生命《いのち》』75ページ、80～81ページ）

優生学的な選民思想が、ここでも顔を出していた。

「私は国家に貢献している」

私のインタビューに応じた比嘉照夫の話を、少しまとめて紹介する。

「私はただ、ＥＭを研究したかったんです。自然すなわち神という教祖の教えを沖縄の古神道のようなものとして理解はしましたが、世界救世教とか新生派とかはどうでもよかった。再建派からも予算を優遇するからとか言われ、誘われましたが、そんなにお金を欲しがってるように見えるのかな、修行が足りんなと思ったね（笑）。新生派に行ったのは、そっちの方がお金にクリーンだと感じたからです。

まあ自然農法をうまくやれた方が世界救世教の主流になるわけで、ＥＭがない方は初めから話にならないから。再建派は私がいなくても微生物資材なんかどうにでもなると思ってた節もあります。で、できやしないから、一所懸命ＥＭを叩き、でも火を消せなくて、今度は土壌肥料学会を動員した。アンチ比嘉はたくさんいるからね。農水省の構造改善局もそうです。無機の、生命のない肥料と同じ使い方をしたって、いい結果が出るはずはないですよ。言ってくれれば、ちゃんと教えてあげるのに」

「私はＥＭで、環境を、空気や水や未来のエネルギーを総合的に解決しようという巨視的なことを考え、実行しようとしているんです。それを、知識のプアーな群盲たちが、反社会的だの非科学的だのと言っているんですね。

私は物売りじゃありませんから、ＥＭの料金も、ほとんど原価同然にしてほしいと言ってるんです。それがわからないのがナチュラルの橋本さんです。私の言う通りにやると言ってたのに、途中から「環境イーエム」を三倍の値段で売ると言いだした。そんなの詐欺ですよ。どのみち高けりゃ売れないいんだけどね。儲かる仕組みなんて、ＥＭにはふさわしくありません。「イーエム研究機構」がすべての原点なんです。ここに申し込んでくれないと、ＥＭの名前を使うことはできません。ああ、設立した頃、確かに私の家内がそこの役員になっていましたが、今は違います。

船井さんも、一時は他の微生物を持ち上げたりしてたけど、みんなＥＭにかなうわけがないのがわかって、最近は戻ってきましたね。他の微生物も、みんなＥＭに入ってくればいいのに。ＥＭはみんなの共有財産、金儲けじゃないんだから」

「薬事法違反みたいな話、ありました。でも、指導が入ってからはアンプルを一切作ってないし、私はＥＭＸを薬だとは言ってないし、何もヘンなことはしていないんだから、何も法的な問題はない。どうせまた再建派が流したか、清水さん（雅人・ＥＭ普及情報センター理事長）あたりが撹乱したんでしょう。ＥＭＸを取り込みたいみたいだったから。ゴクツブシばかりの国家公務員の中で、私は国家にすごく貢献しているんです。世の中にいいことをしていて、なんで逮捕されるんですか。その頃、女房が『もう死にたい』なんて言うもんだから、言ってやりました。そんなに俺を信用できないなら、本当に死んでしまえ、と。指導に行ったアフリカから、国際電話でです。

いろんな人が来ますが、皆さん縁があっていらっしゃるんです。いずれ自然に、ＥＭに本気の人は残るだろうし、怪しい人は消えていく。ＥＭで金儲けなんて、どうせできないんだから。今、ＥＭのディストリビューター、普及員の三分の一が自農センターの人たちかな。他は宗教関係だけで天理教、立正佼成会、真光教、創価学会もいますし、世界救世教だって、ワン・オブ・ゼムなんです。あそこは農業関係だけだしね。もう、ウチの方が大きいんですよ」

地球の蘇生という大テーマの一方で、比嘉の話には、ＥＭをめぐる利権争いに纏わる生臭い話題も盛り沢山だった。

世界救世教らしさが、こんなところにも生きていた。

ＥＭの信仰の果てに

ＥＭを否定した東農大の後藤逸男が、こんなことを言っていた。

「ＥＭのようなイカサマが成立してしまうこと自体、取りも直さず、現代農業に対する警鐘に他なりません。化学肥料や農薬に頼りすぎる現状の問題点は、あらゆる研究者が認識しているのですから、ああいうものに農家の方が飛びつかなくてもよい農法を確立しなければいけないと自覚しています」

有機農法など無農薬を謳う農法を否定する土壌学者は化学メーカーの回し者だとされる

近年の〝常識〟を後藤は弁え、それでも己の良心に従って持論を述べていた。私もまた、産学間の密接な関係を承知した上で、同様の態度を保っているつもりである。

農薬まみれの農業は、一刻も早く改善してもらいたい。微生物の土壌改良への可能性は否定しない。何かの偶然で、有効に働くこともあるだろう。が、だからといって微生物を崇める宗教を〝真理〟として押しつけられる社会など、真っ平御免である。

比嘉のEMには、さまざまな人物や団体が引き寄せられていた。新興宗教、政治家、右翼、マルチ商法……。彼らは一様に、金儲けが目的ではないことを強調する。地球を、文明を、EMによって救済するのだという革命的確信に満ち溢れていた。また同時に、だから細かなことはどうでもよい、という態度でも、驚くほど一致していた。その過程で犠牲にされる人々もいるのではと水を向けても、よいことをしているのに、なぜそんな意地悪を言われるのかとでも言いたげに、口を尖らせるばかりだった。

大の虫を生かすためなら小の虫などどうでもよいとする発想の、一体どこが新しいのだろう。古今東西、権力者たちは常にそのように考えて、ただし自分とその身内だけは小の虫には数えないようにしてきた。EM関係者たちの強すぎる善意、確信からは、そうした独善と同じ匂いが漂ってくる。

当たり前と言えば当たり前の、そんなことを考えはじめた頃、私は一枚のパンフレットを入手した。例の船穂町がEM堆肥工場の建設を強行するため地元住民の見学ツアーを組んだ「EMワールド」のある福井県武生市で、九六年九月末に開催された「みどりの革命展96」の案内である。

そこには後援者として地元自治体やマスコミ企業が列挙されていた他、講演予定者として比嘉、ＥＭ環境教育を行うＴＯＳＳの向山洋一、そして『脳内革命』の春山茂雄の三人の名前が並んでいた。

＊　＊　＊

世界救世教の内紛はその後、二〇〇〇年に一応の終結を見た。対立していた三派が和解し、それぞれ「いづのめ教団」（旧新生派）、「東方之光」（旧再建派）、「主之光教団」（旧護持派）として教団本体に包括される形で活動。近い将来の再統合を目指していたのだったが、一七年に教祖の孫で教主の岡田陽一の言動をめぐって、またしても分裂しまった。

混乱をよそに、しかし、旧新生派のＥＭと比嘉照夫はなお健在、というより以前にも増して快進撃を続けている。政界との関係が深まり、自民党と日本維新の会の国会議員による「ＥＭ議連」（野田毅会長）が結成されたのは二〇一三年。一八年七月には、地元で開かれた「手づくりいかだレース大会」に招かれた副環境相がＥＭを団子状にしたもの約千個を運河へ投げ込み、それをフェイスブックなどに投稿して批判され、慌てて削除するという騒動も起きた。

地方自治体や企業への浸透ぶりも凄まじい。長野県松本市は松本城のお堀の浄化に、モスバーガーは自社農園で野菜や果実の栽培に、ＥＭを使用。「放射性物質を除去できる」と主張する自民党議員もいれば、実際にＥＭの培養・配布を公的資金で賄わせようとする動きもある。

とりわけ深刻なのは教育現場だ。ＥＭを万能の微生物だと子どもに教え込んでいる事例は各地で見られるが、朝日新聞（二〇一二年七月三日付朝刊、青森県版）は、この前年に青森県内の小中学校七校以上が、ＥＭを使った〝環境教育〟を行っていたと報じている。教員らも県教育委員会も、その効果を科学的に検証する調査などはしていない。紙面に載った長島雅裕・長崎大学准教授（科学教育）のコメントが鋭かった。〈「疑わしい事柄を真実と教えれば将来、生徒が疑うべきものを疑えなくなる恐れがある。本来は多様な対策が必要な環境問題を、ＥＭ菌だけで対処可能と思わせることも、思考停止につながりかねない」〉。

ちなみに教室にはＥＭの他にも、いわゆる疑似科学がかなり入り込んできている。道徳が教科化されていく過程で目立った「水は答えを知っている」の〝実験〟――「ありがとう」と書いた紙に載せたコップの水は凍るときれいな結晶になるが、「ばかやろう」の上だときれいな結晶にならない、などという――あたりが好例だ。この流れにも前述のＴＯＳＳ（教育技術法則化運動）が登場する。ＥＭ同様、「カルト資本主義」の文脈で捉えることができるのだ。詳細は拙著『「心」と「国策」の内幕』を参照されたい。

第五章　オカルトビジネスのドン「船井幸雄」

『脳内革命』、ＥＭ菌、オカルトビジネスの影に必ずこの男がいた。サラリーマンを魅了するこのドンは神官の家に生まれ、その職業経歴は、日本型経営を支えた労務管理の歴史とピタリ重なっていた

パチンコ村の優等生

東京・東上野一帯は〝パチンコ村〟である。メーカーの本社やショールーム、景品問屋など、大小百以上のパチンコ関係企業や団体がひしめく一角に、パチンコ店専門の、その経営コンサルタント会社もあった。

株式会社リム・コーポレーション。一九九二年一月に設立された、社員十数人から成るこの小さな会社の影響力は半端でない。正式な顧問先は全国で十社程度だが、勉強会「LIMクラブ」は八十もの会員会社を擁する。九五年にはパチンコ店経営への新規参入を図る大手企業約二百五十社を対象に連続セミナーも開き、経済界の話題をさらった。

社長の水田和男が胸を張る。

「パチンコ業界の健全化がコンセプトです。開業から人材育成、運営管理までをお世話できるのは当社だけでしょう。株式公開へのお手伝いはもちろん、当社自身もいずれ上場できるだけの実力をつけていきたい」

子会社による直営店舗の展開も進めている。東京・桜新町と京都・山科、福島県いわき市の三カ所で実績を積み、近い将来のフランチャイズ・チェーン化を図る。好条件の土地を持ちながら人材やノウハウに乏しい企業の新規参入ニーズを睨んだ戦略だ。

最大のセールスポイントは、監督官庁である警察庁との強力なパイプである。いくつもの県警本部を束ねる地方管区警察局長まで経験したキャリア組を含む二人の警察OBを顧問に招いたというが、そもそも同社の設立には、警察庁の強い意向が働いていた。

水田は本来、京都を拠点にパチンコ店やディスカウントストア、レストランなど幅広い事業を展開する「ビッグエム・グループ」の総帥だ。そこで、と彼が打ち明ける。

「パチンコホールとしては準大手ですが、私自身、かねて業界健全化の必要を痛感し、将来に備えた独自の研究会をやっておったんです。そんな折、私の経営の先生である船井総合研究所の船井幸雄会長が行政からパチンコ健全化への協力を非公式に要請され、私に話を持ってきてくれた。九一年初めのことでした」

かくて一年後、リムは設立された。資本金二千五百万円。出資比率は水田側（水田観光㈱）四二％、船井側（船井コーポレーション㈱）四二％、他の二人の役員が合計一六％。

ここ一、二年、パチンコをめぐる事件が頻発している。変造カードや裏ROMによる詐取の横行。乳幼児を炎天下の車中に閉じ込め、あるいは店の駐車場に放置して轢かれるに任せたのは、パチンコに我を失った馬鹿親たちだった。

もっとも犯罪や悲劇の誘因は、他ならぬ警察庁によって育まれていた。八〇年代末、脱税が罷《まか》り通るこの業界の健全化を謳った警察庁は、三菱商事やＮＴＴなどと連合してパチンコ店へのプリペイドカード（ＰＣ）導入を急ぎ、そのためカード専用機（ＣＲ機）に高いギャンブル性を許した。

大義名分を否定はできない。が、当局には業界に多い北朝鮮関係者を監視下に置きたい公安警察的発想に加え、大企業と連動して天下り先を拡大するなど一石三鳥の狙いがあったと言われる。結果、パチンコ店は大衆娯楽場から、国家公認の鉄火場に変貌してしまった。

企業の論理や官僚的な視点だけで判断するなら、だからこそパチンコ業界は急成長を遂げたことにもなる。ＰＣ導入当初に十兆円とされた市場規模が、今では国家予算の半分に相当する三十兆円ほどに膨らんだ。世界最大の〝産業〟と言っていい。

パチンコ業界のこのような現代史を、リムは警察当局と寄り添って歩んできた。権力を味方につけた船井が、専門家の水田とともに、時流を摑んだビジネスを展開する構図である。

〈リムは、生まれるべくして生まれた時代の申し子。その誕生に、誰も逆らうことができなかったのです。むしろ、パチンコビジネスと経営コンサルティングの両雄が、ガッチリと手を携えての出発に、誰もが相乗りを求める実情でした〉

ビッグエム・グループの会社案内は、同社についてこう綴り、意欲満々に結んでいた。

〈私達がパチンコ業界のリーディング・カンパニーになることは、疑いのない事実です。断言してもいい〉

政・財・官のもたれ合い構造で成立するわが国の〝リムは完璧な〝優等生〟である。だが、そこに船井幸雄が深く関与していることに問題がある。

終末思想と千年王国論

船井幸雄、六十三歳（取材当時）。大証二部に上場する有力なコンサルタント会社「㈱船井総合研究所」の創業会長である。つるりと禿げ上がった頭と丸顔。大人然とした恰幅のいい風貌。しかして近年の船井は、特異な人生論や文明論を説いて回る、ある種の〝教祖〟的人物として一般に認知されている。著書はすべて十万部以上を売り上げる。講演会はいつも満員だ。

たとえば船井総研は、過去三回にわたって多彩な講演会と各種商品の展示即売を中心とするビッグイベント「フナイ・オープン・ワールド」（ＦＯＷ）を開催してきた。九五年十一月、東京・品川の新高輪プリンスホテルに延べ一万五千人を集めたという第二回ＦＯＷで、船井はこう力説している。

「いよいよ地球がレベル４の惑星に変わりつつあります。レベル１は鉱物だけの惑星。レベル２で植物や動物が住みはじめる。知的生命体が出てくるのはレベル３です。ただし人々は、自分のことだけを考えて生活している。対立とか競争がないと世の中はうまくいかないと考えている人さえいますね。

そしてレベル４は、対立や競争よりも、人々の集合意識が調和とか愛とか共生といったものをベースにしている惑星です。地球は今、間違いなくレベル3から4に変わろうとしている。とすれば、その地球に住んでる人たちにも変わってもらわなくちゃならない」

船井はそして、足立育朗なる人物を壇上に上げた。建築家にして「形態波動エネルギー研究所」所長の肩書を持つ足立は、ロマンスグレーの枯れた雰囲気を漂わせつつ、こんな話を始めた。

「宇宙からの情報によりますと、すべての存在物の本質は、意思であり愛である陽子と、意識であり調和である中性子から成る、原子核の集合体なのです。宇宙の言葉でエクサピーコといい、このへんを（頭の周りを指して）回転しています。エクサピーコは、選択したボディの制約の中で、宇宙の仕組みを理解するためにスタディしている。ところが五千年ほど前から、人間はエクサピーコの存在を忘れ、自分のボディだけを安全に守ろうとする歪んだ顕在意識で自我と欲望ばかりを増長させ、今のような地球にしてしまいました」

「今、多くのエクサピーコが核分裂して上空に浮遊し、地球にマイナスのエネルギーを発信しています。地球は周りの星のエクサピーコのサポートを借りてマイナスをプラスに転換し、レベル4に戻ろうとする。で、戻る瞬間、地球はエヴァの星にテレポーテーションする。その時期が迫っているという情報が、宇宙から私に入っているんですね。ところがエヴァの世界に同調できない人は一緒にテレポートできない。消えてしまう、と。すでに始まっているこのエネルギー変換の波動で、大地震も起きたんです……」

——阪神・淡路大震災の被害者たちは、つくづく浮かばれない。自分を〝チャネラー〟

（宇宙人からのメッセージを受け取れるという人）だと思い込んだ、こんな人にまで、こんな言われ方をされてしまって……。

私の思いとは反対に、場内は歓喜の声と拍手の嵐に包まれた。と、再び船井が登場して、にこやかに引き取った。

「足立さんの話は、プレアデス人、カシオペア人、あと惑星連合や銀河連合といったところからの情報なんですね。歪んだ顕在意識というお話がありましたが、ノーシンキング法といって、超意識だけにしてみたらいいんです。私がそれをやってみたら、足立さんの話がほとんど間違っていないことがわかりましたよ」

この時の発言をはじめ、私が取材の一環として足繁く通った船井の講演や、必死で読んだ夥しい点数の著書などを総合すると、彼の主張もまた、近代の否定とニューパラダイム待望論に収斂する。船井流の終末思想と千年王国論と言い換えてもいい。

曰く、近代的自我、西洋的個人主義に基づく競争社会は地球環境を徹底的に破壊してきた。曰く、だが、この世のすべては必然必要かつベストであり、現状も然り。今日の〝悪〟は明日の〝善〟のための必然過程だ。曰く、実際、すでに人類は覚醒しつつあり、物心二元論や機械論的要素還元主義で成立するデカルト以来の近代的価値観は崩壊に向かっている。曰く、今後は自然と人間との合一を理想とし、〝気〟や〝霊魂〟〝あの世〟の存在を認める東洋思想が広まるから、若干の混乱を経て、二一世紀は素晴らしい時代になろう。曰く、地球は〝エゴ〟の星から、〝エヴァ〟の星に生まれ変わるのだ——。

そう言いながら、船井は強烈な民族主義者でもある。『船井幸雄の未来をつかむ考え方事典』という著書では、村山節《みさお》という民間史家が〝発見〟した〝文明の八百年周期説〟(はしがきでも紹介した、世界の支配的な文明は八百年周期で東洋と西洋を往き来するという考え方。〝経済ジャーナリスト〟の浅井隆は、著書『超恐慌』の中で「生命体としての地球のバイオリズムに起因する」と言っている)に共感を示してみせ、ただし今後は東西両文明が〝統合〟されていくと考えるのが正しいとしながら、こう書いている。

〈とするならば、それを実行する最適任者は誰でしょうか? どのような条件をもっている人たちでしょうか? 私は、その両方を内在している者たちだと思うのです。

つまり、日本です。明治以来、西洋の近代科学をどの東洋諸国より積極的に採り入れ、西洋的成功の最高峰である物的繁栄を手中に収めた国、と同時に東洋の思想も難なく受け入れる素地がある国、それは日本しかないでしょう。(中略)

日本人は、その心の奥底をじっと見つめれば素晴らしい世界を見つけることができるはずです。埋もれてしまったよき伝統を大事にし、良心に従って生きることがやっぱり一番いい生き方なのだと気づくことでしょう〉(153〜156ページ)

〝百匹目の猿〟になれ

日本人が先頭に立って築き上げげよと船井が説く〝エヴァの星〟。それはいかなる星なのか。

「自然の摂理に合うのが〝エヴァ〟です。その自然は競争をせず、共生している。与え続ける。ムダはやりません。本物で、何もかも一体になっている。調和しています。われわれは、このエヴァへの道を考えていかなければなりません」

レベル4云々から約一年後の九六年十月十九、二十の両日、今度は臨海副都心の東京ビッグサイトで、船井はこう強調していた。総計二万五千人を集めた（主催者側発表）という第三回フナイ・オープン・ワールドを締めくくる講演の席上。さらに船井は、聴衆に向かって呼びかけた。

「皆さん、エゴでは駄目だとわかったら、決心してほしいんです。将来がわかるであろう殆どすべての人たちの――最近は建築家の池田邦吉という人が書いた『ノストラダムスの預言書解読』が話題になってますが――そういうものを見ますと、もうあまり時間がない。だから九九年、世紀末、せめて二〇〇〇年までに、ある程度、人々の意識を変えたいな。変えなきゃ。ひょっとしたらひょっとするんじゃないかって気がしますから、そうならないためにも、いろいろやってほしいと。

間違いなく二〇〇〇年前後には、いよいよ大変化だとわかる時点が来るんじゃないか。遅くとも二〇〇一年には。でも二〇一〇年頃にはよくなると思うんです。その間あまりおかしなことがないようにしながら、いい世の中を作らなくちゃいけない。そのための、皆さんはキーポイントになる人たちじゃないかと思うんです……」

最近の船井の言動は、以前にも増して神がかり、メッセージ性を増してきたように見える。彼は訴える。〝百匹目の猿〟になれ、と。

「誰かがいいことをしますと、みんな真似るんです。中には抵抗する人もいますが、ほとんどの人が真似ます。で、一つの群れでみんながやるようになりますと、突然ある時、距離の離れたどこかまでポーンと飛んで、そこでも、そのいいことをやるようになる。これが〝百匹目の猿〟現象です」

米国の科学者ライアル・ワトソンが七〇年代に発見した現象であるという。わが国の宮崎県沖にある幸島《こうじま》に群棲する猿の中の一匹がサツマイモを海の水で洗いはじめ、次第にこれを真似る猿が増えていった。その数がある臨界点に達した時、遠く離れた大分県高崎山の猿の群れでも、イモを洗う猿が登場していたそうだ。〝百〟は、臨界点の便宜的な表現である。

八〇年代に入り、英国のルパート・シェルドレイクが理論化を試みた。それによれば、真似っこ猿が増えるにつれ、最初の一匹の行動が作った〝形の場〟が強まっていく。〝百匹目〟の登場とともに、その力が共鳴作用を起こし〝波動〟となって、時空を超えて伝わるのだという。船井の近著『百匹目の猿』は、これら諸説を紹介しながら、こう強調していた。

〈あることを真実だと思う人の数が一定数に達すると、それは万人にとって真実になる〉〈よいことや良質なものは——言葉や考え方、技術や思想や生き方、理念や原理など——人びとに受けいれられやすく、認識・獲得されやすいようです〉〈意識の共鳴や本物の継承には無意識のほうが効果的ということです。顕在意識より潜在意識でキャッチしたほうが共鳴の可能性は大きいようです〉〈人間が知恵をもち、知性を有したため、かえってしてはいけないよけいなことを行ない、大いなる意志にそむくようなこともするようになりました〉〈「百匹目の猿の中の一匹」になろう。そして、「百匹目の猿現象」を起こして世の中をよいほうに変えよう〉（それぞれ25、39、47、179、5ページ）

ページを繰りながら、私は考えた。要するに、脳味噌など使わず、みんなが同じ行動をしろということなのか？

オカルト神秘主義の語り部

船井ファンの層は幅広い。そごう会長・水島廣雄、東武百貨店社長・山中鏆《かん》、丸井社長・青井忠雄といった経営者たちとの交際が有名だが、一般のサラリーマンや商店主、学生に至るまで、広範囲にわたる。

大阪のディスカウントストア「㈱日経」の創業社長・植村兵衛。

「神に手を合わせられない人に、経営者としての成功はあり得ません。人間は生きているのではなく生かされているんです。真理を否定して商売も何もないんです。船井先生はそのことを教えてくれる。地球全体を視野に入れた、次元の異なる方なんです」

私の家の近所の床屋さん。

「凄い人がいますよね。何て言うの、ホラ、船井さん。プラス発想？　エゴからエバへ？　って、ホントですよう。このままじゃ、地球、もたないもんねえ」

臨界副都心のフナイ・オープン・ワールドで会った女子高生。

「ちょっと宗教っぽいけどさ。この人の話を聞いてると、小さなことでクヨクヨしてる自分が超バカバカしくなってくるよ」

プロ野球読売巨人軍監督・長嶋茂雄。

「うちの家内が、先生の哲学に非常に心酔しておりまして、私も本を読ませていただいていました。何とか、先生の生き方や、将来に対する対応の仕方みたいなものを野球に取り入れることができないかと考えておりました。（中略）今年、ぜひともV2をねらっていますから、少しお導きの指南をいただけたらなというふうに、今日は参りました」（月刊誌『ダイヤモンド・エグゼクティブ』九五年三月号、船井との対談で）

スポーツ界での信頼は、とりわけ厚いようだ。

女性のファンが多いのも特徴である。そのことを十分意識している船井は、九六年のフナイ・オープン・ワールド（FOW）で、聴衆にこう語っていた。

「世の中を変えていくパイオニアは、せいぜい全体の二％です。こういうの（FOWのこと）に来てくれる人たちがそう。新しい商品を作る時も、まずこの層に働きかけるといいですね。この層の七〇％は女性なんです。

その次に一〇〜二〇％の素直な人たちがいる。サイババの話すると、頭から肯定する人。これも女の人が多い。次、そんなバカな話はない、でも、あるかもしれないなあ、という人たち。大衆です。全体の五〇％から八〇％がここに入る。私もそうです。で、一〇％から二〇％の抵抗者たちが常にいる。九割は男性で、学者やマスコミ人に多いです。でも、男性でも経営者は〝素直〟か〝大衆〟ですね」

とはいえ、船井ファンの中心はやはりサラリーマンである。大手エレクトロニクスメーカー・NEC（日本電気）で国内販売推進本部部長代理を務める久保田忠夫の話は、殊に興味深かった。

「私は昭和四十五（一九七〇）年に京大の経済を出て当社に入社しました。学生時代はマルクス経済学と唯物史観、入社後は〝経済一神教〟に縛られて生きてきた。ところがベルリンの壁が崩れ、ソ連がなくなり、日本ではバブルが弾けた。そんな時、船井先生の本に出会い、気づかされたんです。

私はもう、ゴルフをしません。品川駅から田町の会社まで歩き、三十階の職場まで階段を上ります。朝晩瞑想を二十分ずつ。家にはクーラーもない。食事は玄米食です。傍から見れば、まるで船井教の信者ですね。私自身、ある会合で『NECでの伝道師です』と自己紹介したことがありました」

久保田によれば、人事部門に在籍していた当時、超越瞑想（TM）と呼ばれる瞑想法を社員のメンタルヘルスに応用したのが船井を知る糸口になったという。京セラの稲盛和夫も愛好者だったが、日本におけるTM普及機関である「マハリシ総合研究所」は、船井総研の大口顧客でもあったのだ。

「当社の関本忠弘会長に、仲のよい森永製菓の松崎昭雄社長がTMを薦めてくれたのです。

それで秘書室の責任者が人事に下ろしてきた。コンピュータの営業で疲れている社員にちょうどいいというわけで、精神的に悩んでいる人とか、逆にスポーツマン的な人を五、六人集めて、私も一緒に参加してみたんです。それからですよ、宇宙がみんな繋がってることがわかるようになったのは」

久保田の縁で、NECは船井総研のもう一つのビッグイベント「フナイ・ミーティング」を協賛するようになった。九四年の秋には、〝空中から物質を取り出せる〟というインドの〝聖人〟サイババの研究者として有名な医学博士の青山圭秀と、かねて「資本主義は二〇一〇年に崩壊する」と〝予言〟してきたインド人経済学者ラビ・バトラが、船井とともに講演を行っている。こうした関係はビジネスにも存分に生かされ、船井総研のコンピュータ・システムはNECが中心になって構築している。

久保田は今、関連企業や取引先に時折招かれては、船井から学び、自分なりに咀嚼したことを話しているという。彼の講演の録音テープを起こした速記録には、船井同様、〝愛〟〝感謝〟〝宇宙〟といった表現が満ち満ちていた。

船井ファンの一つの典型を、久保田に見ることができる。ユートピア願望から抜け出られない団塊の全共闘世代。世界が思ってもみなかった方向へ変わりつつあることへの不安と期待。バブル形成と崩壊の当事者としての反省あるいは厳しい現実から目を背けたい無意識の願望。それでいて仕事は仕事で人並み以上にこなしてしまうことのできる能力と、タフな神経。

久保田に会ったのは、九五年の六月だった。オウム真理教報道が最も過熱していた時期で、『週刊文春』（六月十五日号）が、中央官庁や一流企業で増殖していたオウムの在家信者リストの存在を報じる特集を組み、ＮＥＣグループにもコンピュータ関連部門を中心に十人ほどの信者がいた事実を明るみに出した（「オウムの中央官庁・一流企業浸透作戦」）直後だった。

それだけに取材には気を遣ったが、久保田はまったく意に介さず、大胆に語ってくれた。私はかえって恐縮し、「このまま書けば、読者に誤解を与える」と考えて、同席した広報課長に「何ならお名前を伏せましょうか」と持ちかけた。犯罪報道など議論の余地の残る分野を除き、ジャーナリストは可能な限り実名報道を目指すのが鉄則だ。にもかかわらず、私は職業意識よりも、久保田やＮＥＣの立場を、つい慮ってしまったのだ。

咄嗟に後悔したが、そんな心配は無用だった。広報課長の返答はこうだったのである。

「（名前を出しても）問題ないんじゃないですか。ウチの社員は、だいたいあんなふうですよ」

私はそれまでも、わが国の企業社会とオカルティズムの奇妙な相性の良さを感じていた。そしてこの時、私は自分の直観は間違っていなかったと実感したのだった。

ＥＭと脳内革命と生まれ変わりと

船井幸雄は持論を語るだけではない。同様の思想背景を持つさまざまなアイディアや商品を積極的に取り上げ、宣伝マン役を買って出てきた。自分が目立ちたいタレント志向というよりも、どちらかといえば、こうしたプロデューサー的な才能に、船井の真骨頂があるように思える。

足立育朗の〝エクサピーコ〟はすでに触れた。この他、琉球大学教授・比嘉照夫の、地球上のあらゆる問題を解決するという〝エントロピー回収型技術〟・EM（有用微生物群）。田園都市厚生病院院長・春山茂雄の、プラス発想が脳内モルヒネの分泌を促し自然治癒力を高めるとする〝脳内革命〟のご託宣。「㈱I・H・M」代表・江本勝の、人間の思いはエネルギーであり、物質に影響を与えるという〝波動理論〟。環境NGO「ネットワーク『地球村』」代表・高木善之が臨死体験をした際に見たという、世界が崩壊する〝未来の記憶〟。児童教育研究所を経営する七田眞の、人間の潜在能力を引き出すという〝右脳開発法〟。福島大学教授・飯田史彦（人事管理理論）の、〝生まれ変わり〟の主張。いずれも船井の推薦・推奨が力となって、彼らの著書『地球を救う大変革』（比嘉）、『脳内革命』（春山）、『波動の人間学』（江本）、『『地球村』宣言』（高木）、『超右脳革命』（七田）、『生きがいの創造』（飯田）等は、ことごとくベストセラーとなった。関連商品も売れている。このうちEMについては、第四章で詳説した。

とりわけ『脳内革命』は、版元によればパート2を合わせて五百五十万部を突破する史上最大の売れ行きを示しているという。『快脳教育』やら何やら、便乗本も山ほど出た。それだけに批判も出尽くしている。九六年の夏頃、私も春山の前歴や、その発想をビジネス化した「マホロバクラブ」の実態を取材しかけたが、すでに今更の感を否めない状況だったので、思い切って切り捨てた。

船井のお蔭でヒットした商品は、これら以外にも無数にある。いちいち挙げていてはきりがないが、試みに過去三回の「フナイ・オープン・ワールド」（ＦＯＷ）で〝本物商品〟と謳われ、展示即売されたものをいくつか挙げておくと――、

あらゆる病気の原因になる〝活性酸素〟の発生を抑制するという健康食品「ＡＯＡアオバ」。〝波動エネルギー〟で食べ物本来の味を引き出すという食器「味来《みらい》」。〝環境や健康に優しい〟という新しい栄養補給食品「トリプルＸ」。はめるだけで〝正しい呼吸法〟ができるようになるという指輪「θ《シータ》リング」。〝生命の水〟を生むという浄化石「イオンセラミックス」。あらゆる植物を瞬時にして躍動させるという濃縮エキス「ビタナール」、および飲用の「命流美《めるびー》酵素」。気の流れを正常化させ自然治癒力を高めるという機械「ＢＭＤ氣代謝誘導装置」。〝ゼロ磁場の地〟丹波にある〝癒しの宿〟「七沢荘」……。

霊感商法と見紛うものばかりだ。私の取材では、マルチまがい商法として消費者センターなどに苦情が持ち込まれている企業や、薬事法違反の疑いをかけられている商品もいくつか含まれている。

九五年五月の第一回ＦＯＷで、米国系の無店舗販売業「日本アムウェイ」のトップ・ディストリビューター（販売員）である中島薫が水色のスーツも鮮やかに登場して、アムウェイの販売システムを自画自賛してみせていたのも、私はこの目で見ている。

船井に関心を抱いた九五年春以来、私は彼への直接取材を三度にわたって繰り返している。船井は問題になっている商品に〝本物〟と太鼓判を押して消費者に推奨したことについて、次のように逃げた。

「〝本物〟だと思われる商品を並べてるだけで、本物だと断定してるわけじゃありません。アムウェイも、あれだけの人を動員できる仕組みが凄い、うまくやればいい方向に行くと言ってるだけで、全部が良いとは言ってない。お客さんには、あくまでも自己責任で判断してもらわないと」

自己責任が原則なのは当然だ。が、船井の人気と影響力は、それだけで片づけるには大きくなりすぎているのである。

これ以上の解説は不要だろう。船井幸雄は、バブル後遺症の中で閉塞状況に陥った現代人が救いを求めるオカルト神秘主義の語り部である。第三章で俎上に載せた京セラ会長・稲盛和夫も似たような役割を果たしているが、〝信者〟が企業人に偏る稲盛と違い、船井はより広く大衆に浸透し、根を下ろしている。

改めて指摘するまでもない。船井はニューエイジ運動《ムーブメント》の強烈な影響を受けている。一九世紀に流行して以来の心霊主義《スピリチュアリズム》に加えて道教《タオイズム》や禅といった東洋思想の反映が色濃く、個を超えた全体意識を重視する。ニューエイジは米国的な個人主義や科学万能主義の行き過ぎに対するアンチテーゼでもあり、それだけに全体主義的で、科学的な論理性・合理性の放棄に繋がりやすい。

言い切るからには、学問的な裏付けも必要だろう。船井の主張や、彼が推薦するアイディア、商品の大半は、東京大学教授・島薗進（一九四八年生まれ、比較宗教運動論）が整理するところの、ニューエイジに特徴的な信念や観念に、そのまま当てはまっているのだ。

＊　＊　＊

(1)自己変容あるいは霊性的覚醒の体験による自己実現
(2)宇宙や自然の聖性、またそれと本来的自己の一体性の認識
(3)感性・神秘性の尊重
(4)自己変容は癒しと環境の変化をもたらす
(5)死後の生への関心
(6)旧来の宗教や近代合理主義から霊性／科学の統合へ
(7)エコロジーや女性原理の尊重
(8)超常的感覚や能力の実在
(9)思考が現実を変える
(10)現代こそ意識進化の時代
(11)意識進化は宇宙的進化過程のひとこま
(12)輪廻転生とカルマの法則
(13)地球外知的生命（ＥＴＩ）との接触
(14)過去の文明の周期と埋もれた文明の実在

⒂人体におけるチャクラや霊的諸次元の存在
⒃水晶・音・香・場所などがもつ神秘力
⒄指導霊の実在
⒅体外離脱や誕生前記憶の体験による霊魂の存在の確認
⒆チャネラーやシャーマンの真正性
（島薗進『精神世界のゆくえ——現代世界と新霊性運動』31〜35ページ）

『脳内革命』はもちろん、医療用の「EMX」も健康食品「AOAアオバ」も、典型的なホリスティック医療の発想だ。また超越瞑想のマハリシ総研だけでなく、永久機関研究のスポンサーで、EMも扱う健康食品会社・ナチュラルグループ本社も、船井総研の有力な顧客である。本書に登場してくる人物や企業、現象のほとんどに船井は関わっていると言っても過言ではない。

「九九％の日本人党と一％の共産党」

「ニューエイジなどよく知らないし、まったく意識していませんよ」と、船井本人は気色ばんだ。だが現代世界、とりわけ先進資本主義各国では、当事者自身は独自のビジョンを提示しているつもりで、その実ニューエイジとしか言いようのない動きが同時多発的に進行している。一部の新興宗教、また社会問題化したカルト共同体の多くにその現実を発見できる。そこで前記の島薗進は、これらを単一の運動のような印象を与えるニューエイジの呼称で一括りにしては誤解が生じるとして、新霊性運動（文化）という新しい概念でより広く緩やかに捉え直す必要性を提唱している。ニューエイジが論じられる時、その舞台は西洋世界に限定されがちだ。だが新霊性運動としてなら、わが国での動向はより検討しやすくなる。本書で取り上げたあらゆる領域に同じことが言える。

私は再三、わが国の企業や官庁がオカルトに走る風潮に、〝引っかかり〟を感じる、と書いてきた。第四章で紹介した背景にはバブル経済があったとするR・ストームの分析には同感できたが、それだけでは不十分だと考えていた。実際、京セラの稲盛を取材した頃も、彼がなぜ、〝企業の論理〟でしかない理屈をああも堂々と〝真理〟だと言い張って憚らないのか、どうしても納得できない部分が残った。

それでも取材を重ね、文献を読み漁るうち、いくつかの議論が、私の〝引っかかり〟に裏付けを与えてくれたように思えた。

まず、一橋大学名誉教授・津田眞澂《ますみ》（労使関係および人事労務管理論）が、〝状況倫理〟ではなく〝情況倫理〟で動く日本企業の共同体的な特性を論じた文章だ。前者は〈文脈の前後から状況を判断する〉こと、後者は〈感ずるままに状況をとらえる〉ことである。

〈日本の伝統文化のアニミズムには、もともと個人の良心という項目はない。個人の良心なるものは、「上部文化」で育てられる。日本の「上部文化」では、個人の「良心」は「共同態《ママ》の価値観」に吸収される文化であった。「長いもの」や「みんな」に「巻かれる」

ことで、個人の良心は死んでしまう。状況倫理は、やはり西の世界の倫理であろう〉〈社員が「絶対同一人間」であれば、「法人」の器官として情況を判断し、「今はこうだから、こうすることが正しい。やるっきゃない」という「共同体」としての決断になる。共同体の決断だから、原点での個人の良心の責任は解除される〉(『日本の経営文化』186〜187ページ)

わが国の企業社会に〝個人〟が存在しないのは、伝統文化そのものなのだ。私がかねて感じてきた日本の企業社会のニューエイジ的カルト性を、容赦なく断定してもらった気がする。私はそして、島薗の新霊性運動論の中に、次のような指摘を見つけた。〈日本の新霊性運動は、日本やアジアの宗教思想や実践の伝統を発掘し、それらを継承発展させようとする動きと結びつきつつ展開してきた。思想的なレベルでは、次の四つの流れが有力である。

(a)アニミズム・古神道の継承を説く流れ
(b)密教・禅・唯識などの仏教の継承を説く流れ
(c)平田篤胤《あつたね》から出口王仁三郎《おにざぶろう》らに引き継がれていく霊学の継承を説く流れ
(d)中国を源泉とする東アジアの気の伝統の継承を説く流れ〉

〈アメリカやヨーロッパの新霊性運動と異なり、日本のそれは日本の主流の宗教や文化伝統と対立するどころか、たいへん近いところに位置している。欧米の新霊性運動がキリスト教や合理性を重んじる正統派の伝統と先鋭な緊張関係にあり、厳しい批判を受けたり、論争を重ねたりしながら形成されてきたのに対して、日本では国民的な文化遺産の国際的な自己主張や、近代化の過程で蓄積されてきた西洋文明の圧迫的な影響に対する、伝統的な霊性の復権として自覚されているという点である〉（『精神世界のゆくえ――現代世界と新霊性運動』61〜62ページ）

平田篤胤は、天皇崇拝を絶対視する復古神道を唱えた江戸時代後期の国学者である。当時、すでに仏教や儒教、道教などとの習合神道を拒否し、天皇中心の国家統一を図った明治維新の指導原理ともなった復古神道は、やがて新政府の進める近代化との矛盾を深めていく。現実の近代天皇制は民衆に厳しい生活を強いたとして、そのため後に大正天皇の下での神政復古を主張した大本教の出口王仁三郎の人気が高まり、国家神道体制との激しい摩擦を生んだ経緯は、すでに第三章で触れた。

わが国の場合、現代の新霊性運動を考えようとすれば、天皇制の存在を離れるわけにはいかないのである。それも明治維新よりもはるかに以前、古代からの日本民族の精神史に関わってくる。

島薗はさらに、新霊性運動に深い共感を寄せる音楽ジャーナリスト・湯川れい子の著書『幸福への共時性』を素材に論を進めていた。少し長いが、引用文も含めて紹介したい。

〈一九九三年三月、湯川氏は何かと思い悩むことを心に抱きつつ、神奈川県の寒川神社に参拝し、祈るうちに光明を感じ、次のような声を聞く。「スメラミコトハ、クニノオヤナリ。スベテノオヤヲウヤマヒ、スベテノコヲウヤマヘ」。しばらくして、年に一度、「調和」の日とし、夫とともに催している「魂の子守歌」の集いの日が来る。その六月九日は皇太子と小和田雅子妃の結婚式の日と重なった。この「偶然の一致＝共時性」にちなんで、一九九三年の「魂の子守歌」は「高天原縁起《たかまがはら》」のタイトルのもとに行われた。そうした催しを経つつ、先の神示の意味を考えながら、湯川氏はこれまでの自分の「責める気持」を省みる。自分のなかに天皇制を批判する気持があり、そのことと他者を責めようとする気持に関係があるのではないかと思うようになる。

でも、人の子には人の親があり、すべての命にはすべての命の親があり、あまねくすべての存在には創造神という天の親があるように、国にも国の親があったのではないか。国の違い、国境の違いは、やがてなくなるのが理想としても、今日までこうして私達が生命を長らえ、国土や家を持って暮らすことが出来た長い長い歴史の中には、民衆を自らの子と思い、昼夜をわかたず祈りを捧げ、身を賭して民を守った国の親達の存在があったのではないか。

自分の一生などという短い時間のサイクルの中では計ることの出来ない愛や祈りが、そこには存在していたのではないか。今私が、ここにこうして生きているということは、それらすべての親、すべての子と深くつながって在るということなのではないか——。

そう分かってみると、この世に責めるものなど、なにひとつありません。（二一ページ）

ここには新霊性運動などの起こるずっと前から、神道や民俗宗教や新宗教の信仰世界に親しんでいた人の声と区別しにくい伝統的な霊性や心情の音色がある。湯川氏が一九九三年六月の皇太子ご成婚に感銘を受けつつ、次のような神秘に惹かれるのも、言霊《ことだま》信仰の伝統と関わりがあろう。

おわだまさこ
かわしまきこ

島薗はこの後、韓国の反体制派詩人として知られる金芝河《キムジハ》の〝東北アジア生命共同体〟への期待を込めた文章を掲げ、やや遠慮がちに結んでいる。

〈大いに異なる響きをもつ二つの声を紹介したが、これらが同じ潮流のなかにあることは、説明を要しないだろう。また、どちらもナショナリズムの気配やユートピア的、ないしイデオロギー的な主張をはらんでいることが感じ取れよう〉（『精神世界のゆくえ――現代世界と新霊性運動』62〜65ページ）

ここまで読んで私は、以前国会図書館で調べ物をした際にたまたま発見し、興味を持った論文を思い出した。「現代天皇制とオカルト・ブーム」と題されたこの論文は、世論調査や独自のアンケート調査の結果などから、近年の若者が超能力や新宗教に代表される神秘主義に魅かれており、また彼らの天皇制に対する感情が好意的な方向に変化し、併せて権威主義を強めつつある状況を割り出し、両者を関連づけた議論を展開していた。〈特に子ども・青年のなかで、無力感・孤独感・自信のなさ、生きがいの喪失などが広がる一方、絶対的・神秘的なものに救いを求める傾向が広がっている。

他方一九七〇年代半ば以降、政策側は霊的なものの政治的利用を急ぐ一方、八〇年代に入り国民統合のイデオロギー装置として天皇・天皇制の利用を模索している。そしてその重要な一環として子ども達に「人間の力を超えたもの」すなわち、霊や絶対者（神・天皇）への「畏敬の念」を必死で育成しようとしている。

そうすると、子ども・青年の中でひろがりつつある絶対的・神秘的なものに対する信じやすい傾向と「人間の力を超えた畏敬の念」は近づきつつあることになる〉（前島康男「現代天皇制とオカルト・ブーム」『熊本大学紀要（人文・社会科学編）』第二十六号、一九九一年）

九六年五月、私はこうした資料を読み進めていく最中に、船井総研が千葉県浦安市のブライトンホテルで行った「一体化セミナー」に出席した。受講料五万円プラス消費税千五百円也。「二一世紀型企業を目指すために」という副題付きのセミナーには、ＥＭの関係で船井と繋がりがある世界救世教新生派の面々、関連会社「リム・コーポレーション」の顧客とおぼしきパチンコ店店長、なぜか統一教会系の旅行会社「世一観光㈱」の幹部ら、興味の尽きない顔触れが、多数参加してきていた。

船井はそこで、〝一体化〟こそ、〝エヴァ〟の世界を築くための重大な要素だと語った。

一例が先頃までの自社連立政権だとして、こう続けた。

「スイスの元国会議長の息子で、今ではスイス一の法律家に会った時、こう言われました。日本はすごくいい方向に向かっている。九九％の日本人党と、一％の共産党になったじゃないか。これは素晴らしい。パレスチナだって、ロックフェラーとロスチャイルドが仲直りしたから平和になったんだ、と。

相対するものが一体化しつつある。敵も味方も一体化して、全部味方になる。これはトクですよ。善と悪とが一体化すれば、全部善になるのである。これからは、企業が伸びる原則も時流も、すべて一体化していくんです」

船井はどこまでも、少数派の存在を許さない。連立政権をどう評価するにせよ、〝九九％の日本人党〟という表現に、私は緊張を強いられた。

ニューエイジャーであることに無自覚な船井は、島薗進の言う〝新霊性運動〟の担い手に他ならない。彼の主張に大本教や生長の家など古神道系新興宗教の教義との共通点が多いのは、偶然ではなかったのだ。

「現代天皇制とオカルト・ブーム」の論文に照らした表現をするなら、船井が意識的に〝霊的なもの〟や天皇制の〝政治利用〟を図る〝政策側〟と同じ立場に立っていると断定できるだけの材料は持ち合わせていない。ただし彼が、そうした時代状況を的確に把握し、商売に役立てているのは確かである。一体化セミナーでの船井の言い回しを借りれば、「時流に乗って」いる。

船井幸雄とは、そして実に日本的、というより、〝日本〟そのもののような生い立ちや経歴を背負った人物であった。

神官の家系に生まれて

船井幸雄は一九三三(昭和八)年一月十日、専太郎・コギク夫妻の長男として、大阪府中河内郡松原村(現在の松原市)で生まれた。下に妹と弟がいる。彼の家は、付近一帯に散らばる船井一族の本家だった。

神官の家系である。今も大阪などで神主をしている親族が少なくない。有力な農家だった専太郎もその父親も、地元の熱田神社の管理を任されていた。船井にとっても、神社は庭のようなものだった。

船井自身の回想。

「特に神主の教育を受けたわけじゃないですよ。子供の頃は戦争で、毎朝御灯《みあかし》を上げ祝詞《のりと》をあげて、兵役に出る人を万歳で見送った。晩になると家族の人たちがお参りにきたのをよく覚えてます」

現在の世話人によれば、この神社は文字通り、熱田神宮(名古屋市)の流れを汲んでいるという。なお熱田神宮は旧官幣大社で、三種の神器の一つである草薙神剣が祀られた、伊勢神宮に次ぐ由緒ある大社である。

船井は勉強がよくできた。今も地元に残る従兄弟によれば、彼ら一族は例外なく秀才だったが、船井の知識欲には誰もかなわなかったという。

「幸雄さんは、自分の家で朝日新聞を取ってるから、ウチでは違う新聞取ってくれ言うてね。毎日やって来ては、隅から隅まで全部読んでいたのをよく覚えています」

活字好きの船井は、やがて新聞記者を志す。父・専太郎の親友に朝日新聞の相撲記者がいて、その優雅さに憧れたのだと、船井は笑った。

船井が京都大学農学部農林経済学科を卒業した五六年当時、世間は神武景気に沸いていた。経済白書が「もはや戦後ではない」と書いたのはこの年の七月である。が、志望の朝日新聞社の門戸は狭かった。

「入れてくれるって新聞社もあったのよ。でも当時の僕はマルキストで、卒論のテーマを『経済外強制と封建制』にしたほどだったから、その社の論調がどうしても嫌だった。今は逆だけど。で、本採用待ちということで、朝日のバイトを始めたんです。来る日も来る日も、『週刊朝日』に掲載された絵の人気投票か何かで送られてくる葉書にハンコを押していました」

ところが船井は、わずか一カ月後、当時の関西財界の大物・三村起一（一八八七～一九七二）が会長をしていた「㈶安全協会」に就職する。船井によれば、学生時代の何かの折に彼に噛みついた縁があり、そのことを覚えていた三村が声をかけてくれたのだそうだ。

住友系各社の社長を歴任し、後に石油開発公団総裁や中央労働災害防止協会の初代会長に就任することになる三村は、東京電気の蒲生俊文らとともに、わが国産業界における安全衛生運動の草分けだった。早くも大正年間、労務管理の延長に安全管理を位置づけていたと伝えられる（鎌形剛三「安全の先駆者たち」『安全』九三年六月号）。

この安全協会入りが、船井のその後を運命づけた。最初の仕事は雑誌の編集である。彼は同協会に籍を置きつつ、その頃労務管理の分野で流行していた〝人間関係論〟（Human Relations Approach）の実践を目指す関連機関「安全の科学研究会／産業心理研究会」の『人間と経営』や、国鉄や鉄道車両メーカーの団体「日本安全衛生協会」発行の『安全衛生』などの専門誌の編集に携わった。企業の労務担当者や産業心理学者と交流する一方で、「経営と能率からみた労働時間」「安全への疑問」「阪和線の自動警報装置におもう」といったタイトルの署名記事も数多く残した。

なお人間関係論とは、管理者と従業員、労働組合と従業員、組織目標と個人目標など、職場の人間的な側面を重視する経営学の立場および研究を指している。テーラー・システム、ホーソーン実験など、作業能率を向上させるための幾多の試行錯誤の末、集団力学や社会心理学の充実に伴い一躍発展を遂げていた（たとえば車戸實『経営管理のプロセス』19ページ）。第一章でソニーの超能力研究を取材した際、私は学生時代に読んだ本（『The Human Side of Enterprise』『ソニーは人を生かす』）を想起したが、この二冊はいずれも〝人間関係論〟のエッセンスを述べていた。

五年後、船井は独立し、他の仲間と宣伝販売のコンサルタント事務所を興す。三年ほど頑張ったが、個人事業主の辛さを痛いほど思い知らされたと言う。この間、ある衣料品店に勤務する経験もしたらしい。

会社経営をいったん諦め、「㈱日本マネジメント協会」（ＪＭＩ）に入社したのは六四年のことだった。この、金融業や農協、官庁を主な顧客とするコンサルティング会社にあって、船井は経験を生かして流通分野の顧客を次々に獲得し、たちまち頭角を現した。

当時の上司で、現在ＪＭＩ理事長の水島信男が述懐する。

「船井君は一種の天才でした。人の心を捉える才能を、生まれつき持っているんです。これは教えてどうなるもんでもない。創造性の高い人だから、彼のアイディアは一見飛躍が過ぎるように見える。でも彼には、それをお客さんに納得させてしまう力があった。マーケティングは常にマス・マーケット、つまり大衆を狙う戦略を採るのが信念のようでした。最近の著作の内容も、そういう彼一流のやり方がよく現れていると思います」

入社二年後の六六年には経営指導部長、六七年には関西事務所長と、船井はとんとん拍子に出世していく。が、六九年九月、周囲と意見が対立したのを機に、またもや会社を飛びだした。

船井は今度こそ周到に準備を進め、独立経営者として成功への道を歩みはじめた。七〇年にはＪＭＩ時代の後輩数人を引き連れ、「㈱日本マーケティングセンター」を設立する。十五年後に社名を「㈱船井総合研究所」と改めて、現在に至っている。

大日本産業報国会

船井の職業遍歴は、戦後の日本的経営を支えてきた労務管理の歴史と重なり合っている。若き日の〝マルキスト〟が、なぜ資本家の軍門に下ったのか。彼は言葉を濁した。「とにかく食っていかなくちゃならなかった。三村さんが可愛がってくれていたし」

一九四〇年代後半から五〇年代初頭にかけて、経営者たちは労働争議の激化に悩まされていた。四八年に結成された日本経営者団体連盟（日経連、二〇〇二年に経済団体連合会と統合して現在は日本経済団体連合会）は、当初こそ急進的組合への組織攻撃、弾圧で対抗したが、やがて経済同友会の主張に足並みを揃え、修正資本主義・労使協調路線を模索するようになっていく。

なかんずく労働者の保護に努めようとする安全衛生運動は、一般に〝アカ〟の仕事だと受け止められていたという（中央労働災害防止協会編『日本の安全衛生運動』269ページ）。そこで船井は、資本側が作った安全協会を、かえって言論によるマルキシズムの実践が可能な職場と考えたのではなかったか。

船井が社会人生活一年半を経過した頃発刊された『安全衛生』（五八年一月号）に、彼の手になる編集後記が残されている。

〈私は、刑法学者でもないし、法律を専門に学んだのでもない。しかし「刑罰の目的」としての応報刑論と教育刑論の論争には大いに興味を持っている。犯した罪に対して刑を科

するという応報刑論と、二度と罪を犯さぬよう教育する意味での教育刑論。私は軍配を後者にあげたい。（中略）

私は、結局は従業員個々の自覚に待たなければ一時的に強制とか、処分とか、賞金とか、競争とかで成果を上げても、根本的には事故や病気の繰り返しを断絶できないと思う。要は全従業員が、お互いに信頼しあい、個々の責任で仕事を理解し、自覚しなければ災害や病気は決してなくならない〉

第三章で言及した稲盛和夫の〝京セラフィロソフィ〟の重要な要素でもあったソ連のスタハノフ運動（戦前から冷戦時代にかけて展開された生産性向上運動。労働者の自発性を重視する）への共感が、この文章からは読み取れる。そう水を向けると、船井は懐かしそうに言った。

「学生気分の名残りがあったんだねえ。好きなようにやらせてくれる、いい職場でした」

安全衛生運動は、しかし労働者の保護のためにのみ存在してきたわけではなかった。左右の対立軸だけで捉えきれる領域でもない。

昭和初期までの安全衛生運動の進展は、確かに劣悪だった労働環境の改善に大きく貢献した。が、戦時中は労務統制運動に変質する。前出『日本の安全衛生運動』によると、中核団体だった「産業福利協会」や「日本安全協会」は〝労使一体、産業報国〟を提唱する国策推進機関「協調会」に吸収され、四〇年には「大日本産業報国会」へと統合された。

人命尊重の理念は、すでに跡形もなくなっていた。安全運動を名乗る催しは残されたが、もっぱら〝産業戦士〟の技術や体力の向上面だけに精力が注がれたという。後に船井を引き受けることになる三村はといえば、四一年の大政翼賛会中央協力会議で、〝産業報国神社〟の建立を求める提案をしていた。

「ただ働かせるだけではいけません。人の心を鼓舞するものは、言葉だけではいけません。卑近なものは物質であり、高きものは名誉である。第一線の将兵には国家的表彰がありま す」「第一線と同様だと激励される産業戦士は、今や物的方面においては賃金統制令によって規制されておって吾々としてはほとんど報いる方法がない」「願わくば産業第一線の殉職戦士の為にも産業報国神社のごときものを創始して」「尽忠報国の亡き魂を弔い、慰めていただければ産業戦士達もお互いに万一の場合には、報告神社に会いに来てくれと言えるようにして、安心立命と名誉とを与えていただけると思います……」(『日本の安全衛生運動』234〜241ページ)

戦争が終わると、安全衛生運動は復活の兆しを見せはじめた。当時の占領軍は全国的単一団体の結成を禁止していたので、小さな安全団体が地域別・産業別に作られ、これらが推進機関として四六年に設立された「㈳全日本産業安全連合会」に集う形が採られた。船井が勤務した安全協会は、大阪地区の運動母体だった(同書320ページ)。

戦争目的は消えた。が、その代わりに経済復興が国是になろうとしていた。

この局面は、いわゆる左翼の面々にとっても、その政治および労務管理手法を生かす絶好のチャンスとなったようである。戦前の共産党の闘士で、戦後ＴＱＣ（全社的品質管理）の普及に貢献した小柳賢一（日本科学技術連盟初代専務理事）は、実は最後まで共産主義思想を抱き続けていたらしい（徳丸壮也「日本的経営盛衰記⑭／ＴＱＣプロデューサーの赤い思想」『週刊ダイヤモンド』九六年四月六日号）。さらに時代が進み、船井が安全協会入りする前年の五五年には、復興期の財界にあって国家社会主義的と言われた経済同友会の中心人物だった郷司浩平の主導で、日本生産性本部が設立されている。

〈この生産性本部こそは、確立された経営権のもとで労働者の積極的協力を調達する方法を研究・指導する機関であり、これがかつての同友会左派のリーダーによって作られたことは、企業民主化の変容をみごとに表現しているといえよう〉（『戦後日本のイデオロギー対立』45～46ページ）

とする京都大学教授・大嶽秀夫（政治学）の分析は明確である。高度成長への幕が開き、三村起一ら戦前・戦中の立役者たちが第一人者であり続けていた安全衛生運動は、生産性運動と連動しつつ、またしても労務統制運動の色彩を帯びた。〝産業報国〟の精神は、目標を変え、マルキストたちのノウハウを貪欲に取り入れながら、わが国の社会を再び規定していくのである。

会社人間を作る洗脳教育

船井が後に入社することになるＪＭＩはどうだったか。

同社は五七年、MTP（Management Training Program＝管理研修プログラム）と呼ばれる企業内教育を中心とした教育訓練会社として創業されている。『産業訓練百年史』によれば、MTPは戦後のわが国で最も普及した管理者訓練だが、元来は米国極東空軍の下士官用プログラムだった。

MTPは進駐軍立川基地の日本人管理者向けに翻案され、一定の教育効果を上げた。これに通産省が着目した。基地で養成されたMTPインストラクターを集め、五五年に「㈳日本産業訓練協会」（産訓）を発足させて、企業内教育への応用を図ったのだ。

産業訓練協会は現在もMTPを主力商品にしている。同協会の情報編集室長・福田博の説明はこうだ。

「管理者たちを一カ所に集め、具体的な設問を与えて議論させていきます。大学で言えば講義ではなくゼミのような感じですね。回答はあらかじめ用意してありますが、議論を通して、互いに納得していける点が特徴です。管理者のベクトルを揃えるのが狙いですから、〝定型訓練〟とも呼ばれます」

JMIもまた、通産省の動きに呼応した元インストラクターたちが設立した会社だった。産訓のような国のお墨付きはなかったから、独自のアレンジも加えたものか。私が取材した元社員の中には、MTPを「兵隊が喜んで死ねる洗脳の方法」と理解していた人もいる。

企業内教育は、六〇年代半ばにST（Sensitivity Training＝感受性訓練）の全盛期を迎える。明治大学教授・山田雄一（経営心理学）によれば、STとは〈受講者をあらゆる集団帰属関係から切り離すことによって、文化的孤島（cultural island）を作り出し〉〈集団参加欲求についての激しいフラストレーションをひきおこし、これを動因として、対人的共感性（empathy）に目ざめさせるとともに、集団形成のメカニズム、集団機能の本質、などについて洞察を得させる訓練〉（『社内教育入門』213〜214ページ）である。

STもまた、米国生まれの技法だった。四六年、ナチス・ドイツから亡命したユダヤ人心理学者クルト・レヴィンが、差別撤廃運動のリーダーを養成する過程で、偶発的に生まれたとされる。これが軍隊や企業、宗教団体の教育訓練向けにアレンジされ、四〇年代末に在日米軍にもたらされた。その後、前記のMTPに物足りなさを覚えていたわが国の産業界の要請に応えて立教大学キリスト教教育研究所と産業能率短期大学が独自の研究を重ねていたところに、東京相互銀行の研修課長だった堀田敏安が禅の要素を加味し、企業社会で一挙に普及させたという（福本博文『心をあやつる男たち』22〜24、45〜46ページ）。

要するに洗脳教育だ。第四章でヒューマン・ポテンシャル運動が洗脳ビジネスに転化していくプロセスを見たが、日本企業の教育訓練はその上陸以前から、ニューエイジの色彩を帯びていたことになる。

STを受講したために精神異常をきたすサラリーマンは珍しくなかった。死亡事故も相次いだらしい。それでも企業は、STに社員を送り込み続けた。日本化薬や清水建設、住友信託銀行、キリンビール、ディスカウントストアのダイクマなどが、殊に熱心だったという（『心をあやつる男たち』77、103、161ページ、高橋功「『やる気』は自分を知ることから生まれる」『プレジデント』八七年六月号など）。

さすがに七〇年代には下火になるのだが、船井が在籍した当時のJMIは、このSTも手掛けていた。すでに経営コンサルタント会社への脱皮を果たしてはいたものの、経営指導には教育訓練がつきものなのだ。

STに熱心だったダイクマは、JMI時代の船井の担当企業だった。当時のダイクマの営業部長で、現在は神奈川県相模原市に本拠を置く大手ディスカウントストア「㈱アイワールド」社長の五十嵐由人《よしと》（一九四二年生まれ）は、今もSTをベースにした教育訓練を社員に課している。

私は五十嵐に会った。船井〝哲学〟の実践者を自認する彼は、終始にこやかに語った。

「奥津一男さんっていうダイクマの二代目社長が生長の家の信者でね。精神世界が大好きだったんです。会津の貧乏農家のセガレのくせに、六歳で商売に目覚めた私は、社長にずいぶん可愛がられた。たぶん日本で第一号の自己啓発セミナーにも勧められて行ったし、生長の家の練成道場にも連れていかれて、〝病は気から〟〝人生は思った通りになる〟という教えを、その通りだと思いました」

「セミナーにはずいぶん行ったなあ。真冬に裸で正座したり、殴られたり。滝行もやった。死んじゃった奴も何人かいた。それでも私は、自分を知りたい一心で、STの第一人者である堀田敏安さんにも鍛えてもらった。すると無限に続く鉄の扉が見えてくる。自分は過去世まで背負って呪われてるのかと思うと、『お前はそこまでだ！』っていう笑い声が聞こえてきて、もう狂う一歩手前。それでも頑張ってると、堀田さんが、『イガラシー！俺を殺す気かあ⁉』と叫ぶんだ」

「そんなこともあって、ダイクマ時代は部下をたくさんＳＴに送りましたよ。業績上げるために、じゃない。それを経験したことで、自分自身が解放感や至福を味わったから、愛する部下たちにもわかってもらいたいの。それだけ。でも結果として、結束力は強くなるし、価値観が同じになるから、仕事してても盛り上がるようになるんです」

「七五年に会社を興してからは、毎年一月から二月にかけて、入社三、四年の社員を対象に、神奈川県の丹沢の山ン中で、潜在能力開発訓練をしています。それで人間の本質を自分で摑んでもらう。二十人の集団を三つのグループに分けて、精神的な〝攻防戦〟をさせるんです。ＳＴに他のいろんな経験を加えて、私がプログラムを作りました。一通り終わってから経営観とか人生の法則なんかを話すんだけど、やる前だったら頭でしかわかってくれないことでも、やった後だと実感してくれます」

「私自身の解脱は四十歳の時でした。ある研修で潜在意識の中に入っていったら、三歳のところで、母のオッパイを吸ってる妹が出てきた。私は近寄らせてもらえない。苦しんでると、突然、妹が生まれる前の世界になったんだ。目の前にピンク色のオッパイが一杯に広がった。ふと上を見ると、お袋がニコーッと笑ってる。あ、観音様だ、自分は愛されてるんだ、と。その瞬間、四十年の間に溜まったガラクタが、煙突から全部抜けていった思いがしました。これ以上ない境地でしたね」

「ウチの潜在能力開発訓練は、船井先生と直接の関係はありません。でも、私はいつも先生の中に自分を発見している。船井哲学の、私は実践者だと思ってるんですよ」

五十嵐のやり方を、社員たちはどう考えているのだろう。アイワールド社内報『生きる』の創業二十周年特別記念号（九五年二月号）には、五十嵐の言う〝攻防戦〟を経験した若者たちの座談会が掲載されていた。さすがに京セラやＮＥＣの資料には見られない強烈な内容なので、一部を抜粋しておく。

〈Ａ「（学生時代の）自分というのはどちらかと言うとですね、完全に、斜め視線体制《ママ》と言うかですね、見るもの聞くもの、全てを否定していましてですね、こんなくそ面白くもない社会の中で生きていてもしようがねぇな、と言うような少年でありましたので、そんな中でズバッと経営理念、および社長が信念を持って書かれた文章を見た時にですね、正直言って、こんな事をよく言えるなと。どんな人なのか一回会ってみようと思ったわけです」

Ｂ「（攻防戦の）最初のフィルムを見た時は、正直言ってやっぱり、宗教会社だと思いましたね。洗脳される会社なんじゃないかなぁ、という事が非常に強い中で、そうだとすればまぁ、考えなんだからやってみなきゃ判らないだろうという中で、飛び込みました」

「当時は約一週間ありましてね、そのうち、一回目の攻防戦をやるまでに約二日くらい、二回目の攻防戦も、二日か二日半掛かったんですね。で、夜も殆ど寝ないで相手と戦い続けて、自分のチームでも戦い続けて、食事もあまり取らずにという、かなりハードな内容でですね、本当に陸軍中野学校みたいな感じでしたね（笑い）」

Ａ「じゃあ自分の人生をどうするんだ？　と言った時に、やっぱりそこで現れた人というのは、ミスター五十嵐由人という人だったんです、自分にとって。五十嵐社長に聞かないと、この間までのこの四年間の俺の人生はなんなのだ、というような気持ちになりましたですね。であれば、あの攻防戦のステージはベストだと、自分で勝手に判断した訳ですね、社長もいるし。ああいう攻防戦というスタイルの中へ自分は身を投じてですね。今の自分のままで行こうという事で、会社には行かずにバスに乗り込んだ訳ですね。で、回りは全部先輩社員ですね。自分が色々叱られて来た大先輩方が、ダーッといる訳ですよ」

Ｃ「社長の哲学の中で経営理念というものが出来て、社長ご自身も、ずーっと経営理念を自分の中で体得されて、勉強されて、学ばれて、気付いて、今もまたその繰り返しかなと思うんです。その奥行きは、メンバーはどうかと言ったら、やっぱり自分自身で摑むしかないと思いますね。経営理念、あ、これだ！　という事の繰り返しかなと。だから社長がずっと言われています、生き生きと生きて、成長して、豊かになる、この事をやはり自分の中で理解し深めながら、それを摑んで行ってほしいと。で、経営理念は一人一人の心の中にあるんだよと。それをやる事によって、やっぱり素晴らしい現象を作れるんだと」

……。〉

いわゆる日本株式会社の会社人間たちは、自然発生的に登場してきたわけではない。一人では生きていくことのできない、社会的動物である人間の最も弱い部分を衝いた、労務管理技術の深化の賜物でもあった。ムラ社会の伝統に加えて戦前・戦中の産業報国会的な思考パターン、戦後の復興を支えた企業内の労使一体の空気が、効率をより高めた。船井幸雄が社会人としての第一歩を印《しる》し、才能を育まれたのは、そのような世界だった。

「すべては必然必要ベスト」

人間の思想は職業的体験だけでは形成されない。豊かな農家に生まれ、超一流大学を卒業したにもかかわらず、船井は人並み以上の苦労を積み重ねてきた。

船井自身が回想する。

「高校生の頃、なぜか頭が禿げてしまった。今の仕事に就いてからは、実際より年上に見られるから逆に好都合になったけど、若い頃は悩みましたよ。背も低くて女の子にはもてないし、ケンカするたびにハゲと馬鹿にされる。おまけに気胸といって胸まで悪くして、東大志望だったのに、現役の時は受験もできなかったんです」

これが最初の挫折である。希望通りの就職が叶わなかったことはすでに書いた。

父・専太郎の心配はかなりのものだったらしい。堅実な船井一族の本家の長男として、農家を継ぐのでなければ堅い大企業や官庁に勤めてもらいたいと考えていたようだが、船井にはまるでそんな気がなかった。

「僕は昔から、他人の下に就けない性分なんです。戦時中の軍事教練でも、配属将校に逆らっては殴られてたぐらいでね。朝日のバイトを辞めたのも、まるでサラリーマンみたいな悲哀を感じてたからなんです」

船井一族の異端児は、次第に父親との溝を深めていく。ある親族によれば、船井が安全協会を辞めて最初の独立をした際、専太郎は「勘当だ」とさえ口走ったという。

船井はこの間、四歳年下の女性と結婚し、男児をもうけている。だが事業が軌道に乗らず、さりとて父親との確執で実家の援助も受けられない生活は困窮を極めた。

そして六二年。まだ二十歳台だった船井は、その父親と、最愛の夫人を相次いで失ってしまうのである。

「父親はガンだったから、仕方がない。でも彼女は昼の十二時にお腹が痛いと言いだして、夜の十時に亡くなってしまった。年の瀬の寒い季節だったから、作ってくれてた食事がそのまま残ってて、何日も食べました。もう仕事なんか手につかなかったですよ」

この件について、船井は多くを語ってはくれない。ただ、これも親族によると、彼は二人の死に相当なショックを受けた様子で、「自分の責任だ」と繰り返していたという。

非礼を承知でプライバシーに踏み込むのは、今日に至る彼の人生観・死生観はこの時期から培われてきたと、船井自身が著書などでしばしば述べているからだ。『未来への分水嶺』には、こうあった。

〈(妻は)まだ二十五歳、幼児を残しての悲しい(?)旅立ちでした。

このようなことがあり、私は「生命とは？」「運命とは？」「死とは？」といやおうなしに深く考え勉強するようになったのです。

それまでの私は、運命や宿命論はもとより輪廻転生の考え方などにつきましては、全く興味がなくつまらない妄想の一種とぐらいにしか思っていませんでした。

この種の勉強をはじめて、スウェーデンボルグを知り、エドガー・ケイシーを知りました〉（27ページ）

なお二人の人名のうち、前者は一八世紀を、後者は二〇世紀を代表すると言われる霊媒あるいは予言者である。いずれもニューエイジの定番的人物だ。船井のマルキシズムへの情熱は、とうに醒めていた。

翌六三年には、現夫人の和子と再婚する。今でも「乳飲み子を抱えた若ハゲ男のところによくぞ来てくれた」と彼女への感謝を絶やさない船井の姿は微笑ましい。

七六年十一月、今度は船井が人生の師とも慕っていた男が五十一歳の若さで急死した。

岐阜県の大手小売業・ヤナゲンの社長だった浅野貞二である。

同社は前々年、大垣市の東にある穂積町に売り場面積一万五千平方メートルという東洋一のホームセンターを完成させていたが、赤字が続いていた。そこに大型台風が直撃して大浸水の被害を受け、浅野の心労は頂点に達していた。

浅野の夫人で、現在のヤナゲン社長である浅野千恵子が回想する。

「主人は立て直し策を練ろうと、船井先生と四国を旅行してきたばかりでした。先生にいいヒントを貰ったと喜んで、夜、自宅で私と一緒に五年後、十年後の計画を作ろうとしたとたん、倒れてしまったんです」

ホームセンター建設をアドバイスしたのは船井だった。彼はまたしても自責の念にかられ、しばらくは誰とも会わずに悩み続けたが、二十日間ほどが過ぎた頃、突如、浅野の声が聞こえた気がしたという。

「もうクヨクヨするのはよしなさい。この世で起こることは、すべて必然、必要なのですよ」

と。何もかもが吹っ切れ、以来、この言葉が信念となったと、船井自身は書いている（たとえば『「ツキ」を呼び込む自己改造法』183～186ページ）。

この話を知った時、ずいぶん自分勝手な開き直りだと思った。実際に船井に責任があろうとなかろうと、人一人が亡くなったことに対して〝必要〟はないだろう。私が夫人の立場なら、この言葉だけは絶対に許さない。

岐阜まで浅野千恵子に会いに行ったのは、何よりもその感想を聞きたかったためだった。ただし、この点は私の早とちりだったらしい。彼女の応えはこうだったのだ。

「その言葉は主人の口癖でした。もっと遡ると、若い頃の私たち夫婦が自殺を考えたぐらい追い詰められていた時、義母に諭された言葉だったんです。誠実な船井先生は、その後も命日には欠かさずお参りに来てくださいました。私が十一年目に「お忙しいのですから、もうお止めください」と申し上げるまで」

船井はこの間も、仕事の上ではがむしゃらで、どこまでも戦闘的だった。やりすぎて顧問先の企業を次々に倒産させた時期もある。〝喧嘩の船井〟〝猛獣軍団〟の異名さえ奉られたという。

七〇年代後半に千葉県習志野市で繰り広げられたスーパーの出店競争、いわゆる〝津田沼戦争〟で、イトーヨーカ堂の参謀として見せつけた実力は、今も小売業界の語り草である。八〇年代に大手百貨店「そごう」が進めた巨艦店戦略の理論的支柱にもなっていた。

「だけどいつの時代も、経営者という人種の九十何パーセントかは、いざという時に神様や易者に相談に行くものなんです。家庭や健康のことも含めてね。彼らは論理よりも、断定してほしいんですよ。経営コンサルタントという仕事を社会科学として追求してみても、それじゃあ絶対に勝てないと何度も思った。それで神様の世界をとことん勉強してみたいという部分もあります」

そうした研究の成果を、船井が初めて公にしたのは七九年、ビジネス社から『包みこみの発想』という本を世に問うた時だった。それまでの著書とはガラリと趣を変え、生きがい論や前世の記憶、死後の世界など、今日の船井が語り続けている内容の原型が書かれた。

「そしたら、あいつはオカルトや、神がかってるってボロクソ言われてね。お客さんもずいぶん減ってしまった。僕も商売、それからしばらくは何も言わずにおったんです」

やがてバブルの時代が訪れ、彼の志向が受け入れられる環境が整っていくことは、これまでにも述べてきた通りである。八〇年代半ばまでには、中村天風や安岡正篤ら、すべては精神の持ちようだとする超楽観主義の右翼思想家の人気が高まる状況も顕れていた。

　船井はそして、精神世界専門の出版社「たま出版」社長の瓜谷侑広《うりたにゆうこう》（一九一五～一九九七）が八六年夏に設立した「㈱たまメンタルビジネス研究所」に、京セラ会長の稲盛和夫とともに役員として名を連ねた。ニューエイジを説く船井の近年のやり方はこれを真似たのだと語るのは、〝同志〟だった瓜谷である。

「われわれが目指すのは〝宇宙意識とビジネスの統合〟です。自我を捨てられない〝第一ステージ〟にあるビジネス界を個体意識から抜け出させ、近い将来、宇宙生命エネルギーを主役とする〝最終ステージ〟に持っていきたい。そのために企業経営者たちの懇談会として〝ホロニック・マインド・クラブ〟を組織しました。

　ウチの雑誌でインタビューしたのがキッカケで、私と稲盛さんが意気投合しましてね。そういう会をやろうということになって、旧知の船井さんを引っぱり出した。そういう関係でした。

　ところが、最初のうちはうまくいかなかった。この世界では私がズバ抜けているから、なかなか皆さん、ついてこれない。問題意識を持った経営者がいても、まだ成熟しておらず、社会全体で顕在化してなかった頃でもありましたから当然です。それで船井さんは辞めていき、ご自分で精神世界を語り始めたんです。

　今思えば、彼はウチを見て、これは商売になると踏んだんだろうね。大阪商人らしく。

言うこととやることが全然違う。船井さんは、個体意識からまったく離れていませんよ」

船井幸雄と稲盛和夫。ニューエイジを企業社会に持ち込んだ二人の経営者は、こんなところにも接点があった。ちなみに稲盛は現在も同研究所の役員のままだが、彼もまた、事実上は瓜谷と袂を分かっている。

「稲盛さんも船井さんとそっくりだ。彼も私と離れてから、〝盛和塾〟なんか作って、教祖になってるでしょ。ああいうことが根っから好きで、だけど京セラの中ではなかなかできないから、外に信者を集めて。でも彼は優秀だから、いずれ私のところに戻ってくると思いますが」

と、瓜谷は言った。「たまメンタルビジネス研究所」を離れてからの船井と稲盛は、ターゲットとするファン層の微妙な違いを保ちつつ、かといって十分な棲み分けはできないまま、あたかも精神世界ビジネス界におけるライバル同士のように過ごしてきている。幼き日に優秀な学業成績を修め、強烈なエリート願望を抱きながら、病気や家庭の事情から果たせず、独力でのし上がっていくしかなかった点で共通する二人の経営者は、それぞれに老境を迎え、遅れてきた〝エリート〟として、オカルトを方便に人々を内面から支配する快感に恍惚としているように見える。

今、船井は語る。

「私自身も超能力を持っている」「水に〝気〟を入れてみましょう」「雲を消してみせます」「あなたの〝チャクラ〟（エネルギーの集積部）を開いてあげよう。元気になりますよ」……。

闇の世界の住人たち

八八年九月、船井総研は、経営コンサルタント業として世界初と言われる株式公開を成し遂げた。バブル崩壊にもめげず、その後も九三年に東京・五反田、九六年に大阪・中津に新社屋を完成させるなど、なお躍進を続けている。従業員数は九六年度十二月期で二百六十八人。同期末の営業収入は約五十二億九千二百万円、経営利益は約八億五千七百万円となった。

徒手空拳でここまで登り詰めるには、俗に言う清濁併せ呑む器量が求められたということなのかもしれない。船井幸雄の周辺には、時折闇の世界の住人の影がちらつくことがある。

八〇年代初頭、後に参議院議員となるプロレスのアントニオ猪木が経営していた飼料の製造販売会社「アントン・ハイセル」が経営危機に陥った。船井総研が再建に協力したのだったが、その過程に山口組三代目組長・田岡一雄の長男である田岡満（一九四三～二〇一二）が絡んでいたとする証言がある。

語るのは、初期の船井の著書を数多く世に送りだした出版社の元社長である。

「新橋の料亭でした。船井さんに誘われて、田岡さんと、ある占い師の四人で会食した。もっとも私は深入りしたくなくて、食べるのに専念していたから、話の内容はよく覚えていませんが」

ちなみにこの時の占い師は、その後、元社長や船井の名前を騙《かた》って詐欺まがいの行為を働き、警察沙汰になりかかったという。

猪木の会社はバイオ研究で名高い岡山のベンチャー企業「林原」と提携し、急場をしのぐことになる。間に立ったのは船井だが、彼は田岡の関与を否定した。

「よく知ってはいますけどね。田岡さん自身は暴力団じゃないし、いい男ですよ。ただ何かで一緒に食事をしたら、次の日に兵庫県で公安委員をしてる知人から連絡があって、「やめとけ」と言われた記憶がある。警察って凄いね」

船井総研のあるOBによると、この田岡満との交際を、船井が社内外でことさら吹聴した時期があったという。もっとも、船井がその筋の人脈を広げるキッカケを作ったとしてこのOBが名前を挙げた在阪の小売店チェーン経営者は、首を横に振った。

「商売というのは厳しいもんです。私だって不渡りを出したの危ないのと何度もデマを流された。そんな時、府警の警官になった同級生を思い出して、その男との関係を多少大袈裟に話すことで身を守ったりもした。船井先生と暴力団云々も同じじゃないですか。先生にだって、そんな時期があったはずですよ」

経営コンサルタントというビジネスは、単なる経営指導請負業ではない。猪木の時もそうだったが、危機に陥った企業にスポンサーや金融を繋いだり、M&A（合併・買収）の仲介も頼まれる。この間にトラブルが発生する場合が少なくない。

横浜市に本社を置く、従業員六十人足らずの中小企業が九四年、ある勢力に乗っ取られた。私が接触した同社関係者たちの口は重く、正確な経緯はわからない。だがアングラ経済の事情通たちは、ここに船井が介在したか、少なくとも船井の名が騙られたに違いないと口を揃える。

彼らによれば、実行部隊は昨日今日の駆け出しではなく、数年前に山陰地方の有力自動車ディーラーの経営権を握った実績もあるという。また部隊の拠点だとされる、ビルや駐車場建設に関する情報を売買する企業――仮にT社と呼ぼう――の会社案内には、取締役になっているそのメンバーたちと並んで、相談役として船井幸雄の名前が印刷されていた。

船井にこの情報をぶつけると、彼は全面的に否定した。T社の存在も知らないと言う。だがT社の幹部はこう語った。

「私はもともと大阪の新聞記者でね、船井さんとは古い付き合いなんです。マネジメント協会を辞めて、会社を興そうとしてる頃にずいぶん手伝った。その縁で相談役になってもらいました。でも、横浜のその会社のことは知りませんよ。ディーラーの方は、ある事件があって確かに関わりましたが、こっちは船井さんとは関係ない」

この幹部はT社とは別に、大阪で都市交通問題に関わる財団法人の機関紙の編集を任されている人物でもある。同財団の理事や評議員のリストには、警察庁や関西財界の大物たちの名前が、山ほど列挙されていた。理事長に浅沼清太郎（元警察庁長官）。以下、大西正文（大阪商工会議所会頭・大阪ガス会長）。前田健治（大阪府警本部長）……。そして船井は、この財団法人に講師として招かれたことがあると語った。

「だから、浅沼さんとは面識があるんだよ」

労務管理の申し子

「私はオカルトだの神がかりだのと批判されるけど、私なりの宇宙観、人間観をお話ししているだけで、誰に強制してるわけでもないんです。自分で論理的に納得できたことで、時間さえあれば誰でも説得してみせる自信のある話しかしない。第一、私ほど現実的な人間はいませんよ。ああいうのは私の世界のほんの一割です。あとの九割はどっかり腰を据えて商売をしている。あなたもだけど、唯物論の人には、もっと勉強してほしいな」

合計三度のインタビューのたびに、船井は私にこう言った。不勉強なままで記事を書くな、とも。もちろんです、と私は返した。

私は一介のノンポリである。除夜の鐘を聞けば厳粛な気持ちになる。子供の七五三を神社でするのに抵抗はない。嫌なことがあれば忘れようとし、物事は考えようだと思い込もうともする。だがそれらは、個人的な生活信条ではあっても、〝普遍的な真理〟などという性格のものではない。

私も近代文明に欠陥が多いという意見には同感だし、地球環境の将来を憂いもする。船井の主張には飛躍が過ぎるとしか思えないが、神ならぬ身には、その内容の何もかもを否定することはできない。少なくとも彼の内面では真実なのだろう。また当人に言われるまでもなく、取材の積み重ねを通して、船井が誰よりも現実的な人間であることを、知り尽くしているつもりだ。

だからこそ、現在の船井の人気は危険だと断じざるを得ないのである。

近代を否定する船井だが、その基盤である船井総研は、所詮、近代文明の産物である資本主義の申し子だ。そして船井は、日本の労務管理とともに歩んできた。

ここにおいて、近代的自我の否定は現実の企業社会の方便に堕す。彼の言う〝エヴァ〟はその時、企業の論理によって人間の全存在を縛る呪術の島となる。

現実に西洋近代文明に基づいて成立している社会の中で、船井流にすべてを必然必要ベストと受け止めたり、あるいは〝生まれ変わり〟を信じる人が増えすぎることは、権力者や犯罪者には限りない無責任を許し、権力者でも犯罪者でもない者には絶望的に明るい諦めだけをもたらす。いずれも〝百匹目の猿〟などではない。知性を持った人間であることを自ら拒否した、自分では何も考えることができない〝猿〟である。これぞ〝脳ナイ革命〟だ。

哀れなるかな日本人は、行き詰まった文明社会に疲れ傷つき、少しでも癒されたい、人間らしく生きたいと願って船井の講演や著書に飛びつく。オカルトに走る。だが、そこに待ち構えているのは、ニューエイジというと一見新しいが、日本人にとっては実に馴染み深い、伝統的な価値観に過ぎなかった。すなわち自我の否定あるいは没我、ないし〝和〟による全体主義。

したがって船井の言動は、どれだけ浮世離れし、胡散臭く聞こえても、決して〝反体制〟にはならない。それどころか警察権力さえ後ろ楯になる。

愛知学院大学教授の高際弘夫（貿易論）は、日本人の集団秩序について論じた『日本人にとって和とはなにか』で、こう書いている。

〈人びとが和集団の形成を完了したとき、その構成員は群集心理に全く身をまかせてしまう。あるいは、よりなして旅行するとき、すなわち一心同体の群をなしたとき、特に群を正確には群集心理に身をまかすことを要求される。人びとは思考を止め、自制心を失う。この状態における和人は、単に粗暴であるにとどまらず、狂気に近い。この群集心理に身をまかす行為あるいは心の癖は六〇年ほど前の中国への、今となっては理解しがたい、無意味のみならず、破壊的な侵略を続行せしめ、そして、その当然の帰結としての全世界を相手とする戦争の原因となった〉（71ページ）

決して飛躍した論理展開ではない。評論家の山本七平も、立脚点こそ異なるが、これと同様の意味のことを名著『「空気」の研究』で述べている。

山本によれば、日本とはいわばアニミズムの世界であって、そこでは何事も相対化されず、時の命題は常に絶対視され、全体の〝空気〟となって人間を呪縛する。自覚があればまだしも、宗教的とも言えるそのような伝統は明治以降の近代化で消えてしまったと日本人は思い込み、かえって歯止めがなくなってしまったという。

〈そのため傍若無人に猛威を振い出し、「空気の支配」を決定的にして、ついに、一民族を破壊の淵にまで追いこんでしまった。戦艦大和の出撃などは〝空気〟決定のほんの一例にすぎず、太平洋戦争そのものが、否、その前の日華事変の発端と対処の仕方が、すべて〝空気〟決定なのである。だが公害問題への対処、日中国交回復時の現象などを見ていくと、〝空気〟決定は、これからもわれわれを拘束しつづけ、全く同じ運命にわれわれを追いこむかもしれぬ〉（43ページ）

他人の下には就けないのだと船井は言った。彼自身は集団主義社会の中で自我を見失うことを極度に警戒している。そんなところに、私は好意も抱いている。

だが〝和〟〝空気〟という、一見好イメージ、かつ日本人にとって常識的な言葉に潜む恐怖をえぐり出した二人の学識者の指摘に、私は改めて、アジテーターたる船井に煽られてゆく日本人の行く末を見る。すでにわが国は、オカルトを科学技術政策の中に取り入れようとする状況にあるのだ。

文鮮明の統一教会が発行している機関誌『新天地』は、九四年の一月号から十二月号までの一年間、やはり経営コンサルタントの肩書を持つ神田悟という著者による「経世在民の師・船井幸雄の研究」という連載企画を続けていた。そのことと、彼の「一体化セミナー」にこの洗脳教団の関連会社の幹部たちが参加していた事実について、船井はさして迷惑がりもせず、「統一教会は、私にシンパシーを感じてるみたいなんだ」と語った。

＊　＊　＊

船井幸雄は二〇一四年一月十九日に八十一歳で亡くなった。二〇〇三年に船井総研の会長職を退き、名誉会長となって以降も、彼の〝オカルトビジネスのドン〟としての活動は続き、その周辺に群がるうさん臭い人物たちが絶えることはなかった。

本文中に登場する岡山市の「林原」は二〇一一年二月に会社更生法の適用を申請して倒産。マスコミが振りまいていた先端企業のイメージとは裏腹に、その実態は粉飾決算を常態化させた伏魔殿だったという（『FACTA』二〇一一年二月二十日号など）。

やはり二〇一一年に粉飾決算で摘発された医薬品開発支援の富士バイオメディックスにも、船井の周辺が関与していたようだ。背後にいた関西アーバン銀行の会長だったIには、『宇宙が味方する経営』などの著書がある。交友があった船井ゆずりの〝スピリチュアル経営〟とも揶揄されていたが、富士バイオに粉飾の手口を指南した元行政書士Mは、船井の側近・Nが同行の依頼で連れて来たとされているのだ（『FACTA』二〇一一年六月二十日号など）。

晩年の船井は静岡県の熱海市に住んでいた。そこで二〇一六年、遺族らが故人の功績を世に伝えようと、邸宅を開放。「船井幸雄記念館　桐の家」をオープンして、現在に至っている。

第六章　ヤマギシ会——日本企業のユートピア

全ての財産を寄進させる共同生活。五〇年代に始まったこのコミューン運動は、九〇年代、一大農業ビジネスに発展した。カルト集団と批判を浴びるこのヤマギシ会に、だが、日本の大企業は注目する

世界ユートピア革命

――常世の浪の寄する国なり。

『伊勢国風土記』によれば、古来、伊勢国（現在の三重県北部）はこう讃えられていたという。常世の国とはユートピアの意味である。伊勢神宮に天照大神が祀られることになったのも、このような民衆の意識と無関係ではなかったのではないか。

現代の三重県津市にも、世界ユートピア革命を目指す巨大集団の総本山が存在する。「ヤマギシズム社会豊里実顕地《じつけんち》」という。全人幸福を謳う異色の集団・幸福会ヤマギシ会の事実上の司令塔であり、国内最大規模の集団農場である。

ここには大人約七百人、子供約九百人の合計約千六百人の人々が入村（参画という）し、〝村人〟として暮らしている。周辺用地も含め約百五十ヘクタール、山林までも含めれば六百ヘクタールにも及ぶ広大な敷地で、主として酪農や養鶏、畑作などの農業、および関連の食品工業を営みながら。

彼らは独特の生活習慣の下に暮らしている。中でも最大の特徴は、資本主義社会の根本原理である〝所有〟という概念を全否定していることだ。

豊里案内所の橋口利明（取材当時四十九歳）が胸を張る。

「われわれは、何一つ自分では所有していません。衣服をはじめ、村内には人間が生活するのに必要なあらゆる物資が揃っており、村人はそれらをいつでも利用することができるので、不便はないのです。食事は一日二食。愛和館という食堂で、みんなで食べます。お風呂も和楽館という共同浴場に、みんなで入ります。

ですから村内では金銭の必要もない。上下の関係もない。すべては研鑽会と呼ばれる話し合いの場で決定されます。誰もが平等で、我執がなく、腹の立たない人間ばかり。全員が家族で、仲よしですから、一切の競争や対立とも無縁です。思い込みに囚われず決めつけず、真の幸福を追求しているのです」

〝金銭の必要がない〟のだから、労働の対価としての金銭の授受はない。村人たちはあくまでも〝自主的〟に、朝六時から夕方六時過ぎまで働く。元日を除いて休日もない。

また〝対立がない〟ヤマギシには、「ごめんなさい」という言葉が存在しない。同様に「ありがとう」もない。他人に何かをしてもらう、逆にしてあげるのは〝当たり前〟だという考え方による。

原始共産制共同体《コミューン》の一形態といっていい。旧ソ連のコルホーズや中国の人民公社、イスラエルのキブツ、また大正時代に武者小路実篤が宮崎県木城村に建設した〝新しき村〟などにもしばしば譬《たと》えられてきた（たとえば菅田正昭『日本宗教の戦後史』68〜82ページ）。

この豊里実顕地に——実顕地とはヤマギシ会の理念を実際に営む実践の場という意味だ——ここ数年、多くの企業が関心を寄せるようになったという情報を、私は親しい会社経営者から知らされた。野村総合研究所をはじめとするシンクタンクや、多様な業種にわたる大企業や中小企業、新聞社主催の経営者セミナー、経済団体等がかの地を訪れては、その実態をつぶさに見学し、研究を進めているというのである。

企業側の意図は、たとえばこんなことであるらしい。友人が村に参画した関係もあって、何度か豊里を訪れている大阪の不動産会社・峯規開発社長の後藤信義の話だ。

「日本の企業は、単にビジネスというより、宗教的な一体感で成り立ってきた。経営者も社員も、会社に心の支えを感じて、仕事をしてきたんです。ところが近年、終身雇用が難しくなって、アメリカみたいな契約社員の全盛時代になってしまいよった。

そんな中で、ヤマギシの人々は、子供、若者から年寄りまで、みんなイキイキとして、幸福そうに働いている。カネとかセックスとかの欲望は満たされない。不幸せだと思っても当然の境遇なのに、なんでや、と。

まあ一種のオバケやね。では、どうやってあそこまでのオバケになったのか、ということ。こういう時代、経営者として関心を持つのは当然ですよ」

それにしても、資本主義社会の最重要構成要素である企業が、資本主義を否定する集団に学ぶとは。

一見甚だしいミスマッチに思えるこの現象は、いかなる意味を持つのだろう。時代の転換期を迎え、自信を喪失した経営者たちが他に為す術もなく繰り返す暗中模索の一断面？ ありがちな、そんな解釈で片づけるには、私の旅は進みすぎていた。

私はまたもや取材を開始し、すぐに後悔することになる。もう嫌だ、何も知りたくなかった、と。

ヤマギシ会の歴史と組織

滋賀県安土町出身の山岸巳（巳代蔵、一九〇一～一九六一）が「山岸式養鶏普及会」（山岸会）を結成したのは、一九五三（昭和二十八）年のことである。ジェーン台風でも倒れなかった稲を育てた男として農民たちに囲まれ、自らの農業哲学を説いているうちに、自然に集団が形成されたのだという。

山岸には大正期に何度か拘引・留置された経験があった。若い頃にアナーキズムやマルキシズムの洗礼を受けた山岸だが、当時の反戦運動や労働運動に直接関わったというよりは、栄養失調でガリガリに痩せて、極端な変人だったため、当局に〝挙動不審者〟として扱われていたらしい（森秀人「戦後宗教人列伝①／ヤマギシ会・山岸巳代蔵」『新評』七八年七月号）。

山岸はやがて独自の養鶏法を編み出し、そこでのニワトリ社会に理想社会の縮図を見るようになっていく。そのような経緯の後に、山岸会は生まれた。

五八年、山岸会は三重県伊賀町（現、伊賀市）の春日山と呼ばれる丘陵地帯に土地を取得し、「世界急進Z革命団」の看板を掲げて、養鶏を中心とした共同生活を始めた。が、翌五九年七月、幹部会員十数人が三重県警上野署に置かれた捜査本部に不当監禁や脅迫などの疑いで逮捕されてしまった。昭和犯罪史上に残る、これが山岸会不法監禁事件である。彼らは会員らの家族を「チチキトク」等のニセ電報で呼び出し、参画への入口である特別講習研鑽会（特講）への参加を強要した。〝Xマン〟と呼ばれる屈強な監視役たちの存在も捜査線上に上る。会員獲得活動の行き過ぎであった。

この間、元幹部が現役幹部に刺殺される殺人事件も発生した。創始者の山岸巳は九カ月の逃亡生活の末に逮捕され、間もなく釈放されたが、六一年には脳出血で急死した（『読本・犯罪の昭和史』第二巻368〜381ページなど）。

山岸会は、しかし滅びなかった。その後も農民を中心に支持者を増やし、あるいは評論家の鶴見俊輔や東京工大助教授だった永井道雄（後に文相）らいわゆる進歩的文化人たちが結成していた「思想の科学」グループの応援にも力を得ていく。

六〇年代に入ると、ヤマギシズムの理念を実践し、そのモデル社会を建設するための〝実顕地〟を、全国各地で次々に建設していった。殊に六九年に発足した豊里実顕地には全実顕地を束ねる「実顕地本庁」が置かれ、会全体のパワーセンターに成長していくことになる。

七〇年前後には、革命運動に挫折した全共闘学生らが、最後のユートピアを求めて大量になだれ込んだ。中国研究家で毛沢東主義者として知られた早大教授・新島淳良（一九二八〜二〇〇二）も参画した。ヤマギシズムに毛思想の実践を見出したという新島が、一度は〝自己批判〟して村を出ながら、再び舞い戻っている。彼は二度の参画を通じて、ヤマギシの広告塔の役目を担い続けてきた。

新島の提唱もあり、八五年、小中学生を受け入れる全寮制の「ヤマギシズム学園」が設立された。一般家庭の子供を集め、一定期間農作業などを経験させる「子ども楽園村」の催しはさらに古く、すでに二十年以上の歴史を数えている。いずれも子供を親元から離して群れに放つ〈育ち合いの原理に立つ独自の学育方式〉（学園案内より）を採っている。

理念だけが前面に出るヤマギシの組織は、きわめて不透明である。すべて平等の建前から、パンフレットの類にも、実顕地やその他の機関が順不動に並べられているだけだ。「山岸会」という表現はすでになく、全体として〝ヤマギシ〟と呼ぶ他にない存在になっている。

ただ、何かの拍子に、その構造の一端が明らかにされることがある。近年の恒例行事である「ヤマギシズム社会博覧会」（主に三重県内の実顕地で各種の展示や講演会、学園生のミュージカル等のイベントを展開する）の際に掲示されたポスターに、比較的わかりやすい記述を見つけた。

〈ヤマギシズム社会での構成は、ヤマギシズム社会実顕地（ヤマギシズム社会化生活）、ヤマギシズム世界実顕試験場、ヤマギシズム研鑽学校、幸福会ヤマギシ会の四機関であります。

ヤマギシズム社会に住める資格は研鑽学校によって造られ、イズム様式の方法や様々の技術・考え方は試験場によって実用化され、それ等を充分に駆使活用していく自由な広場、即ちヤマギシズム顕現の場が実顕地であります。

ヤマギシズム社会構成は、「実顕地」「試験場」「研鑽学校」の一環の運営によってなされ、その一つを切り離しても成り立たない仕組みです。そして、このように実在する社会活動体としての、ヤマギシズム社会を世に広く知らせ、ヤマギシズム社会化運動の促進を狙うのが「幸福会ヤマギシ会」であります〉

組織図を描いた場合にピラミッド型になるようなヒエラルキー（階級組織）は四つの機関の間には存在しない、という。それぞれは円のように結ばれているというのである。

平たく言えば、「研鑽学校」とはヤマギシズムの教育啓蒙のための機関である。大きく成人科と学育科に分かれていて、前者には未参画者向けに〝特講〟を開催する機能も含まれ、また「ヤマギシズム学園」は後者の下に位置づけられている。現在では小中学生を対象とする初等部、中等部だけでなく、幼児部、幼年部、高等部、大学部までを完備している。ただし学校法人ではないので、ここで学んだだけでは外の社会で通用する学歴にはならない。

「世界実顕試験場」は、社会科、人間科、産業経済科から成っている。それぞれ〝本来の人間向きの社会構成のあり方〟〝人間のあるべき生態・情念・愛情・観念・思想・その他人間の幸福に関する百般〃〃農林水産をはじめとする、実顕地で実際に営まれる各種産業〃をテーマとし研究する。世界中の優れた研究者を集める〃学者村〃構想も進行させているという。

敢えてこのような機関を置く理由を、博覧会のポスターはこう説明していた。

〈人は生まれてくれば生きるすべを知らねばならない。そのすべをみな自分で考えねばならないと云うことになれば大変なことである。一生研究ばかりでも追いつかないだろう。それらに個々に時間を賭け、費用を賭け、試験・研究することは無駄事だと思う。人間の浪費ではないだろうか。委せ《ママ》る人達に高度に研究を依頼し、その効果をみんなで実用化することが賢明ではなかろうか。

鶏や豚をどのような飼い方をすれば健康でよく育ちよく働くかという方法を試験しているのと同じく、人間生活にもどのような考え方で考え、どのような生き方の方法をとれば幸福に生きられるか、どのような社会機構や運営のあり方が人間が人間らしく住むのにふさわしいのか等、実際の生活面を通して試験しながらその本当のあり方を探っていくのである〉

「実顕地」については先に述べた。九七年三月末現在、豊里実顕地のある三重県内をはじめ北海道、秋田、栃木、長野、和歌山、香川、大分など全国に三十五カ所。韓国、ドイツ、ブラジルなど、海外にも八カ所の実顕地を擁する。総面積は三千五百ヘクタールを下らない。

「幸福会ヤマギシ会」は、ヤマギシの理念の普及拡大のための機関である。実顕地には参画せずに自分の居住地域で活動する、いわゆる在家の〝会員〟の総称であり、その本部が彼らを組織、管理する。機関紙『けんさん』の発行も、この機関が担当している。研鑽学校、世界実顕試験場、幸福会ヤマギシ会のいずれもが、どこにも登録や報告の義務を持たない任意の団体である。ただし各地の実顕地は、それぞれ有限責任の農事組合法人として法務局に登記されている。農事組合法人とは農業協同組合法第七十二条四項に定められた〈その組合員の農業生産についての協業を図ることによりその共同の利益を増進することを目的とする〉組織形態だ。役員が有限責任を負う点で、有限会社によく似ている。

ヤマギシの四大機関に生きる人々はまた、これも任意に置かれた「ヤマギシズム生活調整機関」によって、その生活を保護・保障されている。企業で言えば人事、厚生といった部署に相当する機関である。

そして今日、山岸会は幸福会ヤマギシ会と名称も改め、凄まじくも拡大した勢力を誇るに至った。実顕地や世界実顕試験場に参画している村人総数は約五千人。幸福会ヤマギシ会の下にいる在家〝会員〟は五万人に達するとされている。

「宗教から研鑽へ」

会を発足させた翌五四年、山岸巳はその意義を明確に打ち出している。ヤマギシの〝バイブル〟『ヤマギシズム社会の実態——世界革命実践の書』に残された記述によれば、〈本養鶏会は、ただ鶏を飼って、経営経済を良くするばかりが目的でなく、社会機構を革新し、社会気風を改善して、物心共に豊かな理想社会を創り、人類の幸福を最終目標としておりますから、技術の向上・普及、経営の協力と相互援助、共栄精神の具体化等、行動方針が皆その目標に集注し邪道へ外れないよう心掛け、機構・制度もそれに合致し、養鶏法そのものが、及び会そのものが、既に理想社会の縮図に組み立てられてあります〉（16～17ページ）

山岸はまた、次のような将来像をも示していた。

〈この間違いの多い夜の世界に終止符を打ち、人類ある限り、永遠に揺ぎない真の幸福のみ溢ぎる、理想郷の門戸を開き、昼の世界を迎えようとするのです。そこには陽光燦《かが》やき、清澄・明朗の大気の裡に、花園が展開して馥郁と香り、美香が甘露を湛えて人を待ち、見るもの聞く声皆楽しく、美しく、飽くるを知らず、和楽協調のうちに、各々が持てる特技を練り、知性は知性を培い育て、高きが上に高きを、良きが上に尚良きを希う、崇高本能の伸びるが儘にまかせ、深奥を探ねて真理を究め、全人類一人残らず、真の人生を満喫謳歌することが出来るのです〉（同書31～32ページ）

〈ここに於て、私は遺伝繁殖学的、及び人為的、自然環境変異理論を基礎とした、計画的積極的人種改良を、急速に且つ現状に即して、理論と実際とを結び付けた方法にて、実施せんとするものです〉〈今彼等（筆者注・キリストや釈迦ら）と同じ又は、彼等以上の優秀な遺伝子を持って、よき機会に恵まれた人が、百万人一千万人と実在したとなれば、世界はどんなに変わるでしょうか。そして、白痴・低能・狂暴性・悪疾病遺伝子の人達に置換されたなれば、物心両面の幸福条件・社会風潮等を、如何に好転さすかに思い至るなれば、何を置いても、この人間の本質改良に出発せざるを得ないでしょう〉（同書66〜67ページ）

プラトン以来の伝統的なユートピア願望だった。真の〝存在〟はイデア（観念）のみであり、物質的存在はその幻影にすぎないと唱えた古代ギリシャ哲学の英雄プラトンは、『国家論』で優生思想を説き、セックスの国家管理さえ訴えていた（R・ストーム『ニューエイジの歴史と現在』297ページ）。これをそのまま実行に移したのがヒトラーだったが、山岸もまた、同じ発想を抱いていた。

プラトンが山岸に直結したわけではない。山岸には、米国における十九世紀以来の現世逃避的な共同体建設ラッシュという時代背景が多分に影響していたと思われる。

明治大学教授の倉塚平（宗教改革史）によると、この潮流は、初期にはキリスト教の異端派セクトによって始まり、ややあってロバート・オーウェンら空想的社会主義者が参入することで拡大した。全土が〝新世界〟であった米国がユートピアの実験場となるのは当然だったとされる（『ユートピアと性』3〜9ページ）。太平洋を隔て遅れて登場したヤマギシ会は、これら先達の要素に加え、大本教や生長の家などとも共通する十九世紀末以来の世界的潮流であったニューソート特有のオプティミズムにも彩られていた。

ニューエイジ系の共同体が米国に出現してくるのはその後、一九六〇年代以降のことだ。

ヤマギシ会は〝超能力〟や〝生まれ変わり〟を声高に叫びはしないから、それらに特徴的なオカルトの匂いはやや薄いが、それでも私は、東大の島薗進が提唱する〝新霊性運動〟の範疇に入ると考えている。

まず、その宗教性は否みようもない。創始者の山岸巳が雪深い新潟県の貧農の軒先で行き倒れになった際に霊的啓示を受けたという話は有名だし、養鶏普及会発足に至るまでには、禅や天理教、一燈園など、複雑な思想遍歴を辿ってもいる（たとえば草刈善造「ヤマギシズム北海道試験場」『日本の共同体』58ページ）。

ヤマギシ会は近年、ヤマギシ式農法こそ〝農林―畜―生活―土地還元〟の理想的な循環農法だと強調し、大本教や世界救世教にも似たエコロジーの主張を展開するようにもなってきた。三重県伊賀町の田にヤマギシの家畜の糞を熟成させた堆肥を無料で撒き、魚沼産を凌ぐコシヒカリを作ろうという計画も始まっている。

「化学肥料から脱却し、食味を向上させることが狙いです」

と、地元川東地区の農家・田中清（取材当時五十七歳）は語る。彼はヤマギシとは無関係の農民だ。実顕地の内側にとどまっていたヤマギシ式農法は、このような形でも拡大しつつある。自然農法を教義に掲げる世界救世教なら、これはそのまま布教活動の一環と位置づけられよう。

ところがヤマギシの人々は、自分たちが宗教と見做されることに猛然と反発する。〈宗教的思考習慣は知性に逆行する〉として、彼らは宗教だけでなく、あらゆる固定観念を排除するという。近代科学〝信仰〟はもちろん、価値観の多様性を尊ぶことも、それを絶対視するなら、やはり宗教的だとして否定する。

実際、ヤマギシが法律上の宗教団体でないのは間違いない。そこで人間に必要なのは宗教ではない、研鑽科学方式だ、と彼らは提唱するのである。

〈研鑽科学方式とは、簡単にいうと、一切の執《とら》われや決めつけを外し、本当はどうかとどこまでも探究していく考え方である〉〈自分の考えも他の人々の考えも一つの考えとして尊重し、しかし絶対視することなく、多くの人の知恵を集めて真理を見出そうとし、また、真理に到達する方法を見出そうとする考え方が、研鑽方式である〉（堀芳彰・杉江優滋『宗教を研鑽する――ヤマギシズムの宗教観』148～149ページ）

具体的には研鑽会といって、何事によらずグループで話し合う。命令を下す立場の人間はいない建前だから、その場で〝みんなで決める〟ことになっている。

外の世界なら個人的な事情に属する事柄も同様である。村人たちの話を総合すると、毎日の仕事の前には〝出発研〟が開かれ、終われば〝整理研〟が待っている。その他、新聞や雑誌を読みたいと思えば提案し、どうすべきかを〝研鑽〟する。村外にいる親族の結婚式や葬式で出かけたい人がいれば〝研鑽〟してその是非や持っていく金額を決める。ただし大抵は却下されるという。数年前には〝研鑽〟によって村から酒やタバコが消えた。

ヤマギシで生産される農作物や加工食品は、全国五万人の会員を通して、外部にも供給される。都市部の住宅地で「すべて本物」「太陽をたっぷり受けた」「仲良い楽しい村の村人が作りました」といった巡回販売車のアナウンスを記憶している読者は多いはずだ。専門のコーナーを常設している百貨店やショッピングセンターも珍しくない。実顕地のある地元なら、例年五月に開かれる「タダのまつり」（村外からの客に生産物を無料で振る舞う催し）が知られていよう。

企業体として見れば、豊里実顕地だけで年商約百四十億円（ヤマギシ側の公称）を売り上げる巨大なアグリビジネス（農業関連産業）である。実顕地の生産物だけを扱うわけではなく、外部の製品を仕入れてヤマギシブランドで売る品目も多い。卵油やヘチマ化粧水・乳液の通信販売など周辺分野にキメ細かく進出する一方、畜産・畑作を結びつけた生産と流通のシステムを構築し、あるいはブラジル産のオレンジをジュースに委託加工して日本で販売するといったスケール雄大な展開は、カーギルやコンチネンタル・グレインのような国際穀物メジャーの事業手法さえ連想させる。

「このままでは奴隷だ」

世界中の〝ユートピア〟の多くがそうであるように、ヤマギシ会もまた、反社会的なカルト集団ではないかと批判され続けてきている。殊に近年は、オウム真理教並みかそれ以上に強力なマインドコントロールによって村人を支配しているとする指摘が目立つ（たとえば米本和広「巨大カルト集団ヤマギシ『超洗脳』体験ルポ」『Ｖｉｅｗｓ』九六年九月〜九七年一月号）。

現在のアンチ・ヤマギシの中心勢力は、ヤマギシ会の脱会者が九四年六月に組織した「ヤマギシを考える全国ネットワーク」（以下「ネットワーク」）の人々である。ヤマギシ会を描こうとする学者やジャーナリストに積極的な情報提供を行う他、機関紙や書物を世に問い、また各種の講演会やカウンセリング等の活動を展開してきた。

私も彼らの協力を得ている。八八年に村を出て、現在は京都市内で小児科医を開業しながら「ネットワーク」の代表を務めている松本繁世（取材当時五十三歳）に聞いた。松本は名古屋大学医学部卒、米国留学の経験もある。

「私は京都府宇治市の徳洲会病院の勤務医だった八一年頃に特講を受け、妻子と共に村人になりました。アメリカにいる頃に子供をやったサマーキャンプみたいなものを求めたのと、私自身、忙しすぎて追い詰められていた。従来の医療が本当に人間の幸せに繋がっているのかという疑問が湧き、人間の自然治癒力を生かした新しい医療を、ヤマギシで実践していこうと考えたんです。

無所有を唱えるヤマギシでは、子供も誰のものでもないとされますから、三人の子供たちとは生活の場所を離されました。親は実顕地の生活館、子供はヤマギシズム学園の寮で暮らすのがヤマギシのやり方です。同じ実顕地とは限りません。私たちの場合も、親子が顔を合わせるのは、月に一度の〝家庭研鑽〟の時だけでした。

学園は学校法人ではないので、義務教育の間はそこから村外の学校に通います。が、帰寮後はひたすら農作業を強いられる。高等部では外の高校に通わせてもらえませんから、それだけでは高卒の資格も得られず、単なる農作業員として使われるんです。参画して、すぐに〝ちょっと違うぞ〟と思いましたが、楽しいこともあったし、適応していくつもりでした。でも、子供のことがどうしても引っかかり続けた。結局、家庭研鑽の時、小五になっていた一番下の子が、満足に数も数えられないのに気づき、脱会を決意しました。このままでは奴隷にしかなれない。人間としての尊厳を持てなくなってしまうと思い、恐ろしくなったのです。

結局、脱出できたのは私と次男だけ。妻と長男、長女は今でも村に残ったままです。家族はバラバラになってしまいました」

若干の補足が必要だろう。〝農〟こそ人間本来の労働であるとするヤマギシ会では、大人も子供も実によく働く。

「ハレハレ（晴れのち晴れ、楽しいばかりで嫌なことがないの意）の世界」で、「何でも、誰とでも、「ハイ」でやれる」子供が最高だとされる。大人は大人で「〇〇させてもらう」心境で仕事に臨むべきと諭される。

成長すれば、「ヤマギシズム生活調整機関」が、どこかの実顕地から相応しい結婚相手を見つけてきてくれる。自由な恋愛は許されない。統一教会の合同結婚式を連想させるが、プラトンもどきの優生思想は、こんなところにも生きていた。

外部と隔絶されたヤマギシには、村内でしか通用しない言葉がたくさん生まれる。たとえば――、

・老蘇《おいそ》＝六十五歳以上の参画者のこと。老いてますます蘇るという意味も。

・〇〇と仲良し＝自分の障害となるものを取り除こうとしたり、言い訳にして止めたりせず、で、その障害物に〝合わせて〟やる、という姿勢。

・実学＝農作業などの実践から学ぶこと。これに対し、机上の学問を〝虚学〟と呼ぶ。

・その通り行う＝ある場に〝受け入れて〟もらった人は、そこでの指示を、文字通りその通りに行う。シーツの畳み方、タオルの使い方など生活全般にわたって。

・零位＝これまでの人生で取り込んできた観念、思い、社会での立場など一切を一旦棚上げした状態。

・一体観＝本来、すべては一体の繋がりとして存在しているとする見方。この考え方の必然的帰結として、共同体での一体生活がある。

・私意尊重公意行＝公とは宇宙自然界の理から発せられた意志。人間も本来の立ちどころに立てば、その私意も自ずから公意に沿ったものとなるとする。したがって、〝公意〟すなわち研鑽の一致点となる。

——等々である。以上は関係者の話や、「ネットワーク」の機関紙『いずみ』に連載された「『リアル・ヤマギシ』のためのヤマギシ用語解説の試み」などから構成した。

ヤマギシ会には確かに、一般社会の常識とかけ離れたような部分が少なくない。参画を望む者は、次のような誓約書に署名しなければならない。

〈私は、此の度、最も正しくヤマギシズム生活を営むため、本調整機関に参画致します。

ついては、左記物件、有形・無形財、及び権益の一切を、権利書、証書、添付の上、ヤマギシズム生活実顕地調整機関に無条件委任致します。

一、本財
　身・命・知・能・力・技・実験資料の一切

一、雑財
　田畑・山林・家・屋敷・不動産の一切
　現金・預金・借入金・有価証券・及び権益・位階・役職・職権等の一切

一、しかる上は、権利主張・返還要求等、一切申しません。

一、以後、私は調整機関の公意により行動し、物財は如何様に使用されても結構です。

一、調整機関の指定する研鑽学校へは何時でも無期限入学致します〉

要するに、その人の持つあらゆるものの〝寄進〟を要求されるのである。会社を辞めて失業すると、職業安定所から就職支度金が出る場合があるが、ヤマギシ会は手続きまで丁寧に指導してこれを受け取らせ、やはり〝寄進〟させる。

本籍地の移動をはじめ、こうした諸手続きの方法は、事前に渡されるメモ「身辺整理についての確認事項」に細かく記載されていて、遺漏のないようになっている。参画したら一生村で生活するのが原則で、万が一外に出る場合も〝寄進〟した財産の返却を求めないとする取り決めに合意しないと参画できない。

また労働の報酬として賃金は納税の便宜上存在するが、実際の現金の受け渡しはない。

支払者である各実顕地の農事組合法人に、そのまま還流する仕組みが完成している。実顕地から外に働きに通っている医師やパイロットなどの村人も何人かいるが、病院や航空会社から支払われる給料もまた、彼らを素通りして組合法人の金庫に入ることになる。

衣食住の基盤は与えられるので、〝タダ働き〟とは言えないが、人件費として見れば、極限まで低コスト化が進んでいることになる。ちなみに私が入手した調整機関経理部の内部資料によると、九三年に一人当たりの生活のため支払われた費用（月額）は、豊里で十三万八千百円。全国の実顕地平均で十三万三千二百円だった。

豊里実顕地には、経営していた会社を丸ごとヤマギシ会に寄進し、自らは実顕地から会社に通っている人もいた。彼が会社から受け取る社長としての報酬も右から左、手つかずでヤマギシに流れる。生産物などの売り上げに加え、こうした形で確保した資金も、彼らの共同生活の糧となる。

このようなシステムが法律違反だとして、九五年以降、法廷の場に持ち込まれたケースだけでも十三件に上った。「ネットワーク」の調べによると、財産や未払い賃金の返還を求める訴訟が五件、子供の養育を放棄した親に親権は認められないとする訴訟が五件、その他が三件、という内訳である。

ヤマギシズム特別講習研鑽会（特講）

財産の寄進など、普通の感覚では到底考えられるものではない。にもかかわらず、なぜヤマギシのシステムは機能し得るのか。特別講習研鑽会（特講）が参画への入口であることは前述したが、九五年十月以来、津地裁で争われている裁判の訴状に、その詳細な描写があった。

〈しかしながら、ヤマギシ会の実態は、被告法人の理事者・幹部による参画者に対する支配管理が厳然と存在し、提案制度の形骸化、監視の常態化、日々の研鑽という名目の参画者に対するマインド・コントロールによって、参画者の思考停止状態を維持し、物言わぬ労働ロボットを生産しているのである〉

歯切れのよい指摘の後、訴状は大要、以下のように続ける。

すなわち特講は人里離れたヤマギシ会のいずれかの施設で、七泊八日の日程で行われる。期間中は家族からの緊急連絡以外は完璧に外部と遮断され、金や貴重品、靴、免許証など、着替えと洗面用具を除きすべての持ち物を預けさせられる。なお訴状は触れていないが、参加料として五万円が必要である（九六年現在）。

このような環境で、連日〝研鑽会〟が進められる。その一つ、二日目から三日目にかけて行われる〝怒り研〟は、およそ次のようなものだという。

――参加者が広間に三重の輪を作り座っている。二人の屈強な男が輪の中央で背中合わせに座る。うち一人が進行役となり、口火を切る。

「どうして腹が立つのか考えてみましょう。わかった人は手を挙げて」

「相手が自分勝手だったから」

「自尊心を傷つけられたので」

さまざまな答えが返ってくる。進行役はその都度、「もっと掘り下げてよく考えて」。この繰り返し。最初の穏やかな雰囲気はすぐに消え、進行役の声は威嚇的に、暴力的になっていく。誰もが黙り込む。結論が出ないまま夜が更ける。

翌日。前日の続きが始まる。

「答えを見つけられるまで、この研修は続きます。本当に真剣に考えてください」

と進行役。緊張と疲労。叱咤と怒号。この日は二人の屈強な男たちも威嚇に加わる。

やがて、誰かが「わかった」と声をあげる。と、変化が起こる。怒鳴り続けてきた進行役が、突然調子を和らげる。

「一つヒントをあげます。腹の立つ理由は見つかりましたか。○○さんどうですか」

「いいえ、見つかりません」

「そうでしょう、突き詰めて考えると、理由なんてないんです。では理由がないのにどうして腹を立てたんでしょうか」

「わかりません。ただ、ずいぶんつまらないことで腹を立てていた気がします」

「まだ腹が立ちますか」

「いいえ」

「いいでしょう、楽にしてください。さあ、他の人はどうですか」

「もう腹が立ちません」

誰もが我先に叫ぶ。全員がそう答え終わる頃には、会場はお祭り騒ぎになっている。

「怒りという不健全な感情は、自己中心的で非論理的な思考から生まれてくるんです。雨の日にあなたの横を車が泥水をはねて通り過ぎた。徐行すべきだと考えると腹が立つ。でも、その車がたとえば病人を運んでいたとわかったら、仕方がないと諦めるでしょう。泥水をはねられても怒らないケースもある。ということは、泥水をはねられたことと怒ることの間には、直接の因果関係はないということです。あなたが正しいから、人もそうすべきだと考えることは、思い上がりにすぎません」

進行役がにこやかに締めくくる——。

どうとでも言える話題を強引に一つの方向に導き、あたかもそれが普遍の真理であるかのように教え込む。禅問答、公案などと言えば綺麗に過ぎよう。緊張と弛緩を巧みに組み合わせた特講の手法は、ヒューマン・ポテンシャル運動から派生した自己啓発セミナーやマルチ商法、あるいは六〇年代に流行したＳＴ（感受性訓練）などの企業内教育訓練の技法にも酷似している。

特講の参加者たちは、この調子で、〝零位研鑽〟〝平等研鑽〟〝所有研鑽〟などを積み重ねていく。

五日目の〝割り切り研〟はこうである。

——進行役が、たとえばヤカンを取り出す。

「これは何ですか」

「ヤカンです」

「このヤカンと、あなたの頭の中にあるヤカンは同じものですか」

さまざまな回答。と、誰かがこう言いだす。

「同じじゃありません」

進行役がこれを引き取り、

「そういうことでよろしいですか」

と終わる。この際、進行役は大要以下のような内容の話をする。

「つまり、あなたの思いと事実とは違うのです。ですから何事も、〝あ、そう〟と受け止める練習をしてください。子供の問題を抱えている方でも〝あ、そう〟と思えば、そんなことに悩む必要などないことがわかります」

とどのつまり、あらゆることに責任を負わない無責任の勧め。ヤマギシの人々はこの論法で、自分たちに向けられた批判に対し「それはあなたの思いでしょ。本当はどうかな」などと切り返す——。

同じ日の午後からは、〝解放研〟が始まる。

——参加者の車座の中に屈強な男が三人。進行役が言う。

「皆さん、この研修期間が終わってもここに残れますか？ ずっと、です」

どよめき。

「残れません」

「もっとよく考えてください」

この繰り返し。進行役はまたもや威嚇的になっていく。

「どうして残れないのですか。いろいろ事情はあるでしょうが、一つ一つを検証して、それが本当に自分にとって必要なのかどうか」

一時間もすると、根負けする人が出てくる。が、進行役のしつこい問いかけに、大方は苦痛を増すだけで、この日を終わる。

翌朝。「残ります」と言う参加者が増えてくる。彼らは輪の外に出て、余裕の笑み。

「残れない理由のほとんどは、自分の欲のためです。欲望に基づいた夢、希望、期待、そういったものを捨てなければならないからです。執着を捨てたらどうですか。我執はみっともないじゃないですか。皆さんは腹を立てず、にこやかに過ごすことの大切さを学んだのに、今は欲に囚われて顔が引きつっているじゃないですか。吹っ切れた人は、ああいう穏やかな顔ができるんです」

と進行役。

脱落者が続出し、次第に抵抗する方が少数派になっていく。疲れ切ってゆく。進行役がけしかける。

「さあ、ゴールはすぐそこに見えています。高いところから飛び下りるつもりで、踏ん切りをつけてください」

輪の外に出る人がさらに増える。抵抗を続けた末に思考を止める時、〈脳に急に麻痺したような、薄い灰色の皮膜で覆われてしまったような感覚が襲〉うという。残ると言ったところで、それは契約ではない。たかがゲームに、何をムキになっていたのか、とも。やがて、最後の一人が「残れます」と口にする瞬間が訪れる。参加者間、およびヤマギシのメンバーたちの間に、今、同じ世界にいるのだという一体感が生まれる――。

最後の夜には懇親会も催される。アルコールは出ない。進行役の総括で、特講は幕を閉じる。

「皆さんが体験したのは、意識革命です。皆さんが住んでいた競争社会は敵意と悲惨に満ちた世界です。それを信頼関係に基づいた幸せに満ちた世界、競争ではなく助け合いながら共に生きる共生の世界に造り変えていかねばなりません。そのためには一人一人がこの研修を通して意識革命を行わねばなりません。皆さん、素晴らしいことは是非とも人にも勧めてください」

〝解放研〟で「残ります」と言った人の相当数が、参画するか、地域のヤマギシ会活動を始めることになる。この段階になると、彼らは「研鑽学校」で、〝無我執研〟〝愛情研〟〝絶対的境地の研鑽〟などのメニューを受けるのが常である。なお近年は、豊里実顕地医療部の主催で、〝病気と病身の分離〟を〝研鑽〟する、九泊十日の〝健康特講〟も行われている。

大企業のヤマギシ詣で

このようなヤマギシ会に、民間企業が学んでいる。そのことの意味をさらに掘り下げるため、私はヤマギシを訪れたと言われる企業に片っ端から連絡を入れて確認し、動機や成果を尋ねて回った。

九四年十一月に数人のスタッフを率いて豊里実顕地を視察した野村證券系シンクタンク会社・野村総合研究所の新社会システム研究センター次長・吉田隆（取材当時四十四歳）はこう言った。

「次世代社会の組織のあり方とか人間の行動形態のビジョンを提示するのが私のセクションの業務ですが、当時はＮＧＯ（非営利組織）やボランティア集団の分析研究をしていて、ヤマギシも広い意味でその範疇に入ると考え、所内限りの基礎研究の一環として、二、三日、行ってみただけです。お客様の依頼を受けての仕事ではありません。ちょうど外部向けのお祭りの時期でもあり、深い部分までは……。ただ、食い物はおいしかったですね（笑）」

外部向けのお祭りとは、九〇年頃からの恒例行事である「ヤマギシズム社会博覧会」のことだ。ちなみに吉田は見学後、幸福会ヤマギシ会の機関紙『けんさん』の求めに応じ、豊里の感想をこう述べていた。

〈二一世紀に向けて私たちが解決していかなければならない課題は、交換原理ではなく互恵原理に基づく新しい人間関係の構築です。(中略) ヤマギシは、このような問題意識を持つ私たちに、ひとつの社会実験の場を提供してくれていると思います〉(九五年二月一日付)

日本経済新聞社大阪本社が運営する「日経フォーラム」は、関西の企業経営者やビジネスマンを対象に各種の勉強会や研修会を企画している。同フォーラムも九四年七月、約三十人の会員を募り、豊里実顕地の参観ツアーを組んだ。

事務局長・川渕吉男の話。

「私のところは、たとえば青法協(青年法律家協会)とか、体制側の嫌がる相手も勉強の対象にしているんです。企業人も会社の仕事だけしていればいい時代ではありませんから。で、かつてあれだけ異端視されたヤマギシという集団が、今では大手の百貨店にコーナーを持ち、大きな利益を上げるまでになった。認知されつつある、と言ってもいいかもしれない。

昨今の閉塞状況の中で、この事実から現状打開のヒントをどこまで学ぶことができるのか。わからないけれども、とにかく行って、実際に見てみませんかと呼びかけたわけです。時間的な制約もあり、隔靴掻痒の感は否めませんでしたが」

九六年二月には、名古屋の企業二百三十七社で構成する中部マーケティング協会(会長・伊藤喜一郎東海銀行会長)の「生活者市場動向研究会」のメンバー十数人が豊里実顕地を参観している。彼らにも問い合わせた。

トヨタ自動車お客様関連部課長・松岡浩。

「お付き合いで行っただけ。判断は難しい」

雪印乳業中部統轄支店お客様相談室主任・大野好男。

「特に関心があったわけじゃありません。深く捉えるだけの時間もなかったし」

ＩＮＡＸ名古屋ショールーム館長・服部良景。

「協会の催しなので行っただけです。特殊な集団なので理解しがたい面もありましたが、言われてるほどのことはない。真面目な人たちだと思いました」

参加者たちの口は、なぜか重かった。中部マーケティング協会が、実は社会経済生産性本部（旧・日本生産性本部）の地方組織である中部生産性本部の付属機関であることを知れば、その理由は氷解する。彼らはヤマギシの生産性に学ぼうとしたのだ。

「社会問題として取り沙汰されているのは知ってます。でも、現実にあそこの商品はよく売れているのですから」

私の電話取材に、中部マーケティング協会の担当者はこう返答してきた。失礼ですが（お名前を）、と尋ねたら、「答える必要はない」と電話を切られた。

五九年の山岸会不法監禁事件当時、たとえば『週刊朝日』（七月二十六日号）は「狂信《ニワトリ》と妄想《カクメイ》」というタイトルで、徹底的にヤマギシを揶揄していた。八人が検挙された時点で三重県警上野署による取り調べ状況を報じた『朝日新聞』（七月十日付夕刊）に至っては、まるきり狂人集団の扱いだった。

〈(筆者注・警察は)八人の精神状態について「場合によっては精神鑑定の必要があるかも知れない」とさえいっている〉

三十有余年を経て、世間のヤマギシ会を見る視線は、かくも変化したのである。この事実と、わが国企業社会がニューエイジ運動《ムーブメント》ないし新霊性運動の一翼を担いつつ、呪術が人間を支配した時代への回帰を急ぐ昨今の状況とは、まさに軌を一にしている。

地球環境問題を憂い、〝百匹目の猿〟になれと唱える船井幸雄の船井総合研究所ともなると、ヤマギシに学ぶ意義はさらに確信に満ちたものとなる。九五年夏に豊里実顕地を訪れた、同社取締役組織運営本部長の三上元(一九四五年生まれ)は語っていた。

「私が当社に入社する以前、西友に勤務していた頃の友人がヤマギシの村人になってイキイキと暮らしているというので、顧問先の社長さんたち五、六人ほどをお連れして、行ってみたんです。私は中学生の頃は左翼でしたから、もともと関心がありました。今なら組織のあり方と、分配の仕組みに、興味を感じますね。

村を出た人たちが批判してるのは知ってましたよ。だけど共産党を辞めた人が共産党の悪口を言うのと同じで、仕方のないことでしょう。洗脳とか言うけど、戒律があるわけじゃないしね。サボりたければサボれるのに、そうする奴がいないだけです。

上下のない合議制の意思決定ということですが、これも不可能じゃないと思ったね。地位が上の人がいなくても、議論が発言力の強い人の意見の方へそれとなく流れ、何となく多数決になるという感じでしょう。労働組合とかヤクザの世界とよく似ているんです」

後段が特に興味深い。一見民主的な〝研鑽会〟の本質を示唆しているからだ。〝和〟社会を論じた愛知学院大学教授・高際弘夫の次のような指摘と対比させてみると、ヤマギシの意思決定方式が日本の伝統文化に立脚していることがわかる。

〈わが国にみられる根回しは、他国の事前行動と二つの点において異なる。一つは、わが国においては会議は必ずしも決定の場ではなく、より正確には、「会議は和を讃える荘重な儀式でなければならない」とする考え方である〉〈根回しのもう一つの側面は問題である〉〈事前交渉が実力者の利益になることをおしつけながら、なおかつ、和を表面的に保つことを目的として行われる時である。これはこの国においても陰謀でしかない。しかし、和を達成するための行動であることを表むき証明しえた場合には、人びとの影にかくれての実力者の行動も是認され、時としては称賛される〉（『日本人にとって和とはなにか』92ページ）

誰もが平等を標榜するヤマギシだが、その陰では強大な権力を握った実力者が君臨しているという。

杉本利治、六十六歳（取材当時）。元証券マンと言われる杉本は、豊里実顕地内に「イズム生活推進研鑽会」なる非公式の意思決定機関を組織し、ヤマギシのすべてを取り仕切っているというのだ。なるほど〝和〟の社会らしい実態ではある。

「ネットワーク」のメンバーが打ち明ける。

「杉本こそ独裁者です。六川《むつかわ》実顕地（和歌山県有田川町）の出身で、六九年に豊里実顕地が発足した際に中心人物となった彼は、他の実顕地に対する豊里の影響力を最大限に高めることで、オールヤマギシの実権を掌握しました。六川出身者による派閥も形成した。従来の実力者に対する反発が強かったために成功した〝クーデター〟でしたが、それからです。昔はまったく働かなくても自由だったぐらいに牧歌的だったヤマギシが変わってきたのは。特にここ十年ほどは、超のつく管理社会になってしまった」

私は早速、杉本へのインタビューを申し入れた。ヤマギシ会は他の取材には快く協力してくれたが、これだけは断ってきた。ともあれ船井総研の三上は、ヤマギシの歴史やそうした実態を踏まえた上で、その組織や意思決定プロセスに関心を抱いたものと思われる。

三上が豊里実顕地を訪れたのは、個人的な行動ではなかった。以前から組織運営本部の部下たちがヤマギシ側と交流を続けていたし、九四年十月には船井総研の主催で岐阜県庁の職員および岐阜市内の中小企業経営者ら三十四人が「二一世紀の見えるヤマギシズム」をテーマに豊里の見学ツアーを組んでいる。彼らにしてみれば、自社のトップの志向を先取りしたつもりだったに違いない。

でも、と三上は苦笑した。

「船井会長はヤマギシをあまりお好きではなかったんです。後で叱られました」

私は後日、船井にも確かめてみた。ＥＭや〝脳内革命〟は大好きなのに、なぜヤマギシは嫌いなのか。

「大学時代、僕は左翼だったから、あそこのことをずいぶん調べたんだよ。でも、何か合わないものを感じてた。最近は訴訟が相次いでるという話だし、それも引っかかりました。ヤマギシから〝一度来てみてほしい〟という手紙をもらったこともあるんです。でも、僕は三上君ほど素直じゃない」

船井は言葉を選びつつ、こう語った。どこが〝合わない〟のかは最後まで要領を得なかったが、彼の煽動でヤマギシ会参画ブームが湧き起こる事態だけは避けられたようである。

ヤマギシズム経営研究会

企業側からのみヤマギシに近づいたのではない。ヤマギシ側から積極的にアプローチしていった側面もある。船井幸雄に手紙攻勢をかけたのもその一環だが、九三年九月、東京に発足させた「ヤマギシズム経営研究会」は、より戦略的だったと言える。

在京の会社経営者で、その中心メンバーだった人物に、私は話を聞くことができた。当時とはやや心境の変化をきたしているらしい彼は、慎重に語った。

「経営研究会は、一種の異業種交流会です。ただし参加者の大半は特講を経験したヤマギシ会員で、そうでない友人や知人に声をかけて、参加してもらう。参加してくれれば、次は特講を勧めます。在京会員が自主的に始めたわけではありません。上下のないヤマギシですから、任命の形ではないのですが、豊里の人たちから、プライベートな感覚で（発足させる）依頼を受けました。月に一回、市ヶ谷のホテルで開く会合の講師も、人選は豊里の提案によります。村の中心的な人である場合が多いようです。研究会の目的を明確に言われたことはないんですが、村外の会員の中にも会社を経営している人が増えてきた。それなら一家を構えている彼ら経営者を組織化すれば、会の活動に力が加わるという判断のようです。私自身、ヤマギシズムは会社経営にとっても有益だと考え、地域での会員活動に取り組んできました。いいえ、会社にとって都合がいいということではなく、みんなが明るく楽しく、前向きに生きられるのだから、という意味ですよ」

東京に続き、同じような経緯で、名古屋、大阪、長野、新潟などの各地にも「経営研究会」が次々に誕生した。会合で講師が話すテーマは、基本的にどの地区でも同じである。九四年のプログラムは「元気な会社とは」「不況の正体をあばく」「不況知らずの会社づくり」「比較や競争で人材が育つか」「いま、本当の人材とは」「〈教え育てる〉から〈学び育つ〉へ」「学び育つ会社を実学する」「ホンモノとは何か」「ホンモノを生み出す社会」といった具合で、東京では市ヶ谷の私学会館（アルカディア市ヶ谷）が会場になることが多かった。那須実顕地（栃木県さくら市）や岡部実顕地（埼玉県深谷市）の見学ツアーもあった。なお各地の経営研究会メンバーは、例年の「ヤマギシズム社会博覧会」の際、豊里に大集合する慣例になっている。

二千四百人の会員を擁する東京中小企業家同友会（中小企業経営者の親睦会）は、九四年二月に開いた定例の研究集会で「ヤマギシズムと経営」をテーマにした講座を設け、豊里の村人を講師に招いている。同友会幹部にそうするよう働きかけた、これも前出の研究会メンバーが語る。

「ヤマギシなんて言っても、最初、同友会の人たちは誰も知りませんでしたけど。実際に村人が講演をすると、社長さんたちの反応は上々でした。素晴らしい、という感想が大半でしたね。嫌だと思った人もいたのかもしれませんが、少なくとも私に言ってきた人はいません」

こうした試みを積み重ねて、ヤマギシは一般の企業社会に接近してきた。この際、ヤマギシ自身が巨大なアグリビジネスに成長した実績が物を言うのは当然だが、同時にその行動や対外的な姿勢が良くも悪くも大企業じみてきたことも、経営者たちに親近感を抱かせる結果をもたらしているようである。

すでに公にされている事実や私自身が確認した事項についてのみ触れると、つまり近年のヤマギシは、

・自然食品・有機農産物のイメージを利用しつつ、農薬や化学肥料、食品添加物などを大量に使用している。製造年月日の日付を改竄《かいざん》することもあった。

・循環農法を謳いながら、家畜に輸入飼料を与え、また抗生物質を使用している。

・大量の糞尿を流出させ、地元に公害をもたらしている。たとえば三重県伊賀市は、三年にわたる紛争の末、ヤマギシ側と公害防止協定を結んでいる。

・選挙のたびに〝ぐるみ選挙〟を展開する。自民党と新党さきがけの依頼を受けることが

多い。以前は民社党との関係が深かった。
・豊里実顕地が近隣の芸濃町（現、津市）にある経営危機に陥っていたゴルフ場を買収した。ゴルフ場の農薬汚染は、このところ社会問題になっている。観光農園やゲートボール場にするとヤマギシは言っているが、本当だろうか。
——等々の問題を抱えている。

農薬や抗生物質の使用などヤマギシ食品の安全性については、兵庫県を中心とする消費者団体「安全食品連絡会」（安食連）が九四、九五年にかけて強く問題視し、一般の消費者や三重県当局を交えて話し合いを続けた時期があった。が、ヤマギシ側の態度は終始歯切れが悪く、不誠実きわまりないものだったという。

たとえばヤマギシ食品は、全品目が村人の手による自家生産だとしているが、中には外部の工場に委託加工させているもの（醬油など）や、原料を仕入れて製品化しているもの（コンニャクなど）も多く含まれている。この問題に関する話し合いの議事録からはヤマギシの〝大企業らしさ〟がすぐに読み取れるが、それが同時に客観的な現実よりも自らの思い込みを上位に置き、他者の価値観の一切を認めようとしないあらゆるカルト集団に共通する態度であることもわかる。

議事録の一部を抜粋してみよう。

〈消費者　その醬油のことです。結局、その原料からなんにもヤマギシの関わったものは何ひとつないのに、ただヤマギシのレッテルを貼って出してるということなんでしょうか？

ヤマギシ　ええ、そうですよ。

消費者　でも、それこそ消費者の判断に任せるって言われますけれども、その消費者っていうのはヤマギシでできた大豆で、すべてヤマギシの手がかかっているものだっていう判断で買っているんじゃないんですか？

ヤマギシ　どういうふうに判断されてるかは個々いろいろあると思うんで、わかりませんけど。（ざわめき）大きく、そう判断されてることは何ら間違いないと思いますけれども。

消費者　それに関連してですが、これ「全生産物自家製品」ってなってますね。今の醬油の話ですと自家製品になりませんね。

ヤマギシ　なるかならないかは別としても、まあ厳密に言えば（笑）ならないんじゃないかっていうふうにおっしゃられる方もあるかとも思いますけど。

消費者　やっぱり訂正していただかないと困りますね。

ヤマギシ　それを訂正する必要も、いっさい思っておりません。事実、そういうことについては製造地も書いてありますから。何らごまかしたことはいっさい言っておりません〉（九四年十一月九日、於・神戸市青少年会館）

先に少し触れた〝会社を丸ごとヤマギシに寄進した社長〟は、名古屋の経営研究会の中心スタッフでもある。社員十一人を擁する松阪市の建設会社「ヤマギシズムジオテック

㈱」社長・藤田学（取材当時五十三歳）。この際、参画の経緯から話してもらった。

「日大の土木科を出て、親父の土建屋を継いだんです。『技研ジオテック』の社名で、シートパイル（土木用の構造材）の無振動・無騒音装置を駆使する専門会社として十数年頑張ってきました。でも、何のために生きるのか、きちんとした目的が持てなかったんです。そんな時、卵や牛乳を買っていたヤマギシの供給者の方から勧められて、特講を受けました。家内も受けて、夫婦で何度も話し合い、参画することにしたんです。

本当の世の中、真実の社会というものを作っていくために。人はそのために生かされているんです。以前は釣りだ、クレー射撃だ、クルーザーだと、中小企業のオヤジらしい趣味をたくさん持ってたんですが、いつの間にか全然やりたいと思わなくなっていました」

かくて藤田は九〇年秋、豊里の村人となる。三人の女の子も、ヤマギシズム学園に進ませた。会社の株式の九九％をヤマギシに譲り、自らは一％を握るにとどめた。九三年秋、経営研究会のスタートと前後して、社名を現行のものに変更した。

「会社をどうするかは、研鑽で決めました。私が株を持つ必要はないのですが、社長は少しでも持っていないといけないと法律で決まってるそうなんで。

仕事は、外見上は何も変わっていません。私自身が変わった時点で会社の目的も変わったわけですが、それはこちらの問題で、社員やお客さまにとっては関係ないですから。

社名変更には社員の抵抗もありました。何回も話し合いをして、完全に納得されたわけじゃないけど、結局、変えました。どうしても嫌なら、辞めてもらうしかない。

参画がマイナスに働いたことは一切ありません。生産性も上がったし、九五年度には初めて売上高四億円の大台に乗せることもできました。経営研究会に来てくれた社長さんたちを特講にお誘いすることはしますが、社員に特講を強制したことはありません。ただ、意思決定には研鑽方式を取り入れています。また今後は、近くの実顕地の村人で人員を補っていきたいですね」

サラリーマンが引き寄せられていく

三重県伊賀市春日山——。

ヤマギシ会の発祥の地には、今も「幸福会ヤマギシ会」の本部が置かれている。ここに眠る山岸巳の墓の地下に、九三年、数億円の費用が投じられ、「公人の丘」墓地が完成した。

私は玄室内部までの見学を許された。案内してくれたのは、ヤマギシズム世界実顕試験場の総本山で、やはり春日山にある世界実顕中央試験場に所属する北大路順信（取材当時四十四歳）だった。

「公人とは、囲いのないあり方で考え、行おうとする人のことを言います。ヤマギシの公人が亡くなると、お骨はこの納骨壺に埋葬されることになります」

玄室の中は、ふんだんに使われた純金箔とプラチナ箔で輝いている。しかも中央にある納骨壺は水晶や瑠璃、珊瑚などで固められ、豪華なことこの上もない。施工は大林組、玄室の装飾やモニュメントの制作には、京都南座の改築や宗教法人・崇教真光世界総本山本部などを手がけた礒村才治郎商店が当たったという。

「立派なものですねえ」

お愛想を言いながら、私の内心は違っていた。仁徳天皇陵でもあるまいし、えらくバブリーなお墓だな。死んでまでよってたかって同じ墓に入りたいものかしらん。こんなもの作るから新興宗教扱いされるんだ……。そこまで考えて、私はハッとした。

京都府八幡市の円福寺には、純金こそ使われていないが、京セラ従業員の社墓があった。その大きさを、私はこの目で見たことがあった。

いや、京セラほど目立ちはしなくても、わが国の企業のほとんどは墓を所有している。本社ビルの屋上にだけではない。高野山や比叡山には何十何百もの〝会社供養塔〟が林立し、個人の家の墓を圧倒しているというではないか。

少し前に、国立民族学博物館教授・中牧弘允（宗教人類学）の『むかし大名、いま会社』という本を読んで、私にはそんな知識があった。思い込みの強い評論家ではない、実績を積んだ学者が、次のような表現をしていたのが印象的だった。

〈会社教は、要するに会社主義の宗教的形態である。会社の神が存在し、会社の先祖や英霊が供養塔や神祠にまつられている。儀礼には社葬をはじめ、慰霊祭や月次祭《つきなみさい》がある。社長はさしずめ祭主で、従業員は信者にほかならない。カリスマ的な経営者が教祖的地位をしめることもある〉（61ページ）

そうした企業の墓と、今、自分がその中を見学しているヤマギシの「公人の丘」墓地のどこがどう違うのか。企業のは納骨までしない場合が多い。だが、ヤマギシは企業ではなく、〝ユートピア〟を目指す共同体である。墓があっても不思議ではない。この点を割り引けば、ほとんど同じか、利益追求を目的とする企業が宗教になってしまっていることの方が、よほど異常だ。

そんなことを考えながら、私は「公人の丘」墓地を出た。その後少しの間、私は北大路と話し込んだ。

北大路は異色の経歴を持っていた。安保紛争の余波が都立高校にも及んだ六九年、都立青山高校でバリケード闘争を主導したが機動隊に敗れ、同校卒業後、ヤマギシ会に参画した。旧北大路男爵家の子息で、親兄弟全員が東大卒という恵まれすぎた出自が、全人幸福を掲げる〝ユートピア〟への共感を招いたものか。

彼の分析によれば、ヤマギシ会は全共闘以後も、時代の節目、節目に、それぞれ別のテーマで、世間の注目を集めてきたのだった。特講を受ける人々の層も、その度に変化してきたという。

「七〇年代の前半は、ヤマギシの生産物が消費者グループの関心を呼びました。有吉佐和子さんの『複合汚染』が出た時期で、活用者（消費者のこと）への直接販売もこの頃からです。七〇年代後半のテーマは教育問題。ヤマギシでも楽園村を始めましたが、子供を自然に返せ、という空気の中で、評判がよかったんです。次は老人や障害者の介護など、どちらかというと福祉の分野ですね。

八〇年代後半あたりからは、四十歳前後のサラリーマンが、中学生ぐらいの子供の教育問題からヤマギシに関わり、そのうち自分の人生をも考え始めるというパターンでしょうか。この傾向は今も続いていますが、近頃は環境問題や農業問題など、初期の頃に近い関心も出てきています」

さすがに北大路は、最近は大企業がヤマギシの生産性に注目している、とは言わなかった。

一方、同じ春日山の幸福会ヤマギシ会本部事務局には、こんな村人もいた。東京出身、取材当時は五十三歳。東大を卒業して小松製作所に入社、経理畑を歩んだが、独立し新潟で経営コンサルタントを開業していた経歴を持つ男性である。

「私が参画したのは、子供のためでした。新潟にある小松の関連会社に出向していた時に長女が生まれたんですが、若干の知能障害があった。で、引っ越さなくてもいいように、会社を辞めたんです。その後、その子を楽園村に出したり、付き添っていった家内が特講を受けたりで、ヤマギシとの接触が増えていった。

そのうち、地域の人たちと一緒に農場付きの施設を作ろうという話になり、見学かたがた、私自身も特講を受けたんです。そこで近い将来、知能障害の子のための養護部が春日山にできると聞き、参画に踏み切りました。

実際に養護部ができたのは三年ほど前。村の子ばかりが三十五人ほどいます。それまでは津の施設に預けていたので、ホッとしたものです。
男はどうしても社会性を求めますから、ヤマギシでの働き場所を見つけるまでが少々大変です。私の場合、ここでの生活に完全に馴染むまでに六年ほどかかりました。後悔はしていませんけどね。
でも、参画した時小学六年生だった下の娘が、中学を卒業してから村を出ていっちゃいました。窮屈だったのかもしれません。もう二十歳です。大検に受かったとかで、大阪で働きながら、受験勉強をしているようです」

ヤマギシに企業が関心を寄せるようになったのは、突然起こった現象ではない。まず企業の構成員たる個々のサラリーマンが、それぞれの事情で、ヤマギシに引き寄せられていく前史があったのである。

試みに九三年八月から九月に特講を受けた人々の勤務先を列挙してみる。日立製作所、三菱石油、神戸製鋼所、トヨタ自動車、日本電装、三菱重工業、三菱電機、昭和電線電纜、小田急電鉄、松下電器、松下精工、富士通、高島屋、積水ハウス、住友精密工業、日本生命、富士火災海上保険、ヤマハ発動機、横浜ゴム、信越化学工業、中国電力、読売テレビ……（『けんさん』九三年九月二十五日付より）。

やや古いデータしか紹介できないのは、ヤマギシはその後、この種のまとまった実績をオープンにしなくなっているからだ。ただ村人たちの話や『けんさん』の断片的な記事などを総合すると、最近はこの他にＮＴＴ、ＪＲ東海、藤沢薬品、東芝、ホンダ、丸紅、三井物産、日立造船、新日鐵などの社員が特講を受けに来ているという。彼らの多くはヤマギシ会の特講への口コミルートが存在する企業も少なくないようだ。彼らの多くはヤマギシ会の会員となり、うち何人かは会社を辞めて、村人としてヤマギシズム社会に参画していった。大企業のサラリーマン、傍目にはエリートとして何の不自由もなく暮らしているような人々が、どのような人間関係や経緯、あるいは心理の動きを経てヤマギシに魅かれていくのか。そして結局のところ、いかにして〝集団〟〝企業〟〝全体〟にからめ捕られていくのか。

一つの類型を、私は松下電器産業環境担当副参事にして環境ＮＧＯ『ネットワーク『地球村』』代表の高木善之（一九四七年生まれ）と、彼の松下での元同僚、前出・橋口利明の二人の体験に見た。

二人の松下マン

大阪大学物性物理学科卒の高木善之は、松下社内で自他ともに認めるエリートコースを歩んでいた。中央研究所で基礎研究に腕を振るい、松下グループの合唱団やオーケストラの指揮者としても華々しく活躍していた。

だが高木は、八一年四月、松下本社のある大阪府門真市の国道一号線で交通事故に遭い、瀕死の重傷を負った。父の高木善胤が阪大医学部卒の有力な内科医である関係で、阪大病院で手術を受けることができ、幸い一命はとりとめたものの、入院期間は一年一ヵ月もの長期にわたったという。

高木は語る。

「事故後の数日間は意識不明でした。この間、私は臨死体験をし、地球崩壊にまで至る、未来の〝記憶〟をすべて知ってしまったんです。当然、目覚めた時には価値観が変わっていました。自分がそれまで励んできた競争社会は、社会にマイナスしかもたらさない。More & More 教は、地球を破壊するだけじゃないか、と。

そう考えると、私をお見舞いに来てくれる人たちも、実は心配してるんじゃなくて、様子を見に来てるだけなのがわかってくる。「大丈夫?」と聞くから、元気に「うん」と答えると、「そう……」って、がっかりされたり（笑）。競争社会というのは、自分にとっては他人がいない方がいい。他人にとっては、自分がいない方がいい社会なんですから、これも当然なんですね」

彼はやがて職場に復帰した。数年後、近所の知人に勧められ、三人の愛児たちをヤマギシの〝楽園村〟に送った。その趣旨に賛同し、新鮮な感動を受けたからで、高木夫妻はこれを契機に地域でのヤマギシ会活動に熱中するようになっていく。

悩んだ末、末娘もヤマギシズム学園幼年部に送りだした。この時の心境を綴った文章を、高木は後に発表している。

〈親のつとめは、子どもをエリートに育てることではない。学校でいじめられ、それを言うこともできず、自殺してしまう子ども、登山で道に迷っても雪の中でじっと何日も救助を待って生還できる子ども、この二人の運命を分けるもの、この生命力を子どもに与えたい。

人に何か言われる毎に傷つき恨みに思う人、いかなる状況でも人に勇気と喜びを与える人、この両者を隔てるもの、この幸せになる力を子どもに贈りたい。これらの宝物『いつ、いかなる状況でも、生き抜き、幸せになる力』を、親として我が子に、大人としてすべての子どもたちに贈りたい〉（松本照美・福井正之『子、五歳にして立つ』188ページ）

吹っ切れた高木は、松下社内でも積極的に活動した。八〇年代後半、同僚にも特講を勧めまくった。目指す相手の職場に、大要こんなFAXを流したのである。

〈ミステリーツアーにご招待！　仕事も趣味も、何もかも関係ない、眺めのよいところで、好きなようにお喋りをしてみませんか？　ただし費用は自前で〉

九〇年、イメージセンサー等の情報関連部品の営業担当課長をしていた橋口利明が、高木の誘いに乗った。本章の冒頭にも登場したが、現在は豊里の村人として案内所に詰めている橋口も、同志社大学の大学院を卒業した技術系の幹部候補生だった。高木とは、共にオール松下の合唱団を創設した間柄だった。

橋口が述懐する。

「会社生活に迷いなんかありませんでした。三十歳代半ばで課長になって、他人に勝つことが楽しかった。人の好き嫌いが激しく、嫌いな奴は会議にも入れてやらなかった。北新地に行けば、松下の名刺一枚でいくらでも飲めた。同年代の連中が何人も、若い奥さんやチビたちを置いて過労死していきましたが、そこまでやらなきゃなんないのかと思う一方で、あいつらは敗北者なんだとも考えたものです。

それが……。高木君に勧められて夫婦で特講を受け、四カ月目には、三人の子供たちをヤマギシズム学園に送っていました。仕事に追われ、ロクな子育てをしてこなかったことに、私は深い負い目を感じていたんです」

橋口はそして、会社を辞めた。特講から半年後、彼と彼の家族は、豊里にいた。

農作業の傍ら、高木が特講に送ってくる松下マンを説得しては、ヤマギシの村人にしていった。ビデオ事業部の女子バレーボール部の監督が特講を受けて感激し、選手を連れて豊里実顕地で強化合宿を行ったこともある。高木・橋口の絶妙のコンビネーションの甲斐あって、全国の実顕地に散らばる松下グループOBの村人は十人を超える最大勢力となったという。

「松下幸之助翁の定めた、松下社員が遵奉すべき七精神というのがありますね。産業報国、和親一致、順応同化、公明正大、力闘向上、礼節謙譲、感謝報恩。素直な心を強調するPHPの理念もある。私は山岸巳代蔵の理念に、あの幸之助イズムに近いものを感じたんです。松下マンがヤマギシズムを受け入れやすいとすれば、そのためかもしれません」

橋口が振り返る。七精神は確かにヤマギシズムの理念と酷似している。元エリートらしい冷静な分析だが、それらは松下の専売特許というわけでもない。

駒沢大学仏教経済研究所が九四年秋に行ったアンケート調査は、次のような結果を示している。すなわち社是・社訓に「国家や社会への奉仕」を盛り込んでいる上場企業（カッコ内は非上場企業）は二一・七％（二二・一％）。同じく「和や協調性」一八・四％（三〇・九％）。「誠実さや真心の大切さ」二四・三％（三〇・九％）。「思いやりや愛の精神」八・六％（一〇・三％）。「縁や人と人とのつながりの大切さ」八・六％（四・四％）。「努力や精進の大切さ」九・九％（一六・二％）。「報恩や感謝の心」一〇・五％（七・四％）……（『仏教経済研究』第二十四号、九五年）。

松下電器ほど有名でないだけで、大小を問わず、大部分の日本企業は同様のモットーを持っているのだ。企業がサラリーマンの内面までをも支配する日本的経営の現実は、こうして正当化されてきた。

橋口はそして、こう続けた。

「仕事や肩書への未練がないと言えば嘘になります。でも、実際に村で暮らしてみて、どんな人も幸せになりたい、こういう社会を望んでいるんだということがわかったんです。だから今は、ヤマギシズムを外に広く伝えていくことに生き甲斐を感じています。この前も、四国で農業講演会のキャラバンをやってきたんですよ」

一方の高木は、九一年頃からヤマギシを離れている。学園に行かせていた子供たちも外の学校に戻した。

「ヤマギシはカルトですから」

その理由を言葉少なに語る高木は、ここ数年、地球環境問題の第一人者として東奔西走。年間五百件近い講演を各地でこなす毎日を送るようになっている。

市民団体や労働組合だけではない。小中学校のPTA。市区町村。九二年にリオデジャネイロで開かれた〝地球サミット〟以降、先進各国の環境問題への関心がにわかに高まり、ISO（国際標準化機構）が国際的な環境基準制度作りを急ぐに及んで、企業や経済団体からの依頼が激増しているのが最近の傾向だという。九五年には経団連にも招かれた。

統一教会などの宗教団体や、そのダミーと思われる団体での講演も多い。船井総研会長の船井幸雄とは昵懇《じっこん》で、EMの比嘉照夫や〝脳内革命〟の春山茂雄らと並び、高木は船井ファミリーのレギュラー的存在になっている。

九五年十一月、東京・品川の新高輪プリンスホテル。「第二回フナイ・オープン・ワールド」のメイン講演会に組み込まれていた高木の講演に、私は出席してみた。一千人ほどもいる聴衆を前に、高木は四十六億年前、つまり創成期から現在に至る地球の図を示して環境破壊の深刻化を訴え、また前述の臨死体験を語った。時にこみ上げる涙を抑え、あるいはジョークを飛ばしながら。

「私たちの乗っているタイタニック号は今、氷山にぶつかりそうなんです。それでも酒盛りを続けるなら、もう駄目です。皆さん、まず事実を知り、怒らないで、人に任せないで、闘わないで、地球の村人として、自分にできることをしてみてください。私はあえて、私の未来の記憶を以て申し上げます。

……ショッキングな話だったと思います。気分直しにCDを聴いてください。目を閉じて――」

と、ジョン・レノンの『イマジン』のメロディーが流れてきた。シャンデリアが暗くなる。聴衆は指示通りに目を閉じた。高木はそこで、自分の訳だと断った上で、日本語の歌詞を朗読し始めた。

「想像してみてごらん
天国なんてないんだ　地獄なんてないんだ
ただ空が広がっているだけさ　簡単なことさ
みんなが今を生きているんだ
君は僕のことを　夢想家と言うかもしれない
だけど　僕だけじゃない
いつか君も　僕の仲間になり　この世界は
……ひとつになるんだ」

わずかな間を置いて、場内は割れんばかりの拍手に包まれた。

意識の変革を歌いあげる『イマジン』という曲は、全編ニューエイジ思想で構成されている。

〈ニューエイジ運動の宣言〉と位置づける宗教学者もいるほどだ（芳賀学・弓山達也『祈

る　ふれあう　感じる』54ページ)。問うてみると、案の定、高木はそのことを知らないと言った。彼もまた、無自覚なニューエイジャーであり、新霊性運動の担い手の一人だったのだ。

高木が絶妙の話術で訴えかける主張のポイントは、今もヤマギシのそれと、さほど変わらない。〝地球村〟という彼のNGOの名称は、ヤマギシズム楽園村の高校生・大学生版でも用いられている。以上のような理由から、「ネットワーク」には、「高木とヤマギシは、水面下で協力関係にあるのではないか」との問い合わせがしばしば寄せられるそうである。

それにしても、高木が会社から給料を貰いながら社業と直接関係のない環境NGOに打ち込むことができる現実は不思議である。しかも彼は、松下電器の現役社員であることを隠していない。

「前社長の谷井昭雄さんに直訴して、理解していただきました。環境問題は、もう草の根運動では間に合わないんです」

松下電器はそして、この間に〝松下環境憲章〟を制定し、あるいは労使および高木の「ネットワーク『地球村』」の三者共同による環境保護運動「松下グリーンボランティア倶楽部」を発足させた。九三年からは環境問題に取り組む姿勢を企業広告の中でアピールしてきた。

松下のこうした企業戦略を、キリンビールや東芝のそれとともにケーススタディした広告専門誌『宣伝会議』(九五年四月号)の特集タイトルは、「環境マーケティングを消費にどう結びつけるか」だった。高木の意思がどうであれ、松下電器は結果的にヤマギシのお蔭で〝環境に優しい〟企業としてのイメージ作りに成功したのである。

日本企業のユートピア

わが国の農業は崩壊寸前の危機に陥っている。激しい国際競争の嵐に直面する一方で、老齢化・後継者難は深刻さを増すばかり。かつて大規模化を促そうと政府の主導で開発された各地のパイロット・ファームも、その多くが、今では荒れ果ててしまっているという。最後の砦だったコメも輸入自由化された。食糧自給率は先進国中最低の有り様だ。もはや農政には任せておけないと、全国の農家は多彩な試みを始めている。そんな中に、ヤマギシの豊里実顕地を模すという「報徳文化村」構想もあった。

〝村〟建設の候補地は、静岡県掛川市の南、大須賀町に開墾されながら、荒れてしまった国営農地二百ヘクタール。中心人物の宮城正雄（取材当時八十歳）が語る。

「われわれ農家には、もう日本の農業は守れない。農水省でも、農協でも駄目だ。新しい村を作り、都会の人を募集して、ヤマギシみたいな集団農場で、自然循環農法をやっていくしかない。そう考えて、平成七（一九九五）年十一月に研究会を発足させ、真剣に討議を重ねているところです。豊里実顕地やイスラエルのキブツでの研修も行いました。

農業、食糧自給だけでなく、この際、環境保全、高齢化対策、都市の人口問題など、今の日本が抱えているたくさんの問題の解決に繋がるモデル村にしたい。私は〝食糧自衛隊〟と呼んでいます。農水省や農協の協力もありますし、地元の町長にも話をしています。〝報徳〟の名は〝報徳社〟から採りました。尊徳の精神を基本に据えるということです」

報徳社とは、二宮尊徳（通称金次郎、一七八七〜一八五六）の農本思想の実践を通じて農村の救済再建を目指す農民結社を指している。一八四三（天保十四）年の小田原報徳社の結成に始まり、やがて全国に広がった。

一時は千社を数え、大正末期には連合組織として「大日本報徳社」が設立されている。昭和初期に農村が疲弊した時代、尊徳思想が経済更生運動の精神的支柱として鼓舞された背景には、この農民結社の存在があった（綱沢満昭『日本の農本主義』24ページなど）。

報徳社は、戦後、軍国主義の教化機関と見做され大打撃を受けた。が、「社団法人・大日本報徳社」（静岡県掛川市）を中心に、全国にはなお百三十以上の報徳社組織が現存し、その政治的影響力、山林管理者としての実力は、依然健在であるとされる。

宮城正雄は、地元「古谷報徳社」の理事長を九三年まで務めていた人物だった。「報徳文化村」構想の研究会は、掛川出身で㈳大日本報徳社の現社長である神谷慶治（東京大学名誉教授）を顧問に据えている。ヤマギシを模した集団農場へという方向性が、オール報徳社の意思でもある証左だろう。報徳社の系譜を踏まえ、また農水省の協力がある事実を考慮すれば、国としての意思と見てよいのかもしれない。

「ヤマギシのすべてがよいとは思いません。あらゆる無駄を削り取った合理性は凄いが、自由と平等の釣り合いを考えた時、あそこまで平等を優先するというのは、われわれの思想とは違う。村を出ていく人に最初のお金をまったく返さないというのも問題です」

宮城はこう話していた。いずれ「報徳文化村」が実現する暁には、ヤマギシの改良型として現れることになるのだろう。そこで実績が得られれば、第二、第三の新型が登場してくるに違いない。

私が取材した企業人の、誰が明言したわけでもない。が、ヤマギシの豊里実顕地に群がる民間企業群は、実は本能的に、この「報徳文化村」と同じ方向性をも視野に入れているに違いないと、私は推測している。

規制緩和論議の文脈で、経済界が農地に関する現行規制を大幅に緩め、農地の権利取得を株式会社にも認めるべきだとする主張を展開するようになって久しい（たとえば谷脇修「農地をめぐる規制緩和論議と土地・農地政策の課題」『農業と経済』九六年四月号）。となれば、その主張が通る日に備え、企業がヤマギシに格好のモデルを見いださないはずがない。

豊里の村人の一人である沖永和規は、こう吐き捨てていた。

「企業は、ヤマギシのオイシイところだけ、つまみ食いしようとしているんですよ」

中大全共闘の活動家からヤマギシ入りした沖永は、今では「ヤマギシズム出版社」社長、および豊里実顕地理事の肩書を持ち、影の意思決定機関「イズム生活推進研」の秘密メンバーではないかと囁かれる存在だ。最近ヤマギシが企業の注目を集めているようですね、と尋ねた際の、これが彼の最初の反応だった。

オイシイところ。すなわち人件費の究極のコストダウンと、企業で言えば社員の両親や子供までを含めた全員が機関決定の一切に逆らわず、何も考えず、何でも「ハイでやれる」無我執とに支えられた、驚異的なまでの生産性。および、存在そのものをＣＩ（コーポレート・アイデンティティ＝企業イメージの統一）戦略とする、凄まじいマーケティング・パワー。

そして今、多くの日本企業が、このヤマギシズムに明日の〝理想像〟を見ている。ソニーの超能力研究を取材した際に図らずも連想した、現役通産官僚が日本的経営を礼賛した文章のクライマックスを、私は再び想起する。

〈日本は、現代の産業社会の諸要請にもっとも適合し、大多数の国民にとって実質的にもっとも意味のある、「組織的自由」を、より多く与えている。そしてそれによって産業文明を社会の最も奥深い伝統と融合させることに成功している唯一の国なのである〉

〈現代は組織の時代であり、また大衆の時代でもある。このような時代において、一国の経済、社会組織に対して与えられる基本的な課題は、組織の効率性とその中で働く多数の平均的な人々の生きがいとを両立させることにある〉

〈日本の体制は、社会の内部に、組織と個人との利害の一致関係を人工的に作り出すことによって、このような課題を比較的巧妙に達成している。それが自由主義あるいは民主主義の立場からどのように評価されるかは別として、これが現代の問題を解決する上でのひとつの新しい手法であることは確かである〉

〈日本のシステムは、少数の優れた人の才能を最大限に発揮させることを可能にする制度ではなく、またそれに依存するものでもない。それは、多数の平均的な人たちに安定した環境を提供し、その職場内により多くの自由を与えることによって、仕事をより働きがいのあるものにし、そこから生まれる多数の人間の集団的活力に依存するシステムなのである。つまり、企業主義は、少数の才能ある人間が報われることは必ずしも多くはないが、多数の平均的な人間にとっては、より有利な体制なのである〉（松本厚治『企業主義の興隆』306〜310ページ）

以上はわが国の企業社会の現実を、国民を統治する側の目から冷徹に見据えた分析である。この本を著者の松本が日本生産性本部から上梓したのは八三年。すでに十五年近い歳月が経過し、変化への兆しが見え始めてはいても、社会の基本的な有り様は何ら変わっていない。そして松本の描写は、構成員個々人の自我を認めないヤマギシ会の実態にも、そのまま当てはまる。

ヤマギシズム世界実顕中央試験場の存在意義を、私は思い出した。

——生きる術を一人一人が自分で考えるのは時間の無駄だ。どう生きたら幸福になれるのかは専門の人々に考えてもらい、みんなでそれに倣うのが賢明である——。

生き方の模索を他人に委ねるなら、それはもはや人間とは言えない。家畜に等しい。

ヤマギシが日本なのか、日本がヤマギシなのか。

資本主義の根本原理である〝所有〟を否定したヤマギシ会の実顕地は、かつては毛思想を具現したような共産主義的共同体《コミューン》だったという。幾星霜を経、時の流れとともに剝き出しになってきた実態は、哲学でも宗教でもイデオロギーでもない。〝日本〟であった。

ヤマギシのカルト性はしばしば、〝オウムに似ている〟という批判を受ける。取材で会った何人かの村人には、私もそう水を向けてみた。すると、彼らの誰もが同じダジャレを返してきた。

「ここにはサリンなんかありませんよ。おいしいプリンならありますが」

——〝我執〟を失うと、ダジャレまでみんな同じになっちゃうのかしらん。私は少しおかしくなって、でも、この村の中と外とにどれほどの違いがあるものかと思い直し、すぐに真顔になった。

われ、ひとと共に繁栄せん
みなさん　一緒にやりましょう
やがて世界中がそうなる

豊里実顕地の中心部に建てられている案内板には、こう刻まれていた。世界中はともかく、少なくとも日本中は〝そうなって〟いるように思った。

＊　＊　＊

本章が最初に公になった前後から、ヤマギシ会には強い逆風が吹き始めた。名古屋国税局の税務調査で二百億円にも上る申告漏れが発見され、約七十億円の追徴課税を求められた事実が報道されたのが一九九八年四月。二〇〇二年三月には三重県の農林水産部長が、会員の経営する建設会社に出資した豊里実顕地の行為は農事組合法人として認められる事業範囲を逸脱しており、農業協同組合法（農協法）違反の疑いがあると県議会で答弁した。さらには同年十一月、ヤマギシズム学園で十二歳の女子中学生がエレベーターに挟まれて死亡する事故まで起きている。

一方、ヤマギシ会に寄進した財産の返還を求めて提起された訴訟は一九九五年頃から増え始め、二〇〇〇年代に入る頃には二桁を数えるほどにまで膨らんだ。それらの多くは原告側の勝訴、被告ヤマギシ側の敗訴で確定する。告発本もたくさん出版された。

こうした流れの中で、ヤマギシ会の規模はかなり縮小した。一九九九年には二千百五十人いたとされる実顕地への参画者が、二〇一三年には全国二十六拠点および海外の総勢で千五百人ほどに減ったと伝えられる。ビジネスとしての実力は維持されたらしく、『週刊東洋経済』（二〇一二年七月二十八日号）の「農業法人ランキング」で、豊里と春日山の両実顕地がランクインを果たし、両方を合わせると、ヤマギシ会はなんと日本一の農事組合法人ということになってしまった。人員の減少が一種のリストラ効果に繋がったということなのだろうか。いずれにしても、ただ単に「退潮」したとばかりは言い切れないものを、私は感じている。

第七章　米国政府が売り込むアムウェイ商法

米国ＡＢＣ放送が「カルト」と表現したアムウェイ商法。日本でも問題が続出、ついに国民生活センターがカルト的な組織活動として警告を発した。だが、米国政府はアムウェイを徹底的に擁護する。

船井幸雄と日本アムウェイ

〝オカルトビジネスのドン〟こと船井総合研究所会長・船井幸雄が、日本アムウェイ（本社・東京）という訪問販売会社の宣伝マンをしばしば買って出ている。第五章でもその一端を紹介したが、両者の関係をもう少し見てみよう。

一九九四年七月二日、東京・九段の日本武道館で行われた「フナイ・オープン・セッション94」（船井総研主催）。一年後の九五年から「フナイ・オープン・ワールド」として拡大していく前段階に当たるこのイベントで、船井総研から船井と専務の小山政彦、アムウェイからトップ・ディストリビューター（販売員）の中島薫が集い、〝討論〟会を行っていた。船井がアムウェイ特有の商法を本格的に礼賛するようになるのは、この頃からのことである。

ここで船井は、大要、次のように語った。間もなく従来の常識が通用しない時代が訪れるとの前置きの後――、

「たとえば、競争より共生の時代です。面白い話をしますと、今日はアムウェイの関係の方がたくさん来ておられますが、経営の専門家である私が思いますに、アムウェイは悪い商品を一品も出せない恐ろしい販売システムだと思います。メーカーとしては大変で、悪い商品をうっかり出したり、より良い商品がより安く他から出ますと潰れるという大変なシステムです。

最近はセブン－イレブンやファミリーマートのようなコンビニエンス・ストアが儲かっているようです。それぞれの親会社であるイトーヨーカ堂や西友よりも利益が上がるのは、コンビニという業態が良いのではなく、（フランチャイズ・チェーンの仕組みで）小さな店の親父さん方が、自分でやる気になってヨーカ堂や西友からノウハウや商品をもらって頑張るからよいのです。こういうのを共生の仕組みというのです。

アムウェイはどうでしょう。たとえば女の人が三十歳台の終わり頃になると暇になってすることがない。学歴はある、頭もよい、旦那の魅力も今一つだ。そう思う年頃です。そういう時に、やる気を与えてくれて、しかもよい商品が安く入手でき、さらに人に薦めると自分の利益にもなる、というすばらしい仕組みをアムウェイという会社が与えてくれたのです。リスクもない、ではやってみようか、と。

これは非常にうまくできた共生の仕組みです。絶対に強いと思います。今、一番上手に金儲けしようと思ったら五十五歳以上の男性と共生の仕組みを作るか、三十五歳以上の女性に十分に働いてもらえる仕組みを作ればよいことは間違いない。その辺を実にうまく作って、しかも働いている皆さんに本当に生き甲斐を与えてくれたと考えてもよいくらい、アムウェイの仕組みは上手にできていると思います」

一方、アムウェイの中島もまた、そのような船井にラブコールを送っている。こんな具合だった。

「船井先生の（仰る）〝本物〟には、定義があります。制約がない、誰にでもできる、単純、万能、即効、ローコスト、ハイクオリティ。いいことずくめということで、私もその本物の定義を聞いているうちに、これはアムウェイのことを言っているんじゃないかと思ったのです。小山さんの話を聞いても、このスピリットは絶対にアムウェイっぽい、この方がディストリビューターをやれば……と思ったのです。

そういうことで、とにかく私たちは、アムウェイのいわゆる企業理念からその周辺のものを、長い間ひとつの世界で培って、構築してきて、それが船井先生の話とドッキングした時、これは何か世の中が面白い、もちろんアムウェイも面白くなるし、これからどんなことが起こるんだろうと、すごくワクワクしたんです」（コメント部分は〝討論会〟をまとめた『これからの時流・未来への確信』船井幸雄編著、日刊工業新聞社、九五年刊などから構成）

彼らの礼賛ぶりとは裏腹に、しかし、アムウェイ商法とは、それに関わる人間の心も生活も破滅させてしまう、恐ろしい商法なのである。以下の文章は私が『文藝春秋』九八年六月号に発表した論考「日本アムウェイ『心を操る商法』の悪夢」に若干の加筆を施したものだが、現代の日本において、ニューエイジャーである船井幸雄をはじめ本書に登場してきた人物や組織の主張をそのまま受け入れた人間や社会がどうなっていくのかが、ここに比較的わかりやすい形で示されていると言えるかもしれない。

あるディストリビューターの悲劇

語るのは金沢市に住む平岡雅俊（仮名、取材当時二十五歳）である。日本アムウェイの元ディストリビューターが打ち明けた、悲惨な体験談だ。

「私は約四年間のアムウェイビジネスによって四千万円近い借金を抱えることになり、実質的に破産状態に陥りました。実力不足は確かだし、責任を逃れるつもりもありませんが、それ以上に、アムウェイビジネスの持つ本質的な危険性に気づいたのです。

住宅関係の営業をしていた私がアムウェイのディストリビューターになったのは一九九三年二月、二十一歳の時でした。名古屋にいる友人が突然やって来て「凄い話がある」と言うのです。この手の商売は好きでなく、興味もわきませんでしたが、彼は「勧誘じゃない。チャンスを伝えたいんだ。一緒に成功しよう」と盛んに強調する。あまり熱心なのと、さほど元手もかからないので軽い気持ちで登録しました。

ところでアムウェイビジネスは化粧品や洗剤、栄養補助食品、お鍋、浄水器といった自社商品の小売りが基本ですが、より大きな意味を持つのがスポンサー活動です。新たなディストリビューターを勧誘して自分の系列グループを拡大していく。グループ全体の売上が増えるにしたがい、会社から貰える〝ボーナス〟も増えていく（最高で売上の二一％）仕組みです。

二カ月後、私は転機を迎えました。私のアップライン（上位のディストリビューター）に当たる大阪の前川栄三・はる夫妻（いずれも仮名）の主催で開かれた琵琶湖畔のホテルでの一泊二日のセミナーに参加し、すっかりその気になってしまったのです。アムウェイの成功者が大勢招かれていて、サクセスストーリーを話していました。会場全体が熱気に包まれて、洗脳というか、異様な雰囲気でしたね。

夜の質問コーナーで、私は前川夫妻に「会社勤めなのでスポンサー活動の時間がとれない」と相談しました。すると夫妻は言下に「それは言い訳だ」と言う。「何が自分にとって本当にいいことなのか。自分に素直になること、言い訳をしないことが大事だ」と。そんな話を聞いているうちに、しがない会社勤めよりも、こちらの方が魅力的に思えてきます。それから間もなく会社を辞め、アムウェイに専念することにしました。

最初の目標は自分の独立したグループを持つこと。ダイレクト・ディストリビューター（DD）と呼ばれる立場です。同級生や仕事関係など、知り合いに片っ端から声をかけ、勧誘していきました。一年後の九四年末には念願のDDに昇格します。さらに二ランク上のパールDDにもなりました。私が直接勧誘したディストリビューターが約三十人。その系列を含めた私のグループは九百人にも達したのです」

問題はそこからだった。

ありがちな悪徳商法物語を描くつもりはない。アムウェイ商法の弊害は、その程度のものではないからである。

グローバリゼーションの美名の下、わが国社会のアメリカ化が急激に進んでいる。すると何が起こるのか。平岡の体験は、あまりに示唆に富んでいた。

「でも、パールDDになったからといって収入が飛躍的に増えたわけではありません。良い時で月六十万円ぐらい。昨年あたりは月十二、三万円がせいぜいでした。

一方で経費がばかにならない。アムウェイでの成功は、いかに多くのディストリビューターを勧誘し育てられるか次第なので、私自身が成功者に影響されたように、自分はこんなに儲かっている、あなたたちも頑張ればこんなにいい暮らしができるんだと思わせなければなりません。

そこで服装にカネをかけ、高い家賃を払ってオフィスを構えたり、ミーティングで食事を奢ったりする。精一杯見栄を張り、虚像を演じる必要があるのです。また、DDのランクを保つには、例の二一％という数字を一定期間維持しなければなりません。そのため必要以上の在庫を抱え込んでしまうこともしばしばでした。

そうした経費が月に大体百数十万円。収支は当然赤字で、その都度サラ金などから借りてやり繰りしましたが、九五年末にはその総額が千七百万円に膨れ上がっていました。私が贅沢をしたからだとアムウェイ側は言いますが、それは違う。アムウェイでのランクを上げるためには、誰でもそうせざるを得ない面があるんです。私はやがて、自分系列の他人名義でも借金するようになりました。

昨年後半からは名義を借りた人たちからの返済催促が強まり、私のディストリビューター登録もアムウェイに解除されました。九八年二月には彼ら債権者とアムウェイに民事で訴えられています。

私に責任があるのはもちろんです。債権者に対しては謝罪の言葉しかありません。

しかし、では上位の前川夫妻、またアムウェイには責任がないのでしょうか。甘い幻想を振りまき、人間をそこまでのめり込ませるシステムに問題はないのでしょうか。

私は破産し、離婚して、子供とも離ればなれになってしまいました。自殺を考えたこともあります。アムウェイに人生を賭けた結果がこれです。

私は被害者であると同時に加害者でもありました。今は工場での日雇い仕事に就いています。裁判では債務を免責してもらいたいけれど、借りたものを返さなくてよいなどとは思いません。少しずつでも返すにはどうしたらよいかと考えているところです」

もちろん日本アムウェイや前川夫妻の側にも言い分がある。平岡の話は、それでも彼にとっての真実なのだ。

国民生活センターの注意措置

経済企画庁主管の特殊法人で消費者問題の研究・啓蒙機関である国民生活センターには、アムウェイ商法に関する苦情や相談が大量に寄せられ続けてきた。九四年度以降は例年千件を上回り、九六年度には千五百件を超えた。

「娘がディストリビューターの活動に夢中で孫の面倒を見ず、家事を顧みない」「ディストリビューターになった弟に注意したら口論になり、兄弟仲が悪化した」「同じ保育園の園児の母親に商品を買わされる」「ディストリビューター活動の結果、友人も職場も失った」……。

単なる金銭トラブルだけではないのが特徴であるようだ。関係者の話を総合すると、事態を重く見た国民生活センターは九七年九月十日、日本アムウェイの担当者を呼び、口頭で大要次のような要望を申し入れた。

〈1、周囲の迷惑を顧みない熱狂的（カルト的）な組織活動の排除

①ディストリビューターは家族の了解を得て活動するのを前提とし、活動をめぐって家庭や肉親の間でもめごとが生じないよう指導管理すること。

②ディストリビューターの常軌を逸した活動で配下のディストリビューターや周囲が迷惑を被らないよう、またディストリビューター本人が生活を狂わせることのないよう指導管理すること。

2、ディストリビューターの行いについて自社社員の行為とみなして全面的に責任を負うこと〉――

同じ年の十一月六日には衆議院でも取り上げられた。消費者問題等に関する特別委員会。議事録によると、新進党議員の青山二三《ふみ》が「マルチ商法あるいはマルチまがい商法と言

われるもので消費者が大変な迷惑を被っている」とした上で、アムウェイ商法に関して国民生活センターに寄せられた苦情件数は先に摘発された朝日ソーラーのそれに迫る勢いだ、もはや社名を公表すべき段階ではないかと質した。参考人として登壇した同センター理事長の及川昭伍は、社名公表の事例は過去に十件ほどであることや、公表の基準は苦情件数の多寡だけではないことなどを語り、アムウェイについては現在調査中であると述べた。「全体の約五割が苦情です。また本人からの相談が約五割、周囲の人たち、親や兄弟や友人や周りの人が非常に心配しているという相談が約五割あります。朝日ソーラーとは違い、具体的に法令違反が顕著にある案件でもないので、調査は慎重に行い、また会社側には改善を要望していますが、その経緯等も踏まえ、必要に応じて社名公表も含めて検討しているところでございます」

これでは公表されたも同然だった。青山議員はこの後、茨城や佐賀、滋賀などの各地で公立学校の教員がアムウェイのディストリビューターになり、教え子やPTAを勧誘していた事実なども指摘。経企庁の尾身幸次長官から、消費者利益を擁護、増進する施策の推進に努めたいとする答弁を引き出した。

さらに九八年一月、通産省は千葉県に住むアムウェイの上級ディストリビューター夫妻を呼び口頭と文書で注意するとともに、会社側にも指導の強化を要請した。夫妻が配布したチラシに「(病原性微生物の)クリプトスポリジウムはO－157の百倍の毒性を持ち、園児が数人死亡した」「昇格すれば最低五千万円のボーナスが現金で支給される」などといった、事実と異なるか、誤解を招きやすい表現があり、これらが訪問販売法の禁じる不実の告知に当たるとの判断だった。

アムウェイ商法が問題視されたのは、この時が初めてではない。九三年にも国会で取り上げられたことがある。それから五年、国民生活センターや通産省の姿勢はかつてなく厳しかった。

アムウェイ商法の歴史

アムウェイビジネスの歴史は一九五九年に遡る。「自分自身で成功したいと思っているすべての人々に、その機会を提供したい」と考えたジェイ・ヴァン・アンデルとリチャード・M・デヴォスの両氏が、洗剤などの販売会社「アムウェイ・コーポレーション」を創業したのである。

地元ミシガン州エイダに隣接するグランドラピッズが、元大統領ジェラルド・フォードの出身地だったことから、同社は共和党と緊密な関係を築く。その縁で九四年にはやはり元大統領ジョージ・ブッシュが来日し、東京で催されたディストリビューターの全国集会で、次のような挨拶をしていた。

〈夢をつかみ勤勉で、真実を貫くことで夢を実現できることをよく知っている皆さん、まさにこれがアムウェイだ。勇気と規律、信念と家族の愛が、アムウェイのチャンスで皆さんの人生を切り開いてきた〉（『訪販ニュース』九九年十一月十八日付より引用）

アムウェイと共和党を結びつけたフォードは、同社の専用機に乗って訪日したことさえあるという。〈大統領を自家用機に乗せて日本まで送る。それほど、アムウェイは力を持っている会社と言える〉(篠原勲『アムウェイの奇跡』7ページ)。

日本上陸は七七年。新設された「日本アムウェイ㈱」の社長には日本リーダーズ・ダイジェスト社の営業部長だった折敷郁也が就任。七九年に営業を開始した。

日本アムウェイは順調に業績を伸ばしていく。九一年に店頭公開。九六年八月期には売上高約二千百二十二億円、経常利益約五百十四億円に達した。外資系企業としては日本コカ・コーラ、日本IBMに次ぐ規模になった。

世界三十数カ国で展開されるアムウェイビジネスの売上の約三〇%は、この日本アムウェイが稼ぎ出していると言われる。九七年に二十億円の協賛金を投じて、長野冬季オリンピックの〝ゴールドスポンサー〟になったのも記憶に新しい。

問屋など複雑な流通機構を介さない〝流通革命〟を謳うアムウェイのダイレクト・セリング(無店舗販売)の仕組みは、いわゆるマルチ商法(連鎖販売取引)に限りなく近い。

日本アムウェイ発行の資料や関係者の説明などによると、同社とディストリビューター契約を交わした個人事業主は〝小売活動〟と〝スポンサー活動〟を展開するのだが、殊に後者の活動の成否が彼らの収入を大きく左右するのである。

ディストリビューターは商品を仕入価格で購入し、それを標準価格で販売できる。利ざやを稼げるのはもちろん、配下のディストリビューターを増やして自分のグループが多段階に拡大、全体の売上高が大きくなると、金額に応じて最高二一％のボーナスを受け取ることができるという。

また、こうした実績を積むほどディストリビューターとしての資格がダイレクト・ディストリビューター（ＤＤ）、ルビーＤＤ、パールＤＤ、サファイヤＤＤ、エメラルドＤＤ、ダイヤモンドＤＤ……と昇格していき、多様な特別ボーナスや特典も増えていく。最高峰ランクのクラウン・アンバサダーＤＤともなると、年収は一億円を下らないとさえ囁かれている。なお九四年八月現在、積極的に活動しているディストリビューターは全契約者の約三割に当たる四十一万四百八十組（夫婦で活動するケースが多いので〝組〟という）、ＤＤ以上が同じく一・三％に当たる五千四百八十九組、ダイヤモンドＤＤ以上は同〇・〇五％の二百二十二組だと、会社側は発表していた。

現行訪問販売法下では、しかしアムウェイビジネスはマルチ商法に当たらないとされる。同法による連鎖販売取引の定義は特定負担（ディストリビューター契約を結ぶ際に必要な金銭的負担）が二万円以上であることを重大要件としているが、アムウェイの特定負担は概要説明書や製品カタログ、注文書等から成る八千四百円のスターターキット費用だけという建前だからだ。

ただ、現実が建前通りに動くとは限らない。東京地裁は九五年十二月、この問題を追及してきたフリージャーナリスト・山岡俊介の著書『アムウェイ商法を告発する』の発行元・あっぷる出版社（本社・東京）に対し日本アムウェイが申し立てた出版物頒布禁止仮処分を却下した際、以下のような司法判断を示している。
〈販売マニュアル等に、製品を販売する前にまずその製品を自ら使用して納得する必要がある旨説かれていること、洗剤や栄養食品等比較的単価が安いものもあるが、クイーン・クックウェア・セット（当時十五万円強）、浄水器（同十五万円弱）、電磁調理器（同四万円弱）等小売価格が二万円を超えるものも少なくない等の事実が認められる。ボーナス制度の下では高額の製品を販売するほど高収入が得られることを考慮すると、新規ディストリビューターを勧誘する際、製品の品質を知る必要があるなどとして購入を事実上義務づけ、このため製品の購入価格とスターターキット代金の合計（あるいは製品価格だけでも）が二万円以上となることもあり得ると考えられる。そのような場合は訪問販売等に関する法律施行令七条の基準に合致し、「特定負担」に該当することを肯定して差し支えないと思われる〉（決定文の要約）
マルチ商法に当たるかどうかは個々の取引実態次第というわけだ。もっとも訪販法はマルチ商法それ自体を禁止してはいない。該当すると判断された商法には一般の訪問販売よりもやや厳しい規制措置が課されるだけなのである。
あえて極論するなら、マルチかどうかという議論は、法的にはともかく、一般には企業イメージの問題でしかない。そしてアムウェイ商法は、マルチに該当してもしなくても、現実にこの国の社会を侵蝕しつつある。

人間関係の罠

金沢市のディストリビューター・平岡雅俊のケースに話題を戻す。彼はなぜ、ああまでアムウェイにのめり込んだのだろうか。

平岡に尋ねると、彼はこう答えた。

「アップラインの前川栄三さん夫妻との関係が大きかったのです。系列下にいる私にとって、彼ら夫妻は師であり、絶対でした。

当時の前川夫妻は、最上位のクラウン・アンバサダーDDを目指していました。自分の傘下にDDが二十系列誕生すると到達するランクです。私は彼らにとって十番目のDDでした。

夫妻からはことあるごとに売上を確認する電話がかかってきました。それだけで大変なプレッシャーです。常に「大丈夫です」と答えてしまい、無理な注文をして不要な在庫を抱えることになるわけです。

私は長い間二一％ボーナスを続けていたのですが、そこまで届かなかった月がありました。すぐに前川さんの奥さんから電話があり、叱られました。彼らのランクでは十二カ月連続で十二の系列DDが二一％を維持すると巨額のボーナスが入る制度があり、私のせいでそれが貰えなくなったというのです。半年間ほどは口もきいてもらえませんでした。こういう時、恐怖さえ覚えたものです。

前川夫妻には借金のことで何回か相談もしました。すると決まって「ダイヤモンドDDになれば返せる。それまでは頑張れ」と。私もそう信じ込んだし、この人たちについていけば何とかなると錯覚した。でも、お金の面倒などは一切見てもらえませんでした。私がアムウェイを続けたのは、もちろん自分のためでしたが、前川夫妻の昇格のためでもあったんです。彼らのために頑張ってきたと断言できる。彼ら夫妻のプレッシャーがなければ、ここまで追い詰められることもなかったと思うのです」

殊に後段に注意されたい。失敗を他人のせいにするなと平岡を非難するのはたやすいが、このような人間関係に巻き込まれてしまった者が、それでも自己を確立していられるものか、どうか。少なくとも私には自信がない。

もうひとつ実例を挙げる。一部でも報道されたが、神奈川県在住の主婦・A子（当時三十三歳）が九六年二月、自宅マンション四階から飛び降り自殺を図った事件である。

前年の春からアムウェイのディストリビューターを続けてきたA子は悩み抜いていた。九十九歳になる祖母に赤ちゃんを預けてまで努力したのに、思うようにいかない。儲かるどころか虎の子の貯金も消え失せた現実。崩れてゆく友人関係。家族の反対……。

自殺を図る直前まで彼女がつけていた三冊の日記を読んでいくと、アムウェイの恐ろしさがよくわかる。人名はイニシャルにした。

〈5／12（金）　Aちゃん　Hさん　クック　&　洗たく　浄水器の話　Oさんもクック
——2人目ができて病院にいったとき　とにかくいろいろ顔出すこと　そして親しくなる

こと　武蔵野に家！　家族で海外旅行！　子供への財産！　今のところ8人にアポとってかってもらって＋3人の母たちが使う予定だから　11人が使う　さて結果は……。必ず広まる!!〉

〈5／15（月）アムウェイは家づくりと同じです　大工さんがあせって家をつくってしまったら　つまり早くしようと手を抜いたら　長もちする家はできません　アムウェイも同じです　一定の時間は必ず必要です　そして大事なのは　自分自身納得しているかということ〉

〈5／22（月）　人を育てる、人が先　きのうのミーティングでMさんにそういわれた　人を育てていかなきゃ　目標はそれだけ　そして人を信じられる人間になること　相手をさせること　これは私が会社に　アムウェイに試されていること　私はやる　私はやる　私はやる　オウムじゃないけど　宇宙の神様どうか私に手助けをしてください〉

〈5／26（金）　必ずこの20人はおとしてみせる　この20人にターゲットをしぼって必ず必ず必ず成功させてあげなきゃ！　Hさん　Sくんのママ　Aちゃん　N子　Kさん　もう会員だけど必ず私のところにくる　Hちゃん　M子おばさん（Sくん）ママ〉

〈5／31（水）　今日、朝おきたときに考えた……　私はこんなに素晴らしい考え方を持てるようになったんだから「クラウンアンバサダーをめざそう！」そう思ったの　最高の意識　最高の成長　目標だって最高だ！　必ず　必ず成功する　クラウンアンバサダー最高をめざすんだ!!〉

異様なほどの情熱に突き動かされていたとおぼしき時期が過ぎると、A子の日記は、やや落ち着きを取り戻す。が、秋を過ぎると、A子の心理状態は混乱に陥っていくのである。船井幸雄の著書から引用したらしい部分もあった。

〈11／2（木）　悟った……。彼は、すべては数字、人を使って（Mちゃん）お金持ちの社長さんに買ってもらう　小売利益をとろうとしている　21％　数字しかないみたい……。けれどそうじゃない．人間の魅力、すべては自分にかかっている　Sさんのような包容力のある人になりたい　Aさんのように品のある女性になりたい　Amwayってそういう人を作り出してくれる理想の人を……。私がAmwayに出会ってなかったら　ずっと我ままのバレエやりたい　自分だけやりたい人間になっていただろうね〉

〈11／17（金）　決断→結果　私はこうやって手当たり次第いこうとしているからそうじゃないって教えてくれるんだ　12％　12％　12％　12％　12％　12％　12％　12％　12％　12％　不安に想うことがエゴの始まり　感謝すること　不安をとり払うこと　不安はエゴだ　真白になれ　そして12％目指して行動　key word　波動「我」からの解放　西洋医学はすばらしい　しかし問題があります　それは分けること　敵を叩いて治療しようと考えることです　この世で起こることはすべて必然必要ベスト　どんなことであれ　おこることを肯定し　そこから学び　感謝しなければならない　我々はそのように生きようと思ってこの世に生を受けたのです　とにかくアポとって動け！〉

九六年に入ると、日記の調子は一変した。内容だけでなく、文字も大きく、雑で、切羽詰まった感じになる。以下の部分に日付はなかった。

〈①《ママ》私は家族のために。本当です　Amwayみたいなシステムがあるなら家族のためにがんばろうと思いました　人に断られても平気です　家族のためにすごいお金が入るなら親孝行できる　お父さんや彼　おばあちゃんにはステキなへや　日当たりのいい部屋を用意して　お父さんには書斎　彼にも書斎を用意して　外車で彼はかっこよく！　安く〉

〈すべてプラス思考　この工事もプラス思考なわけ？　この工事の中にふつうの人たちよぶわけ？　少しかってるうちはいい　ヘビーユーザーになると出費が多すぎる　以前は自信満々　みんな家族はねずみだと思ってた　でも家族のためにがんばった　時にはTをおいて出た、家族が病気になったのに出かけて、東京保谷市で鍋デモをやって1台90％にして出してきせきをおこした．プラス思考で家族が病気でもでかけた〉

〈全部うらはら　全てうらはらに出た　皆　いいきみだと思ってるだろう．私正常じゃないよ　Hさんのホームミーティングに元気になったらいくといったらTさんかおがまっさおになったもん　どうして私　こんなになったんだろう　もう終わりにしようね　心配してるなんてウソ　ここまできたらもう　迷惑だよねホント　ごめんね、皆さん、そして私の大事な家族――〉

ここで終わっていた日記は、幸い、遺書にならずに済んだ。一命をとりとめたA子は、しかし今も手足に残る後遺症からのリハビリを欠かせないでいる。

アムウェイのカルト性

アムウェイとは〝アメリカン・ウェイ〟の略であるという。名は体を表すの格言通りで、これほどアメリカ的な価値観と思想に貫かれた企業も珍しい。

創業者の一人、リチャード・M・デヴォスに『BELIEVE!』(七五年)という著書がある。『アムウェイのセールス哲学』の邦題で訳書も出ているが、彼はこの中で、公害や貧困の原因を企業活動に求める風潮を罵倒し、こう書いている。

〈なんという無知！　なんという愚かで不幸な無知か！　自由企業制度は、アメリカに経済的成功をもたらした最も偉大な源であり、混沌たる今世紀の要求を切り抜けるための一番の希望なのだ。これが真実である。いまこそ、この時代のアメリカ人がもう一度自由企業を信じ、信奉し、それは積極的恩恵だと若い世代に教えるときである〉

〈自由企業を信じよ、と私はいいたい。なぜなら、それを信じること、理解すること、それがどういうもので、どういうものでないかを知ることが、真に重要なのだからである。(中略)自由企業制度においては、製造業者や事業家は自分の道具を所有し、自分のお金でリスクを負い、自分で価格を設定し、自分で決定を下す。そして、お金を儲けるのも損するのも、大衆が望む製品やサービスを、いかにうまく大衆が苦にせず払える価格で提供するかにかかっている。企業が何か犯罪行為を行ったり、大衆の利益を損なったりしない限り、政府は企業の利益追求に口をはさむべきではない〉

〈全米経済協会は、いかに道具が経済の中心的要素であるかを示す公式を編み出した。この公式は長年利用されており、私は自由企業についての講演のたびに、この公式を繰り返し口にし、説明するのが楽しみである。それはこういう式である。

MMW = NR + HE × T = Man's material welfare equals natural resources plus human energy multipled by tools.

（人間の物質的幸福＝天然資源＋人間のエネルギー×道具）〉（73～85ページ）

〝幸福〟を数式化しようとするやり方が京セラの稲盛和夫とも似ていて興味深いが、それはさておき、ここは日本である。アムウェイ商法をめぐる問題は、結局、この間のギャップあるいは相性に収斂する。単純に悪徳商法だとは言わないが、それだけに事態はかえって深刻だ。

九一年四月、日本アムウェイの株式が店頭市場に公開された。主幹事証券は後に自主廃業の運命を辿ることになる山一證券。その二年ほど前、ゴールドマン・サックス証券の仲介で行われた四大証券のコンペに勝った山一の〝お手柄〟だった。

店頭公開によって日本アムウェイは社会的信用を得た。「国が認めた会社だから間違いない」という印象が確立されたためである。

影響が大きかった割には、しかし、公開に至る経緯や後日談が報じられることは少なかった。そこで改めて取材してみると、デヴォスの言う〝自由企業主義〟の本質が見えてきて慄然とする。合法でさえあれば、儲かりさえすれば、信義や道義と呼ばれるものの一切をせせら笑う世界——。

当時を知る山一関係者が回想する。

「社会的なイメージはその頃も悪かった。あんな会社の公開を引き受けるべきではないとする意見も社内にあったので、法的な問題などずいぶん検討もしました。でも説明を聞けば納得できたし、大蔵省に相談しても、あくまで企業としての評価が大事なのであって、世間の評判は関係ないと言う。

焦点は、むしろ親会社の情報開示《ディスクロージャー》でした。店頭市場の管理を担当する日本証券業協会には、公開を希望する企業が特定の親会社と取引上も密接な関係があり、そちらの業績に影響される可能性が高い場合、その親会社の情報開示を求めようとするガイドラインがあるのです」

日本アムウェイはアムウェイ・インターナショナルという法人の全額出資で設立されていた。ただしこの法人は海外子会社のための持株会社に過ぎず、実体がない。事実上の親会社はミシガン州エイダのアムウェイ・コーポレーションで、しかも日本アムウェイの商品の大半を製造しているということで、証券業協会は同社の情報開示を求めた。

アムウェイ・コーポレーションは創業者一族が支配する非公開企業である。情報開示の義務はないのだが、同社はこの要求に応じ、日本アムウェイを店頭公開させた。

ところが半年後の九一年秋、アムウェイはインターナショナル社の持つ日本アムウェイ株をすべて、創業者一族の資産運用会社にスピンオフ（親会社が株主に子会社の株を分配することﾞしてしまう。アムウェイ・コーポレーションと日本アムウェイとは、かくて兄弟会社の関係となり、アムウェイ・コーポレーションは、もはや情報開示などしなくなった。

これほど大きな変更にもかかわらず、翌九二年度の日本アムウェイの有価証券報告書には、何の説明もなかった。「大株主」欄の（注）に、こう記されていただけである。

〈アムウェイ・インターナショナル・インクは前事業年度末現在では主要株主でありましたが、当事業年度末現在主要株主でなくなりました。

前事業年度末現在主要株主でなかったジェイ・ヴァン・アンデル信託、ベティー・J・ヴァン・アンデル信託、アールディーヴィー　エイジェイエル　ホールディングズ　インク、エイチディーヴィー　エイジェイエル　ホールディングズ　インクは、当事業年度末現在では主要株主となっております。

なお、アールディーヴィー　エイジェイエル　ホールディングズ　インク及びエイチディーヴィー　エイジェイエル　ホールディングズ　インクは、平成四年八月二十日付で、それぞれリチャード・M・デヴォス信託、ヘレン・J・デヴォス信託から名称変更しております〉

アメリカ車は左ハンドルのままでは売れなかった。ではなぜ日本アムウェイは、数多《あまた》の問題を抱えながらも、ここまでの発展を遂げることができたのか。

アムウェイ商法がユニークなのは、システムだけではない。ミーティングなどスポンサー活動の現場で「夢」「成功」「情熱」「生きがい」「生き方」「愛」「思いやり」「こころ」といった言葉が絶えず飛び交う。アムウェイ商法を始めたことで「自分が変わった」「前向きの人生を送れるようになった」とする体験談が、常に語られる。比較的高学歴の主婦が参加し、夫を引き込んでいくケースが多い。

上智大学講師の芳賀学（社会学）は、九四年に出版した宗教学者との共著の中で、このような特性を持つアムウェイ商法の流行について触れ、次のように描写している。〈（彼女らは）ディストリビューターとなってからは、憂うつで退屈な日常から抜け出し、充実感に満ちた生活に移行したと感じている〉〈こうした動機は、これまでの章で論じたように、新宗教に向かう若者にも、自己啓発セミナーに通う若者にも、共通に見られるものである。そして、ここでは、こうした倦怠感（「空しさ」）は、アムウェイのビジネス活動を契機として解消されている。それゆえ、アムウェイとは、ビジネスをエクササイズとする自己啓発集団といってもよいかもしれない〉（『祈る　ふれあう　感じる』　203ページ）

そして自己啓発セミナーが、世界的なニューエイジ運動《ムーブメント》の潮流から派生した〝ビジネス〟の一つである事実を、私はすでに指摘してきた。繰り返しになるが、ニューエイジとは現代世界を動かす西洋近代文明の根本的転換を目指そうとする思想運動だ。オカルトじみた神秘主義的な科学観（ニューサイエンス）を基調とし、個を超えた全体意識を重視する点に特徴がある。

西洋の宗教的価値観に中国の道教、インドのヨガ、日本の神道や禅の要素を採り入れたアンチ近代思想で、六〇年代アメリカのベトナム反戦運動を契機に先進国間に広がった。思想の性格上、その信奉者はしばしば共同体を形成し、多くはカルト集団と化していく傾向がある。

具体的にはディープエコロジー、ホリスティック医療運動などの形で顕れた。ニューエイジに魅せられた心理学者らは瞑想や独自の心理療法を使い、人間の潜在能力を開発しようとする試みを始めた。ヒューマン・ポテンシャル運動と呼ばれる流れだが、やがて企業の教育訓練にその方法論を応用し、商売のタネにしていく輩も現れる。自己啓発セミナーの、これが萌芽だった。

自己啓発セミナーは、したがって洗脳やマインド・コントロールの要素を強く含みがちである。殊に〝没我〟や〝唯識〟の領域、たとえば「あらゆる現実を肯定しよう」とか「強く願えば必ずかなえられる」といった発想は、もともとニューエイジが東洋思想に学んだ価値観だっただけに、日本人には実によくなじむのだ。

しかも日本社会には、〝ムラ〟の共同体意識がなお色濃く残っている。親戚や知人、上司、同僚、子供の教師、子供の友だちの親など、何らかの人間関係を伴う相手に何事かを強く薦められたら、よほどの予備知識を持っていなければ、無下に「ノー・サンキュー」とは断りにくい社会。善し悪しではない。百年後はいざ知らず、今はこれが現実なのである。

アムウェイ商法は、そこに現実社会のオールマイティであるところのお金を絡ませた。ここに最悪の組み合わせが生まれた。

本国のアメリカでも九四年、ABC放送が『アメリカン・ジャーナル』という報道番組でアムウェイを取材し、〝カルト〟と表現した。かの国の社会のようには自己責任原則など確立していない日本で、アムウェイのカルト性が極限にまで高まるのは、はたして当然の成り行きだった。

日本以上に地縁・血縁のしがらみが濃厚な韓国では、当局のアムウェイ商法に対する姿勢がはるかに厳しい。公正去来（取引）委員会は九七年十一月、韓国アムウェイの新聞広告が虚偽の内容だったとして三千万ウォン（約三百六十五万円）の課徴金を支払うよう命じている。九四年には訪問販売規制法違反で逮捕者も出たという。

アメリカの圧力

日本でもようやく、国民生活センターなど一部の政府機関が重い腰を上げた。するとアメリカは、そんなことをするなと言ってきた。彼らにとって日本とは、同じ人類の住む島々ではなく、支配下にある金づる、マーケットでしかないようだ。

複数の関係者の証言によれば――、

九八年三月五日、駐日アメリカ大使館のルース上席調査官とモーラ経済担当参事官が経企庁国民生活局消費者行政第二課を訪れ、こう述べたという。

「（二課が担当している）国民生活センターはアムウェイに対して無茶なことを言っている。販売員の家族のことまで管理のしようがないではないか」

同月二十五日、両氏はさらに国民生活センターを訪れ、次のように抗議した。

「日本アムウェイは米国系企業として最も重要な企業であり、大使館としても大きな関心を持っている。当事者間で解決されるのが好ましいと考えるが、解決が不可能な場合、アメリカ政府として、もっと高いレベルで対処しなければならない」（傍点筆者）

あからさまな圧力であった。元大統領をも客寄せパンダに利用する〝自由企業〟のパワーを、まざまざと思い知らされた気がする。

駐日アメリカ大使館のスポークスマンも、大筋で事実関係を認めた。

「大使館は日本の市場で米国企業の公平な取り扱いを確実にすることに強い関心を抱いている。問題が目にとまれば適切な当局者とお会いする。（経企庁、国民生活センターとも）話し合いは確かに行われたが、内容は言えない」

アムウェイ側の反論をまとめて掲載する。

金沢市の平岡雅俊の上位にいたクラウン・アンバサダーDD夫妻の一人、前川栄三は語る。

「平岡君の借金は、そのほとんどが個人的な浪費に使われていたはずです。月十二万円の家賃。月十万円のペットホテル代。五十万円もする大理石の机。ベルサーチやシャネルなどのブランド品。もちろん私は、彼にプレッシャーを与えたこともなければ、いたずらに煽ったこともありません」

私の手元には前川が平岡に宛てたハガキのコピーがある。そこには、夫妻の名前でこう書かれているのだが。

〈今会計年度のダイヤモンドDD達成本当に待ってます。ダイヤモンドの世界は本当にすごいです。心から応援していますね　はる〉

〈雅俊へ　あなたは出来る　絶対出来る！　ぜひがんばってネ。自信《ママ》を信じてやればいい栄三〉（原文は実名）

　次に国民生活センターとの関係について。渉外部部長・長友治の説明はこうだった。

「国民生活センターとは従来からコンタクトがあり、特段の問題はないと言われてきました。それが突然の要請です。カルトという言葉を国の機関が使ってきたことに驚きました。改めるべきは改めたいので、苦情や相談の内容を開示してくださいと言いました。プライバシーが心配なら名前も地域もいらない、と。そのうち例の国会答弁があり、一部の累計分析だけが九八年の一月末に回答されました。

　苦情の定義を教えてほしいとも申し上げた。私ども自身のフリーダイヤルや業界団体の日本訪問販売協会にも苦情や相談はありますが、八五％以上は問い合わせ程度で、分類に差がありすぎるのです。結局拒否されました。千件という数字も、普通なら店舗に行く問い合わせも、当社には店舗がないので行政に行く。そうした事情、規模の大きさを見ずに、電話が多いだけで健全性を問われても困ります。国センの方は価値観の多様化を認めておられないようだ」

神奈川県に在住するA子の自殺未遂、その他の質問には広報部長の岩城淳子が回答した。

「A子さんは確かに当社のディストリビューターをなさっておいででしたが、実績を調べる限り、そのことが自殺を図る要因だったとは確認できません。因果関係はないと思います。根拠は係争中ですので申せませんが、生活や家庭環境の面からも調べていただきたいですね。

ディストリビューターは日本アムウェイの社員ではなく、それぞれ自立した独立事業者です。関係ないと言えば無責任ですが、当社はシステムを提供しているのであって、各自の自覚で取り組んでいただく仕組みであるのも確かです。

当社の基本理念は〝フリー・エンタプライズ〟です。ハンディキャップのある方も含めて、どなたにもチャンスを与える。一切の差別なく、誰にでもエントリーできるビジネス。ただしディストリビューターになられた方には私どもの倫理綱領を守っていただく。外れれば制裁措置も取ります。ここ数年は教育の機会も増やしてきました。

連鎖販売取引とアムウェイの違いは明白です。カルト的な要素なんてありませんよ。夢中になるからって、それをマインドコントロールだなんて。どんな仕事でも、一生懸命になれば徹夜だってするでしょう。

九九年には渋谷に本社ビルが完成します。店頭公開はそのための資金調達が大きな目的でしたが、日本に根を下ろした企業として責任を示す意味もありました。アムウェイ・コーポレーションは兄弟会社なので、そちらのディスクローズの必要は最初からありません。公開後、一時的に株主構成が変わりましたが、現在は本来の形に戻っています。当然、今後は二部上場も狙っています。

当社は日本にあるアメリカの企業としては大きな方なので、アメリカ大使館とは情報交換をしています。問題があればお話しする。国民生活センターの件もレポートしました。でも、その後で大使館がなさることまで関知できません」

その後のアムウェイビジネス

日本アムウェイの業績は二千百二十一億九千五百万円を売り上げた九六年八月期をピークに急落している。九九年八月期では売上高が対前年度比二五・三％減の千四百三十七億九千七百万円、経常利益は同二一・五％減の二百十三億五千四百万円となり、特に後者は、ピーク時の半分以下となった。減収減益の原因について、会社側は「消費需要の停滞」「競争の激化」とともに「ネガティブな報道」を挙げているが、本末転倒した言い訳に過ぎない。

この間の九九年二月、日本アムウェイは前出のジャーナリスト・山岡俊介と版元であるあっぷる出版社を名誉棄損で訴えていた裁判でも、全面敗訴を喫している。山岡の『誰も書かなかったアムウェイ』をはじめとする三冊の出版物が、同社のビジネスを「マルチまがい商法」と指摘していた点などを争点とした裁判だったが、東京地裁民事第十五部（市川頼明裁判長）は、一般紙への謝罪広告掲載と損害賠償金の支払いを求めていた同社の請求を「理由がない」として棄却したもの。

　責任をとる形で代表者も交替した。店頭公開当時から日本アムウェイの社長を務めてきたリチャード・S・ジョンソンは九九年十二月に退任、替わってJ・B・ペインが新社長に就任している。

　アムウェイ商法を問題視する日本側に対して、アメリカ側は強硬な姿勢を崩していない。まず在日アメリカ商工会議所（ACCJ＝The American Chamber of Commerce in Japan、約一千社加盟）が、九九年春に発行した『米日通商白書』（1999 U.S.－Japan Trade White Paper）の中で、日本政府にクレームをつけてきた。

　それによれば、ACCJはいわゆるダイレクト・セリングへの法規制の必要性は認めながらも、日本の訪問販売法は〈幾通りもの解釈を招き、恣意的な訴追を行わせる可能性がある〉として、法体系全体を攻撃。「国際標準への整合の必要性」を強調して、国民生活センターへの相談件数の多さを根拠とした消費者行政を中止するよう求めている。

　民間団体ばかりではない。駐日大使館を通して国民生活センターや経済企画庁に圧力をかけていたアメリカ政府も、より明確な意思表示をし始めた。通商代表部（USTR）が九九年四月に発表した外国貿易障壁報告書の日本関係部分に、次のような主張を盛り込んだのである。

〈一九九八年、日本の消費者機関（引用者注・国民生活センターを指すとみられる）は、日本におけるアメリカの有力な訪問販売会社（同・日本アムウェイ）の販売活動に問題があると断定した。彼らが受けた苦情に基づいた措置とのことだが、苦情の数はわずかであり、訪問販売活動を規制する日本の法律を遵守しているその企業に照らして、そのような断定は実体がなく、信用できるものではない。アメリカ合衆国は、アメリカの企業を悩ましているこの問題に関して、日本に対して懸念を表明した。にもかかわらず、（国民生活センターの）断罪の結果、この企業は売上げの減少を被り、相当の費用を強いられた。合衆国政府はその産業へのコンサルティング、および状況の詳細な監視を続けている）（拙訳）

官民が一体となったアメリカ本国の支援を受けつつも、日本アムウェイ自身は、国民生活センターの勧告に従い、それなりに改善の姿勢を示してはいるという。日本政府もまた、USTRに対してきちんと反論し、毅然とした態度を見せた。

市場の対応

そして日本アムウェイは、日本の店頭市場から撤退することになった。株式の過半を握っていた創業者一族などが、残る二四％の株式に対する公開買い付け（TOB）を行うと、九九年十一月に発表したのである。

一族を代表して明らかにされたディック・デヴォスのコメントは以下の通り（日本アムウェイ訳）。

「日本アムウェイ株式の取得により、われわれは経営を合理化し、ひとつのグローバルな事業体制のもとにすべてのアムウェイ・グループ企業の特定の機能を集約するために必要な柔軟性を得ることができます。われわれの目的は、急速に変化しつつある世界中のマーケットに対応するために、最も効率的な組織にすることとです。これらの組織変更によって、日本での業績回復および日本アムウェイのディストリビューターの信頼とモチベーションの維持を促進するための、より強固な基盤を構築するために必要な投資ができるようになります。過去三年の間、われわれは五億ドル以上を日本の事業に投資してきました。このたびの行為により、われわれは日本の顧客、ディストリビューターおよび従業員に対するわれわれのコミットメントを深め、かつ、強めているのです」

要するに、市場から同社株を引き上げるのだ。買い付け価格は一株あたり千四百九十円で実勢価格の五割増しとされたが、公開当時の公募価格に比べれば三分の一にしかならない。一般株主は不満でも、応募しないまま買い付けが終了し、店頭登録が取り消されれば、その後の売却は難しい。塩漬けにして将来の株価上昇を待つことも許されないわけだ。

ある証券アナリストが苦笑した。

「日本の投資家は、アムウェイの創業者一族に〝いいとこ取り〟だけされて逃げられた、ということです。親会社が過半数の株式を握り経営権を手放さないまま公開する企業には、こういう無責任なマネをするところもある、という教訓にはなりましたがね」

〝自由企業〟こと日本アムウェイは、彼らが神と崇める市場にも、完全に見限られていた。

市場関係者の話を総合すると、前述の九七年十一月に国会で取り上げられた事実が投資家に与えたショックはあまりにも大きく、以来、同社株の出来高は日を追って減少。やがて投機株としての妙味さえ失われ、九九年に入ると、ほとんど誰にも相手にされなくなった。
「そういう銘柄というのは、常にいくつかあるものです。近頃では例のヤクザまがいの取り立てが社会問題化した日栄や商工ファンド、粉飾決算が常態化していると言われる紳士服チェーンなんかですね。日本アムウェイ株も、いつの間にかそうしたグループに入ってしまっていました。取引先の銀行筋からも売りが出ていたようです」(証券アナリスト)
やがて店頭登録の取り消しは二〇〇〇年四月一日と決まった。私はこの間の株式買い付けの進捗状況などを日本アムウェイに質したいと取材を申し入れたが、同社広報室は「担当部門は多忙すぎて面会も電話も受け付ける時間がない」と言い、しかし「広報では対応できない」とも続けた。〈すべてプラス思考〉(自殺を図ったA子の日記より)がモットーであるアムウェイ商法は、どこまでも無責任を貫いていた。

それでもアムウェイビジネスは前途洋々か

それでも日本には、今なお、アムウェイのカルト性を求める勢力が蠢いている。たとえば警察庁は、反社会的な商法を取り締まる立場にあるにもかかわらず、日本アムウェイを利権化してしまったらしい。専門紙『訪販ニュース』によれば、
〈「九八年四月度」とある同社の内部資料によれば、同社は複数の警察OBとコンサルタ

ント契約を結び、年に一回程度、東京で「全国警察OB調査役会議」なるものを開催している。

この会議は組織上は渉外部に属する。警察OBで調査役と呼ばれる人達は、普段は同社の北海道、東北、北陸、中京、近畿、京滋、中国、九州の各オフィスを担当しており、一旦、事が起こった場合は直ちに連絡がとれるように緊急連絡網を構築している。

九八年四月に開催されたこの調査役会議には七人が出席している。

この会議の模様を同社の内部資料は次のように伝えている。「最近、特に長野オリンピック以後の都道府県警察本部（特に生活経済課中心の）の動向、分けても〝日本アムウェイへの捜索事実の有無、関心の程度等〟について情報交換、情勢分析を行った。関西地区で以前より日本アムウェイへの関心が高まっているという情報の他は、特段の顕著な変化は認められず、日本アムウェイの特定ディストリビューターに対する調査が進行している事実も認められない、という結論だった」（中略）

この内部資料の記載内容から見る限り、同社は「アムウェイビジネスが警察の捜索対象になり得る」ことを早くから認識していたことが窺われる。そうであるとすれば、同社経営陣は、同社のフィールドが不特定多数の善良な市民を、警察の捜索対象になり得ることを承知していながら、ビジネスに勧誘していることを放置していることを示すもの、といっていいだろう〉（九九年十二月二十三日付）

また九九年六月、社団法人・日本訪問販売協会は通常総会を開催して新しい役員人事を発表したが、日本アムウェイからも従来通り二人の理事を選任。総務委員と広報委員に再任した。消費者保護が謳われる訪販業界だが、アムウェイ商法に対する批判や反省はなく、むしろ見習うべき対象と捉え続けているようである。

船井幸雄も相変わらずだ。私の取材に「アムウェイの全部がよいとは言ってない」などと答えていた彼は、二〇〇〇年になっても、業界誌上で「ハーバライフ」なるアメリカ系訪販企業のトップ・ディストリビューター夫妻と対談を行い、こんな発言をしている。

「僕から言うと、『働きぐせ』『学びぐせ』があって、素直でプラスの発想ができて、なおかつ『与えぐせ』がある――こういう人が世の中を変えるんですよ。そんな人が日本には数十万人いるんじゃないかな、それもネットワークビジネスの世界に。

だから九九年はものすごく嬉しい一年でした。そういう人たちの集団を見つけましたので。どんなことがあっても、僕はネットワークビジネスを守りますよ」(「船井幸雄が業界バックアップ宣言⁉/船井幸雄VS檜田邦子&保志」『ネットワークビジネス』二〇〇〇年三月号)

日本アムウェイは地盤沈下しても、その商法は相変わらず隆盛をきわめている。「ハーバライフ」の他にも、ユタ州に本拠を置く「ニュースキン」や「レクソール・ショーケース・インターナショナル」、「エンリッチ・グループ」、「ニューウェイズ・インターナショナル」など、ポスト・日本アムウェイを目論むアメリカ系訪販企業が次々に上陸してもきた。

アメリカ式市場主義を万能と捉える経済学者たちが、そして以前にも増して、アムウェイ商法を持ち上げる。彼らには全体を俯瞰する机上の経済モデルだけがあって、人間一人一人の生がまったく見えていないのだ。組織論の第一人者と言われる北陸先端科学技術大学院大学教授・野中郁次郎（前・一橋大学教授）までが――、

〈ネットワーク・ビジネスではディストリビューターは、個人の信念やノウハウなどの経験的な知識（暗黙知）を顧客に伝え、本部組織は、商品の価値やビジョンといった明確なコンセプト（形式知）をディストリビューターに提供します。このような組織形態は、ポスト資本主義社会と言われる「知識社会」において、理想的な組織モデルと成り得る可能性を秘めているのです〉（「ネットワーク・ビジネス組織による知識創造」『ネットワーク・ビジネスの研究』47ページ）。

いわゆるグローバリゼーションの潮流が今後も進むにつれて、こうした論調が再び市民権を得てしまう危険性が大きい。さりとて日本人が身も心もアメリカ人に変質してしまうことはあり得ないし、あってはならない。

残るのはアムウェイ商法と日本人との、最低最悪の組み合わせである。日本人はどこにも逃れることができないのだろうか。この民族の悲しすぎる宿命につけ込み、利用して、少しでも甘い汁を吸おうとする人々が、今日も「セミナー」を開いては、「スポンサー活動」に血道をあげている。

＊　　＊　　＊

店頭市場からの撤退以降も、日本アムウェイの業績低迷は続いた。二〇〇八年には企業形態が従来の株式会社から、制定間もない新会社法に基づく「合同会社」(出資者と経営者が同一で、出資者全員が有限責任社員となる)へと変更されている。二〇〇九年度から一五年度までの七年間は売上高も一千億円を割り込んだ。

しかし二〇一六年度からは一千億円超の水準で推移。アムウェイは再び勢いづいていると言っていい。取り扱い商品の健康・美容志向を一段と強めたことがとりわけ若い女性の支持を集め、また就職難もディストリビューターの獲得には追い風となったと見られる。

東日本大震災の復興支援をはじめ、児童虐待防止を目指す「オレンジ・プロジェクト」、ハンディを抱えた子どものサポートに成果を上げた非営利団体を顕彰する「NPO奨励賞」の提供など、多くの社会貢献活動も展開。失われた信用の回復に躍起だ。

被害を訴える人々はなお少なくないものの、行政は動かない。理由は巧妙なシステムと、やはりアメリカのパワーにあるようだ。民主党が政権を執っていた二〇一一年当時、内閣府特命担当相(消費者及び食品安全)だった山岡賢次はマルチ業者から献金を受け、また立場を利用して熱心に業界を擁護していたため問責決議案を可決されて退任に追い込まれ、こう語っていた。〈(自分には)瑕疵《かし》がなかったと考えているんですね〉〈(アメリカでは)業界大手のアムウェイ・コーポレーションは、会長が米商工会議所の会頭に選出されています。それなのに日本では、「ねずみ講と同じようなもの」と思われている〉(『日経ビジネス』二〇一二年二月十三日号)。

アメリカの商慣習や価値観のすべてをグローバルスタンダードとして全面的に受容し続ける限り、彼には一切の非がないことになる。民主党でもこうだった、自民党政権はどうか。ドナルド・トランプ政権の教育長官であるベッツィ・デヴォスの夫が、アムウェイ・インターナショナル創業一族の御曹司ディック・デヴォスだという事実が気になる。

国内の代表的なマルチ商法だったジャパンライフは二〇一七年暮れに倒産した。国会では加藤勝信一億総活躍担当相と〝マルチの帝王〟こと同社の山口隆祥《たかよし》社長との関係が追及されたが、安倍晋三首相がこれを失点と見なすことはなく、加藤は現在、自民党総務会長の要職にある。ちなみに安倍首相の応援団として知られるカリフォルニア州弁護士のケント・ギルバートは、『ケント・ギルバートの「レクソール始めませんか！』という啓発・宣伝本の冠にもなっていた。レクソールとは先にも触れた、アムウェイと同質の〝ネットワーク・ビジネス〟に他ならない。

文庫版最終章　「カルト資本主義」から「カルト帝国主義」へ

長かった旅も、再び一区切りがつこうとしている。

――先進国では、社会が閉塞状況に陥ると、終末思想やオカルティズムが流行しがちだ。ただ、欧米とは異なる会社主義社会のこの国では、その流行の顕れ方も日本的な特殊性を帯びるのではないか――。

本書執筆の動機となった私の直感は、誤っていなかったと思う。集中して取材した一九九〇年代半ばにおけるソニーの超能力研究やヤマギシ会、アムウェイ商法の隆盛に至る七つの物語は、どれもニューエイジあるいは新霊性運動と呼ばれる世界的な潮流の地域的現象として、捉えることができた。同時に、そうした潮流は私たちの社会の精神風土と実に相性がよく、ために生まれた新たな価値体系を、私は「カルト資本主義」と名付けたのだった。

カルト資本主義とは何か。本書が取り上げた物語群に共通すると見られる特徴を、単行本の初版（一九九七年）のままに引いておく。

(1)オカルト的な神秘主義を基本的な価値観とする。
(2)西洋近代文明を否定する態度を示し、そのアンチテーゼとしてのエコロジーを主張する。
(3)個人を軽視し、全体の調和を重視する。
(4)情緒的・感覚的であり、論理的・合理的でない。
(5)バブル崩壊後、急速に台頭してきた。
(6)企業経営者や官僚、保守党政治家ら、現実社会の指導者層に属する人々が中心的な役割を担っている。その支持者たちも、一般に〝エリート〟と目される高学歴の人々が多い。
(7)〝無我の境地〟〝ポジティブ・シンキング〟など、個々人の生活信条に属する考え方が、普遍的な真理として扱われる。
(8)現世での成功、とりわけ経済的な利益の追求を肯定する。むしろ、ことさらに重んじる。
(9)ナチズムにも酷似した、優生学的な思想傾向が見られる。
(10)学歴などに対して、普通以上に権威主義的なところがある。
(11)民族主義的である。

⑴〜⑸を一瞥すると、現実の社会システムに異を唱え、これに抵抗すべく発生したカウンターカルチャー。そう見せかけながら、その実、どこまでも市場原理のメカニズムに乗じて、システムの抱える諸問題をより深刻にし、拡大強化していく機能ばかりを帯びていた。

なぜなら世紀末の世界経済は、大競争《メガ・コンペティション》時代に突入している。戦後の高度経済成長を支えた日本的経営は大幅な修正を迫られ、もはや終身雇用はおろか、リストラという名の首切りが常態化したが、指導者層はそれでも、日本的経営が培ってきた従業員たちの忠誠心を失いたくない。人間をして思考停止に陥れる〝望ましいマインドコントロール〟の方便として、彼らはオカルトの発想やノウハウを利活用した「カルト資本主義」を花開かせたのだ。本書の単行本で私は、大要、そんなことを書いた。

四半世紀近くを経た二〇一九年初頭現在、「カルト資本主義」の現状はどうか。七つの物語の「その後」は各章のラストに付記した。消えたものもあれば、相変わらずのものもある。より隆盛を極めているものもなくはないが、さほどの勢いを感じないのは、本書の主人公とも言うべき船井幸雄がすでに世を去り、稲盛和夫が第一線を退いたためばかりではない。

すなわち、企業社会の労働現場はもはや、オカルトの味付けを必要としなくなった。この間に徹底された新自由主義イデオロギーに基づく経済・社会政策と、これに伴う弱者を蔑視し、差別する意識や言動の蔓延、さらにはそれこそが正義と見なされる時代が到来してしまった以上、従順さは組織内で生き延びる絶対条件だ。本来の「忠誠心」とは異なるが、使役する側にとっての不都合が大きくなければ、それで構わないのである。

そう言えば、私は本書の単行本の「終章」に、こんなことも書いていた。脱稿に臨んでいるのに達成感はない、などとして、

今はただ、たまらなく怖い。本書で取り上げたさまざまな人物や企業、政府機関ばかりをではない。彼らの煽動にたやすく操られ、一定の方向に突っ走ってゆくわれわれ日本人が、である。

最初に文藝春秋で文庫化された二〇〇〇年にも、「文庫版のためのあとがき」で、やはり、

願わくは、思考停止がこれ以上進まない社会であってほしい。私の危惧など見当外れの取り越し苦労でしかなかったと、後世の人々に笑い飛ばされるような日本であってほしい。

はたして二〇二〇年東京オリンピック・パラリンピックを目前に控えて日本は、企業社会の枠ををはるかに超えて、国家社会の全体をカルト化させつつある。状況の一端は序章

でも書き下ろしたが、要はとめどない少子高齢化にもかかわらず、なお経済大国であり続けたい集合的無意識が、またしても帝国主義の夢想を招き、号令一下で一糸乱れぬ団結、すなわち完璧な思想統制と個々人の思考停止とを欲した。私の危惧は的中してしまった。

そういうことではないのか。

慰安婦裁判の不条理

「判決を実際に聞くまでは、勝訴以外の結果を疑いもしませんでした。すでに櫻井よしこさんのインチキが露呈していたからです。ところが裁判長の表情は硬く、声も強張っていた。ヤバイ！　その瞬間、そう思いました」

元朝日新聞記者で、現在は『週刊金曜日』を発行している㈱金曜日の社長である植村隆（一九五八年生まれ）が、唇を噛んだ。二〇一八年十二月某日、私は彼が自らの記事を「捏造」と決めつけ、ネット右翼らによる植村への激しい人格攻撃の誘因を作った評論家の櫻井よしこ（一九四五年生まれ）と、原稿を掲載した出版社三社を札幌地裁に名誉毀損で訴えた裁判について、話を聞いた。

経緯は複雑だ。ここでは概略だけに止《とど》めたい。

植村が朝日新聞に在籍していた一九九一年八月十一日、大阪本社版朝刊の社会面トップを、彼の署名記事〈思い出すと今も涙／元朝鮮人従軍慰安婦を韓国の団体聞き取り〉が飾った。〈日中戦争や第二次大戦の際、「女子挺（てい）身隊」の名で戦場に連行され、日本軍人相手に売春行為を強いられた「朝鮮人従軍慰安婦」のうち、一人がソウル市内に生存していることがわかり、「韓国挺身隊問題対策協議会」（尹貞玉・共同代表、16団体約30万人）が聞き取り作業を始めた〉と書き起こされて、中国東北部で生まれ、当時六十八歳になっていたその女性の〈17歳の時、だまされて慰安婦にされた〉体験を伝え、五万人とも八万人とも言われる朝鮮人慰安婦に関わる戦争犯罪の実態解明が韓国国内で急がれていた事実を報じている。

その女性本人とは面談できていない。同協議会への取材で書かれた記事だったが、彼女は三日後に記者会見して金学順《キムハクスン》（一九二四〜九七）の実名で証言。北海道新聞が同月十五日付の朝刊に掲載した単独インタビューも〈戦前、女子挺身隊の美名のもとに〉と表現し、その後に続いた読売新聞や産経新聞も、彼女について「強制連行」だと書いた。

金学順は元慰安婦の語り部になる。生々しい証言と、国際世論の波に押された日本政府が一九九三年八月、慰安所の設置、管理、慰安婦の移送に旧日本軍が関与し、それらが総じて本人の意思に反して行われたと認めて、〈心からのお詫びと反省〉を表明した河野洋平官房長官談話を発表するや、しかし、保守層に強まっていた「強制連行はなかった」「慰安婦は単なる売春婦だった」とする認識が、猛烈な勢いで広がっていった。

この潮流は、複数のマスメディアによっても煽られた。櫻井よしこはその右代表と目されるライターで、たとえば月刊『Ｗ・ｉＬＬ』（ワック）二〇一四年四月号の「朝日は日本の進路を誤らせる」で、〈慰安婦問題の捏造〉は、〈朝日新聞が日本国民と日本国に対して犯した罪のなかで最も許しがたい〉として、植村を強く非難した（傍点引用者）。

それによれば、元慰安婦三人を含む三十五人の原告が日本政府に賠償を求めて東京地裁に起こした裁判の訴状には、金学順が〈14歳のとき、継父によって40円で売られたこと、3年後、17歳のとき、再び継父によって、北支の鉄壁鎮というところに連れて行かれて慰安婦にさせられた経緯などが書かれている〉。にもかかわらず〈植村氏は、彼女が継父によって人身売買されたという重要な点を報じなかっただけでなく、慰安婦とは何の関係もない「女子挺身隊」と結び付けて報じた〉のだという。だが実態は違った。

植村が二〇一五年二月に提起した訴訟の、二〇一八年三月二十三日の本人尋問。まず櫻井側の弁護士による主尋問で、件《くだん》の訴状に「四〇円で売られた」云々の記述はなく、これが主に月刊『宝石』一九九二年二月号に載った、ジャーナリストで市民団体「日本の戦後責任をハッキリさせる会（ハッキリ会）」の代表・臼杵《うすき》敬子による金学順インタビューに依拠した記述だったことがわかった。これを受けた反対尋問で、植村側の川上有弁護士と櫻井のやり取りである（裁判記録より）。

川上　で、もう一度ここで確認したいんですが、訴状には継父によってという記載がない。これは間違いないですね。

櫻井　はい。

川上　40円でという言葉も訴状には出てないことも間違いありませんね。

櫻井　はい。
川上　売られたという単語も入ってませんね。
櫻井　はい。
川上　あるいは、訴状には、継父に慰安婦にさせられたとの記載もありませんね。
櫻井　はい。
川上　訴状には、継父によって人身売買されたとの記載もありませんね。
櫻井　はい。

櫻井は主尋問で「出典は間違いましたけれども、事実としては間違いではなかったと思っています」とも述べたが、それで済まされる問題ではない。裁判の原告は必ず自らに有利な表現を採るという社会通念がある訴状に、本当に「40円で売られた」と書かれていたのであれば日本軍の責任などなかったことにしたい彼女のスタンスが、説得力を増すことになるからだ。

櫻井はまた、〝金《キム》は人身売買で慰安婦になったのに、植村は強制連行と書いた〟の意だとしか受け取りようがない主張を、他の媒体でも繰り返した。金学順の訴状によれば、彼女が数え年で十四歳の時に金泰元という人物の養女となり、その家から妓生《キーセン》学校に通っていたのは事実のようである。だが妓生イコール売春婦ではない。とすれば「人身売買」は、櫻井が産経新聞や読売テレビなどで再三強調し、札幌地裁にも証拠として提出された〝彼女は十七歳でまた売られた〟との発言と重なることになる道理だが、その根拠すらないに等しかった。

櫻井は陳述書で、金学順自身の記者会見を報じた韓国の『ハンギョレ新聞』等で確認したと説明している。だが当該紙面にあった金の談話は「(日本軍の前に)私を連れて行った義父も当時、日本軍人にカネももらえず武力で私をそのまま奪われたようでした」というもので、人身売買を意味する文言はなかった。

反対尋問でこの点を衝かれた櫻井は、「また売られた」が推測の産物でしかなかったことを告白した。検番は金学順ら女性たちを三日三晩もかけて中国へ連れて行き、日本軍部隊の前で引き返したのだから、「ある種の商行為があったのではないかと、常識に基づいて考えたところから、そのように言ったのだと思います」。

人間は全知全能ではない。思い込みは時に筆を滑らせる。だからプロの物書きは可能な限りの確認と推敲を怠らない。書き上げられた原稿は、さらに出版社の校閲部門によるチェックを経て、ようやく世に出るのだが、それでもミスはなくならないのが現実でもある。だが、櫻井らのやり方は、こんな一般論ともかけ離れていた。捏造したのはどちらだったか?

二〇一八年十一月九日、札幌地裁の岡山忠広裁判長が言い渡した判決は、「主文一、原告の請求をいずれも棄却する。二、訴訟費用は原告の負担とする」。つまり植村の完全敗訴。彼の記事を〝捏造〟だとした櫻井にはそう信じるだけの相当の理由があり、ゆえに「原告の社会的評価が低下したとしても、その違法性は阻却され、又は故意若しくは過失は否定されるというべきである」と、岡山は結んだ。

植村の受けた被害は尋常でない。朝日新聞社を早期退職した彼が特任教授に就任する予定だった神戸松蔭女子学院大学には櫻井に感化された人々からの抗議が殺到し、採用を取り消された。ネット上には「慰安婦捏造」「売国奴」などとの罵詈雑言が溢れ、非常勤講師をしていた札幌の北星学園大学には「辞めさせないと学生に危害を加える」とする脅迫状が幾通も届いた。

卑劣な攻撃は、植村の長女にまで及んだ。まだ高校生だった彼女の名前と写真がツイッターで拡散され、中傷された。「娘を殺す」との脅迫状さえ送り付けられた。

それを札幌地裁は、「原告の社会的評価が低下したとしても」の一言で片づけた。いったい何のための審理だったのか。植村は語る。

「愕然としました。自分はとてつもなく巨大な敵と戦っているのだという気がした。明らかに僕はスケープゴートです。歴史を正視しようとする者すべてのね。

言論では勝ったが、判決で負けた。こんなことを放置していたら大変です。闘わないわけにはいかない。当然、控訴しました」

一方の櫻井は、『W・iLL』の二〇一九年一月号に「勝訴報告」を寄せた。これだけを読んでも法廷の様子はわからない。もう法廷闘争は終わりにすべきだと、彼女は謳う。

言論人たるもの、自らの書いた記事への批判に言論で応じるのが筋だろう。ジャーナリストが署名入りの記事を書くこと、もしくは実名で論評すること、それはいかなる評価も批判も一身に受ける覚悟があってのことではないのか。

植村氏が矜持と覚悟のある言論人であれば、自身の慰安婦報道について、法廷ではなく正々堂々と言論で勝負すべきだ。

植村隆が名誉毀損裁判に訴えたのは櫻井よしこだけではなかった。元東京基督教大学神学部教授で、現在は倫理・道徳の研究と、これに基づく社会教育を推進するという公益財団法人モラロジー研究所の歴史研究室長兼教授の西岡力《つとむ》。こちらは二〇一八年十一月に東京地裁で結審したが、彼も櫻井同様に金学順の訴状や、『ハンギョレ新聞』を盾に植村を難じてきただけに、法廷で「記憶違い」「間違いですね」を連発した。

判決は二〇一九年三月に言い渡される予定だ。司法までがカルトの構成要素に堕しきっているか、わずかでも救いはあるのか。これも一つの試金石か。

私は西岡と櫻井に取材を申し込んだが、どちらからも返事がなかった。特に櫻井の態度が悲しい。彼女とはかつて、彼女がすでに保守論壇のマドンナ的存在になっていた二〇〇〇年代前半だが、人間を監視・支配する国民総背番号制度を許せないという思いで共鳴し、立場の違いを超えて、住民基本台帳ネットワークの反対運動をともに闘った同志だったから。

花田紀凱、小川榮太郎への取材から

——しかし。

諦めたらお終いだ。カルトをカルトだと批判するのは当然でも、だからといって壁の向こうとこちらで、それぞれが勝手に敵陣営の悪口を言い募っているだけでは、いつまで経っても光は見えない。それこそカルトを司る人々の思う壺ではないか。

そこで私は、ある試みを始めている。

二〇一八年の八月から九月にかけて、安倍晋三首相を讃える書籍やムックが次々に刊行された。九月二十日に開票が行われ、はたして安倍の三選となった自民党総裁選を睨んだ出版ラッシュ。列挙すると、谷口智彦『安倍晋三の真実』（悟空出版）、花田紀凱《かずよし》責任編集『月刊Ｈａｎａｄａセレクション・安倍総理と日本を変える』（飛鳥新社）、阿比留瑠比『だから安倍晋三政権は強い』（産経新聞出版）、小川榮太郎『安倍政権の功罪』（悟空出版）、八幡和郎『「反安倍」という病』（ワニブックス）……。

これらの書籍の著者や編集責任者らに、片端から取材を申し込んだ。『日経ビジネス』の元主任編集委員で、ＪＲ東海常勤顧問や外務省副報道官などを経、内閣官房参与で首相のスピーチライターになった谷口（一九五七年生まれ）からは返答がなく、産経新聞の論説委員兼政治部編集委員の阿比留（一九六六年生まれ）には多忙を理由に断られた。元通産官僚で徳島文理大学教授の肩書を持つ八幡（一九五一年生まれ）は、窓口になった出版社が「多忙で遠方」なので、と連絡してきた。『Ｈａｎａｄａ』編集長の花田（一九四二年生まれ）と、文芸評論家の小川（一九六七年生まれ）には会うことができた。現代のカルト社会が形成される過程で、かなりの影響力を発揮した人物たちである。

花田は㈱文藝春秋の出身。「ミスター文春」の誉れ高かった異能の編集者だ。退社後、朝日新聞社や宣伝会議などを経て、二〇〇四年創刊の『Ｗｉｌｌ』編集長となり、内紛に伴い編集部ごと飛鳥新社に移籍したのが二〇一六年。近年のいわゆるネトウヨ雑誌の草分け的存在だが、私とは彼が『週刊文春』の編集長時代に、上司と部下だった関係だ。したがって以下の一問一答（二〇一八年十一月下旬）には、どこか馴れ合いムードが漂っているかもしれないことを否定しない。

――十二月号の『新潮45』休刊事件の特集、面白いですね。目配りも効いていた。

「でしょ？　ウチの雑誌は日本一面白い」

――とはいえ、雑誌の世界も変わりました。右と左、いや、安倍シンパかそうでないかで真っ二つ。書き手としては、自分と異なる考えの読者には何も届かなくて、つまりません。

「論争しようよと言うんだけど、誰も出てこない。企画も何度か立てたが、メールを送っても返信がない。まずいなと思うよ、ある意味」

――でも、この十年ほどの間に、ノンフィクションの老舗《しにせ》だった文春も講談社も新潮社も、みんな花田路線に右へ倣えです。保守本流ぶっといてジョーカーを真似するほうが悪いんだけど、花田さんも罪深いと思いますよ。

「だって僕は、貴男ちゃんもご存じのように、ゴリゴリの右翼という人間じゃないから」

――そうそう。だからこそです。

「じゃあ商売でやってるのかと言われると、それもちょっと違う。いろんな情報が出たほうがいいというだけの話。大方のメディアは左なんで、どうしても右寄りになる。僕は安倍さんとは近いから、本人や周りの話を聞くと、ものすごく仕事してるんですよ。国のためを思って。それをもっと多くの人に知ってほしい。あとは読者が判断すればいい」

――近頃はお互いの対話どころか、会話さえ成立しない感じです。ただ罵倒し合うだけ。

「おかしいよね」

――花田さんの仰るようなスタンスは、一九七〇年前後に『諸君!』や『正論』が創刊された頃にもよく言われていました。

「同じだね。ただ僕は雑誌を売ることにも力を入れるから、タイトルがちょっと過激になったりはあるかもね。ある雑誌が売れるってのは、それに共感してくれる人が多いってことだから、しょうがないと思うけどね。だめ？」

――影響力がでかすぎるんじゃないですか。

「影響力なんかないですよ。たかだか数万部。朝日新聞は衰えたとはいえ五百万とか六百万部です。テレビは何も考えず、朝日に乗るだけだ。大手の出版社はもっといろいろできるはずだけどね」

花田によれば、『月刊Ｈａｎａｄａ』の発行部数は六万〜七万部ほど。彼が去って以降の『ＷｉＬＬ』や『正論』は二万部程度と伝えられている。

――編集者だの記者だのと威張っていても、結局、ただのサラリーマンでしかないのかな。

「そうだね。だけど僕は、どんなに人気がある人でも、にわか勉強しかしていない人には仕事を頼まない。少なくとも重用はしない」

――僕が下にいた頃の花田さんは、イデオロギーじゃなくて……。

「だって、ないんだもん」

――とにかく面白く、読者にウケるものなら何でもやる。それを上手に見せる。

「編集者としていろんな人に会う機会が多い。それで面白かったとか、感動したとか。こういう見方があるのかと思うじゃない。それを雑誌で読者に伝えたいんです。でも読者はそんなに我慢強くないから面白く、読みやすく。そのためには仕掛けも装飾もする。文藝春秋の雑誌がずっとやってきたことだよ。

それで思い出したんだけど、最初に『ＷｉＬＬ』でやろうとしたのは、『文藝春秋』の薄い版だった。厚すぎず、読者が全部読めるような。しかし、あまり売れなかった。でも中国の暴動があったじゃない。上海や北京で反日デモが破壊行為にまで発展した。四号目だかで、あれを取り上げたら売れたんです。以来、中国、朝日、小沢一郎の批判を三大テーマに据えた。小沢は途中で韓国に替えたけど」

――憲法の話も。花田さんが『WiLL』で朝日の植村隆さんについて書かせた櫻井よしこさんは、常々「自分が目指すのは、日本の真の独立だ」と強調しています。しかし私は、安倍政権の対米従属と自民党の憲法改正草案、九条に自衛隊を明記するという方向でもだけど、これらを総合すると、自主憲法どころか、逆に積極的にアメリカに隷従するための憲法になってしまうとしか考えられない。

「自衛隊を正式に認めない憲法というのはおかしくないか？　解釈で適当に誤魔化しながらやってきた。それをきちんとしようって話でしょう。だけど世界の中で一人で生き抜いてはいけないとしたら、どこかと組まなきゃいかんわけで、じゃあ中国かソ連かアメリカとなれば、やっぱりアメリカが一番安心だと」

――隷従云々は僕だけの見方じゃないんです。先日も建設相などを歴任した亀井静香さんに会ったら、同じように、「奴隷が主人に仕える憲法になる」と、苦々しそうに話していました（拙著『日本が壊れていく』ちくま新書、二〇一八年、参照）。本来は改憲論者で、亡くなった安倍晋太郎さんとの関係もあり、「晋三、晋三」と可愛がっている人がですよ。

「貴男ちゃんが言うのも確かに、そういう面もあるんだとは思いますけどね。ウチでも書いてくださいよ」

――いずれ時期を見て。新聞の軽減税率の話なんか、どうです？

「いいね。あれはやりたいテーマです」

小川榮太郎には二度会った。初対面は二〇一八年十一月中旬に、彼のオフィスで。

――小川さんは安倍首相のどういう点を評価しているのですか。

「私の専門は音楽史や音楽批評です。文学もですが。でも安倍さんは第一次政権の時に、戦後の総理で初めて「国家」を語った。私の中では政治というより精神史的な文脈で、「戦後レジームからの脱却」という言葉を受け止めた。江藤淳や福田恆存と同じ、戦後の欺瞞がテーマだと。その後の民主党政権や東日本大震災の前に、日本はこれからどうなってしまうのかという時です。中曽根康弘元総理の「戦後政治の総決算」は、どちらかというとスローガン的だったように思います」

――それで単行本デビューが、自民党が下野していた二〇一二年夏の『約束の日――安倍晋三試論』（幻冬舎）。政治評論家の三宅久之さんに執筆を促されたとか。

「安倍さんをもう一度総理にという運動ですね。実際の再登板の一年前、震災後の七月に立ち上げられた。私も同志たちと同様の活動をしていましたが、自民党の下村博文さん（元文部科学相、現在は党憲法改正推進本部長）が三宅さんの会に呼んでくれて。『約束の日』は、もともと小冊子で配ろうと思って自発的に書き始めたのです。安倍さんの再登板をと保守の人に訴えても、「第一次の辞め方がなあ」と言われる。だったらと、なぜああいう辞め方だったたか、実際に何をやった人なのかを綴っていったら、分量が増えて、複数の方に幻冬舎の見城徹社長をご紹介いただいたんです。取材は三宅さんや、そういう中でご縁ができた人たちにという感じ。安倍さんにも頻繁に、月に二回はお会いしました」

――今度は音楽評論の本も出されるそうですが、こういうのも続けつつ、本業を、と。

「そうですね。政治オピニオンを全面的にということは、もうなくなります。思想史や文芸、音楽に比重を置き直します」

――言論界が左右それぞれタコツボ化している中で、別のご専門があるのは羨ましい。

「何が一番おかしいかと言うと、論壇じゃない。論じていないのだから。ある歴史観がある。白黒がはっきりしないテーマでも、論じるよりも、白だと言う奴は間違っていると考える者同士が徒党を組む。どちらのパワーが大きいかという話になって、一人一人の論者が考えをぶつけながらというのが、この十年ぐらいの間に消えたのではないですか。

では、反安倍というのは、いったい何のためにやっているのでしょう。保守は保守で、防戦しながら、法案がほとんど通ってしまっているじゃないかという話です。政治や国家を論じる力をどんどん落としている」

――国家ビジョンを語る安倍さんは、憲法の話はしても、対米従属については何も語りません。現状は戦後レジームからの脱却ではなく、むしろ深化ではないですか。

「日米安保条約というのは、現実問題、もう所与ですよね。絶対的な生命線です。日米関係は確かに異常だ。我々には事実上の独立権がない。常軌を逸した状態です。おっしゃる意味はよくわかります。私は、この状態を強めながら自前の力をつけていく。フリーハンドの部分を広げていくことしか――縄抜けと言うか、アメリカと距離を置くのではなく、日米同盟を強化する側に日本が立つことしか、この状態からより自由になることはできないと思っています」

私が会った頃の小川は、『約束の日』以来のホームグラウンドであった保守論壇にあって、半ば孤立に近い状況に置かれていた。先にも少し触れた月刊『新潮45』休刊事件が原因だ。

新潮社が発行していた同誌は、二〇一八年八月号に掲載した杉田水脈《みお》衆院議員の「『LGBT』支援の度が過ぎる」が差別的だとして社会的な非難を浴び、十月号で「そんなにおかしいか「杉田水脈」論文」という反論特集を組んだ。これが火に油を注ぐ結果となり、社屋前で当事者や支援者ら百人以上の抗議デモまで起こされて、事実上の廃刊に追い込まれた。集中砲火を浴びたのが小川の論考「政治は「生きづらさ」という主観を救えない」で、ために彼は、それまで安倍支援でタッグを組んでいた作家や雑誌にも批判され、あるいは遠ざけられる羽目になった。殊に問題視された箇所を引いておく。

満員電車に乗った時に女の匂いを嗅いだら手が自動的に動いてしまう、そういう痴漢症候群の男の困苦こそ極めて根深かろう。再犯を重ねるのはそれが制御不可能な脳由来の症状だという事を意味する。彼らの触る権利を社会は保障すべきでないのか。触られる女のショックを思えというか。それならLGBT様が論壇の大通りを歩いている風景は私には死ぬほどショックだ、精神的苦痛の巨額の賠償金を払ってから口を利いてくれと言っておく。

二度目に会ったのは、二十日ほどを経た十二月初めである。私はこの間、彼の講演を聞いたり、『約束の日』と同じ版元が二〇一五年に出版した小川の箱入り豪華本『小林秀雄の後の二十一章』に目を通したりしていた。

――先日お邪魔した際、この本（『小林秀雄の後の二十一章』）が書架に並んでいたのが印象的で。帯に〈小林秀雄の唯一無二の継承者〉という惹句がある。見城徹さんの言葉ですが、著者本人も以て任じているのだろうと、編集者と話したのですよ。

「ただ、私が批評家として最も根源的に影響を受けたのは指揮者のヴィルヘルム・フルトヴェングラーだったのです。彼の演奏と書いたものを通じて、中学時代から私の中の批評家的な面が開拓されたと思う。小林秀雄も中学の頃から読んではいましたが、その偉大さをはっきり感じたのは大阪大学の美学科に進んでからです。

ポストモダンの全盛期でしたが、それが私にはいかがわしく感じられた。今のネトウヨもですが、他人を嘲罵したり、そういう空気はあの頃から強くなったと思う。横文字を振りかざし、存命の江藤淳は持ち上げて、亡くなった大先輩たちをボロカスに。そんな時に小林さんの講演カセットを聞いて、人間としてなんとも優しく温かい、慎みがある人だと思いました。現在の私は世評的にはネトウヨ・アベ友みたいに言われていますが、そんな生き方をしているつもりはありません」

——同人誌の編集長もしていたと。埼玉大学大学院修了の経歴からは、大学に残って研究者コースではないかと思いましたが、そうしなかったのは……。

「大学の住人なんてつまらないと思っていましたから。こっちも世間知らずで、自分の才能を恃《たの》んでいましたしね。私はフルトヴェングラーやその後継者セルジュ・チェリビダッケ、小林と一緒の世界に住んでいる、文学というのはそういう人間がやるもんだと思ってますから。

父はサラリーマンで、私は長男ですが、それで親にも何も言われなかった。母は音楽の教師です。オペラ歌手としても、コンサート活動をしていた自立する女性でしたけど」

——『新潮45』の件ではどう感じましたか。

「みんな、議論したいわけじゃないんですね。もっと踏みこんだ方が面白くなるのに、私にレッテルを貼って断罪するだけ。新潮社内でも、『45』なんかとうの昔から存在しなかったような雰囲気なのに恐怖を覚えます」

——ただ失礼ながら、小川さんは時にポジショントークに陥りがちじゃないかと思う。例のＬＧＢＴの原稿も、休刊前の『新潮45』のファンには喜ばれても、世間には通じない。

読者を選ぶと言うかな。『Ｈａｎａｄａ』で書いていらした、前後の文脈を踏まえれば、痴漢と同列になど扱っていないという主張はわかりますが、僕らは文芸評論の読者とは違う。

「実はあの仕事、最初は（杉田水脈に対する）朝日新聞の姿勢について書いてくれと頼まれて、もう嫌だと。もっと原理的に、かつ社会を挑発することをやろうと思いました。長年、チェンジしようと思ってもできなかった仕事に戻りたかったんです。同じ時期に『正論』と月刊『Ｖｏｉｃｅ』（ＰＨＰ研究所）で、単に国際政治ジャーナリズム的な議論でなく、ハンチントンやフランシス・フクヤマのような方向に自分をもっていく準備になるような論文を書いて、この三本を区切りにして。

ポジショントークの話ですが、媒体によってどうこうは基本的にありません。対談とかになると、よほど明確に対決しなきゃいけない場合以外は、できるだけ相手の話を受けようとするのが私の性格です。ポジショントークというより、その場の空気の中で。でも白熱してくるとはっきり言う感じですかね」

――小川さんは『約束の日』で世に出たのだから、世間は何よりもまず、安倍支持のライターだと思いますよね。承知の上で受けた仕事でしたか。

「あの時はとにかく、安倍さんを再登板させないと日本は危ういというのが私の信念だから、一番役立つことをやるとだけ。それにあの本を出した時は、誰一人安倍さんが史上最強の長期政権になるなんて思っていない。安倍カラー云々を気にするほど安倍さんに存在感がなかった（笑）。しかし安倍支持云々を別に本来の仕事には揺るぎない自信と愛着がある。政治的に生きながら、十何年の間に書き貯めた原稿を二年半かけて推敲し、見城さんにわがままを言って、前半生を賭けてきたことを形にできた。それが安保法制のただ中だったもので、一番ドロドロの一人と見なされるようになっちゃった」

――長期政権も痛し痒しですね。政治に首を突っ込んだことを後悔していませんか。

「はい」

――むしろ、それを生かしていきたい？

「そうですね」

――『小林秀雄の後の二十一章』は、『約束の日』が売れたご褒美みたいな書かれ方をしたことがありました。そうだったんですか。

「まあ、そうじゃないと今の時代ああいう本は大家でも出せません。幻冬舎から売れたご褒美ということでいいんじゃないでしょうか」

――小林秀雄は「天才主義」でも有名です。小川さんも安倍さんに〝天才〟を見た？

「それでいいと思います。あの人には人品と天性と両方あると思っています」

――そのへんはフィーリングだから、第三者にはわかりにくい。といって、具体的に説明してくれと言うのも何ですね。

「現代の政治家には、私、実は興味がありません。思想信条が近くてもね。でも政治を通じて人柄を知ることは当然あるわけで、安倍さんには日本の政治風土にはない発想や人柄を感じます」

――安倍さん支持の方々は、皆さんそうした感じ方なのでしょうか。

「面白いと思ったのは、周りのみんなが彼のことを好きになるんです。お友達内閣とも言われたけれど、そのファミリーな感じが、ファンにとってはすごくいい空気感になり、逆の立場からは私的な政治に見える。みんなが観客で、距離があった「小泉劇場」と比べると、賛否どちらもが完全に巻き込まれた空間になっているように思います」

――二〇一八年の末には入国管理法や水道法が強引に改正されました。外国人労働者の流入に歯止めがなくなり、生命の源たる水を外資に委ねられる可能性が大にされたのです。これでも安倍政権には国家ビジョンがあるのでしょうか。

「首相在任がもう六年です。安全保障と経済成長、それと外交が三本の矢だというグランドビジョンでここまで来た。内政上の、日本の国の形をどうするかということに関しては、批判が出ても仕方がないと思う。安倍さんは六年のプログラムは持っていたかもしれないが、九年にもわたるものは。平時であれば、また自民党に人材養成能力があり、まともな対案野党がいてくれたら、安倍さんは辞めて当然なだけの仕事をした。だけど次のビジョンを組み立てられる後継者がいない。経産省任せなんですね。

移民などの問題に対する批判は、ですから保守からも出ている。その通りなんですが、問題点を具体的に政権に突き付け、キャッチボールをして、場合によっては大きく修正させていくのが役割であるはずの論壇の層が本当に薄くなっている。保守も朝日ネタや韓国ネタにしておけば読者が取れて、著者もパターンに乗れる。別のテーマで一から勉強するのは面倒だという、残念な状況ですからね。労働三法だって、保守で批判したのは私ひとりじゃないかな。ただ、今は政治に完全に即した言論活動をやっと止めたタイミング。これからまた戻ると、一生止められなくなると言われています。

花田紀凱も小川榮太郎も、温度差はあれ、このままではいけないと考えている。立場を異にする私にも、共感できる部分は少なくなかった。ちなみに労働三法とは、労働法の根幹である労働基準法、労働組合法、労働関係調整法の総称だ。ここでは二〇一八年六月に可決・成立した「働き方改革関連法制」を指している。一般的には新たに導入された「高度プロフェッショナル制度」が事実上の裁量労働制であり、サービス残業への圧力を高めてビジネスマンの人権を脅かし、過労死や過労自殺の激増を招きかねないとする懸念が指摘されることが多いが、小川の批判はやや視点が異なる。制度の公平化を国単位で図れば有能な人間にしわ寄せが行くとも強調しつつ、法律による残業規制が雇用者や中間管理職の管理責任が過大に問われてしまう可能性や、外国人労働者の問題とも合わせ、労働力不足に対応するなら、むしろ定年制の廃止や就職時における年齢制限の厳禁が先決ではないかとしている（小川榮太郎『安倍政権の功罪』）。

小川、花田の両氏には一問一答のゲラを確認してもらっている。言葉遣い以外の訂正は皆無に近い。互いにフェアな態度を貫き合うことができたと自負するものである。

小川は安倍首相に「天才」を感じるという。実際、巷には「安倍メシア（救世主）論」なる発想もあるようで、少なからぬ人々が彼をそう捉えているのかもしれないとは思う。確かに普通の人間ではないとは言える。

だが私は、〝天才〟をよい意味でばかりは理解していない。安倍は本書の登場人物たちとも共通する「感性」の人、悪く言えば「短絡」「狂気」の人であり、彼を中心に築かれた現代の支配構造もまた、本書が綴ってきた諸組織と酷似している。あのオウム真理教が政府の省庁制を模し、「法皇内庁」「科学技術省」「諜報省」「新信徒庁」などといった組織を設けていたのを記憶している読者なら、今度は逆に安倍政権の官僚機構が、あの教団に倣っているような錯覚に陥るのではないか。

問題はその力の強大さだ。企業社会のカルトならまだしも、国家のカルトからは逃げられない。この国では今、己自身の頭では何も考えない、ただただ上に従順なアイヒマンでなければ生きづらい、生きていけない社会が形成されている。入管法や水道法の事例でも、安倍が決して愛国者などでない実態が露わになった。

花田は相変わらずだった。敬愛する元上司には、しかし、自らの影響力に対する自覚の乏しさが気になる。ネットのない時代の週刊誌はそれでよかったと思う。私が在籍していた頃の『週刊文春』を、反権力スキャンダル誌『噂の真相』が、しばしば「やっちゃば花田体制」と揶揄しつつ、その取材力とイケイケ体質の総体としての週刊誌らしさを高く評価してくれていたのを思い出す。

ネット時代のマスメディアは、従来にも増して慎重でなければならなくなった。報じた内容がどう拡散され、人々を動かしていくのか予測がつかない。ひとりの業界人としての私には、とりわけ週刊誌のゲリラ性が損なわれ、思いきった企画を打ち出しにくくなった状況が悲しくてならないが、ジャーナリズムが状況をより悪化させる火種になってしまうことだけは避ける必要があるだろう。僭越ながら、花田にはこの点が今後の課題になるはずだと指摘せざるを得ない。

札幌市の「真駒内滝野霊園」に、巨大な観音像がそびえている。台座に「洋子観音像」。故・安倍晋太郎元外相と、妻の洋子（一九二八年生まれ）が、北方領土返還を願う石碑とともに寄贈した。カルト帝国主義の頂点にいる安倍晋三の母親で、齢九十歳を数えてなお〝政界のゴッドマザー〟の異名を取り続ける彼女は、『文藝春秋』二〇一六年六月号に、〈晋三は「宿命の子」です〉と題された手記も寄せている。前年に国論を二分した安保法制を強行採決するまでの息子を、〈父（故・岸信介元首相＝引用者注）と同じように国家のために命を懸けようとしている姿を見ていると、宿命のようなものを感じずにはおれませんでした〉という。この発想と、NHKの解説委員（安倍番記者として知られる岩田明子）が聞き手を務めた構造は恐ろしい。権力にとって好もしい〝物語〟を、代表的な、一般には信用できると考えられているマスメディアが連携しながら国民に刷り込んでいくシステムが、もはや完成の域に近づいているらしいからである。

私は花田紀凱と昔のよしみで、小川榮太郎とは彼が置かれていた状況も多分に手伝って会うことができ、かなり腹を割って話し合うことができた。所詮はごまめの歯ぎしりでしかないのかもしれない。だがそれでも、きっかけは何であれ、それができる相手とは、可能な限りの対話を心がけていこうと考える。

カルト帝国主義の時代から、一刻も早く抜け出すために。

主要参考文献（順不同）

●全般

『科学史技術史事典』伊東俊太郎ほか編（弘文堂、一九九四年）『新宗教事典』井上順孝ほか編（弘文堂、一九九四年）『科学の考え方・学び方』池内了（岩波書店、一九九六年）『講座・文明と環境⒁環境倫理と環境教育』梅原猛・伊東俊太郎・安田喜憲編（朝倉書店、一九九六年）『現代史資料⑷国家主義運動1』今井清一・高橋正衛編（みすず書房、一九六三年）『奇妙な論理Ⅰ、Ⅱ』ガードナー，M著、市場泰男訳（社会思想社、一九八九、九二年）『タオ自然学』カプラ，フリッチョフ著、吉福伸逸ほか訳（工作舎、一九七九年）『創造と伝統』川喜田二郎（祥伝社、一九九三年）『日本右翼の研究』木下半治（現代評論社、一九七七年）『日本ナショナリズムの研究』木村時夫（前野書店、一九六六年）『日本宗教とは何か』久保田展弘（新潮社、一九九四年）『宗教学辞典』小口偉一・堀一郎監修（東京大学出版会、一九七三年）『現代思想としての環境問題』佐倉統（中央公論社、一九九二年）『パラダイム・ブック』C＋Fコミュニケーションズ編著（日本実業出版社、一九八六年）『教育を狙う黒い潮流』篠原裕司（汐文社、一九八三年）『精神世界のゆくえ――現代世界と新霊性運動』島薗進（東京堂出版、一九九六年）『カルト』シンガー，マーガレット著、中村保男訳（飛鳥新社、一九九五年）『マインド・コントロールの恐怖』ハッサン，スティーブン著、浅見定雄訳（恒友出版、一九九三年）『ニューエイジの歴史と現在』ストーム，レイチェル著、高橋巌ほか訳（角川書店、一九九三年）『「原理主義」台頭の時代』ソルマン，ギ著、秋山康男訳（文藝春秋、一九九五年）『日本人にとって和とはなにか』高際弘夫（白桃書房、一九九六年）『日本の経営文化』津田眞澂（ミネルヴァ書房、一九九四年）『デカルト』野田又夫（岩波書店、一九六六年）『祈る　ふれあう　感じる』芳賀学・弓山達也（IPC、一九九四年）『七つの資本主義』ハムデン－ターナー，C、トロンペナールス，A著、上原一男ほか訳（日本経済新聞社、一九九七年）『心をあやつる男たち』福本博文（文藝春秋、一九九三年）『企業主義の興隆』松本厚治（日本生産性本部、一九八三年）『ラジニーシ・堕ちた神《グル》』ミルン，ヒュー著、鴨沢立也訳（第三書館、一九九一年）『国家神道と民衆宗教』村上重良（吉川弘文館、一九八二年）『宗教の昭和史』同上（三嶺書房、一九八五年）『ファシズム』山口定（有斐閣、一九七九年）『ニューソート』ラーソン，マーチン・A著、高橋和夫ほか訳（日本教文社、一九九〇年）『カリスマ』リンドホルム，Ch著、森下伸也訳（新曜社、一九九二年）『イメージ・シンボル事典』（大修館書店、一九八四年）『世界の宗教と経典・総解説』（自由国民社、一九九六年）『現代用語の基礎知識96年版』（自由国民社、一九九六年）『The Demon-Haunted World』Sagan, Carl (Random House, 1995)『オカルティズム』大野英士（講談社、二〇一八年）

●はしがき

『「心」と「国策」の内幕』斎藤貴男（ちくま文庫、二〇一一年）

●序章

『ブラックボランティア』本間龍（角川新書、二〇一八年）『日の丸とオリンピック』谷口源太郎（文藝春秋、一九九七年）『道徳の教科化――「戦後七〇年」の対立を超えて』貝塚茂樹（文化書房博文社、二〇一五年）『道徳教育と愛国心』大森直樹（岩波書店、二〇一八年）『危ない「道徳教科書」』寺脇研（宝島社、二〇一八年）『教育勅語と日本社会』岩波書店編集部編（岩波書店、二〇一七年）『戦争のできる国へ――安倍政権の正体』斎藤貴男（朝日新書、二〇一四年）『国民のしつけ方』同上（集英社インターナショナル新書、二〇一七年）『「明治礼賛」の正体』同右（岩波ブックレット、二〇一八年）『オリンピック・パラリンピック学習読本』小・中・高の各編（東京都教育庁指導部指導企画課編・船井総合研究所編集協力、二〇一六年）

●第一章・ソニー関連

『ユングとオカルト』秋山さと子（講談社、一九八七年）『人工臓器』渥美和彦（日本放送出版協会、一九九六年）『井深大語録』井深精神継承研究会編著（ソニーマガジンズ、一九九四年）『あと半分の教育』井深大（ごま書房、一九九一年）『図説バイ・ディジタルO

ーリングテストの実習』大村恵昭（医道の日本社、一九八六年）『ソニーは人を生かす』小林茂（日本経営出版会、一九七八年）『ソニー「未知情報」への挑戦』佐古曜一郎（徳間書店、一九九六年）『「気」と養生』坂出祥伸（人文書院、一九九二年）『「超能力」と「気」の謎に挑む』天外伺朗（講談社、一九九三年）『ここまで来た「あの世」の科学』同上（祥伝社、一九九四年）『ハインズ博士「超科学」をきる』ハインズ，テレンス著、井山弘幸訳（化学同人、一九九五年）『道教と日本文化』福永光司（人文書院、一九八二年）『道教と日本思想』同上（徳間書店、一九八五年）『脈診の要訣』白熙洙（論藏出版社、一九八九年）『道教の本』（学習研究社、一九九二年）『私の履歴書／経済人6』（日本経済新聞社、一九八〇年）『井深大――生活に革命を』武田徹（ミネルヴァ書房、二〇一八年）

●第二章・永久機関関連

『超常現象には〝絶対法則〟があった！』猪股修二（KKロングセラーズ、一九九四年）『永久運動の夢』オードヒューム，A著、高田紀代志ほか訳（朝日新聞社、一九八六年）『科学史の事件簿』科学朝日編集部編（朝日新聞社、一九九五年）『フリーエネルギー技術開発の動向』ケリー，D・A著、井原宇玉ほか訳（技術出版、一九八八年）『永久機関で語る現代物理学』小山慶太（筑摩書房、一九九四年）『科学と非科学のあいだ』下坂英・杉山滋郎・高田紀代志編著（木鐸社、一九八七年）『超人ニコラ・テスラ』新戸雅章（筑摩書房、一九九三年）『フリーエネルギー［研究序説］』多湖敬彦（徳間書店、一九九六年）『物理学と自然の哲学』田中正（新日本出版社、一九九五年）『ニューサイエンスと東洋』竹本忠雄・伊東俊太郎・池見酉次郎編（誠信書房、一九八七年）『トンデモ本の世界』と学会編（洋泉社、一九九五年）『影のエネルギー革命が迫っている！』日本意識工学会編（コスモトゥーワン、一九九五年）『フリーエネルギーの挑戦』横山信雄・加藤整弘監修（たま出版、一九九二年）

●第三章・稲盛和夫関連

『京セラ・血塗られたバランスシート』伊部四郎（山手書房、一九八五年）『経営者を支えた信仰』池田政次郎（日本文芸社、一九八六年）『成功への情熱』稲盛和夫（ＰＨＰ研究所、一九九六年）『変革の人　稲盛和夫』上竹瑞夫（実業之日本社、一九九六年）『稲盛和夫に学んだやる気革命』浦田達哉（経営書院、一九九六年）『稲盛和夫の挫折人生に何を学ぶか』永川幸樹（ＫＫベストセラーズ、一九九四年）『宗教集団に学ぶ企業戦略』小田晋（はまの出版、一九九〇年）『谷口雅春とその時代』小野泰博（東京堂出版、一九九五年）『「悟り」の経営』小山克明（致知出版社、一九九一年）『燃えて生きよ』大西啓義（ダイヤモンド社、一九九五年）『ある少年の夢』加藤勝美（ＮＧＳ、一九九一年）『宇宙意識への接近』河合隼雄・吉福伸逸編（春秋社、一九八六年）『ホロン革命』ケストラー，アーサー著、田中三彦ほか訳（工作舎、一九八三年）『還元主義を超えて』同上、池田善昭監訳（工作舎、一九八四年）『稲盛和夫語録にみる京セラ・過激なる成功の秘密』国友隆一（こう書房、一九八五年）『京セラ・アメーバ方式』同上（ぱる出版、一九八八年）『宗教と政治反動』佐木秋夫（新日本出版社、一九八〇年）『昭和の教組　安岡正篤』塩田潮（文藝春秋、一九九一年）『経営者たちの大震災』盛和塾編（出版文化社、一九九六年）『生命の實相（全四十巻）』谷口雅春（日本教文社、一九三二年）『大和の国　日本』同上（日本教文社、一九八三年）『ホロン経営革命』名和太郎（日本実業出版社、一九八五年）『京セラ・その光と影』土方美雄（れんが書房新社、一九八八年）『黒魔術の帝国』フィッツジェラルド，マイケル著、荒俣宏監訳（徳間書店、一九九二年）『中村天風伝』松本幸夫（総合法令、一九九六年）『カルマと再生』本山博（宗教心理出版、一九八七年）『ニューサイエンスと気の科学』湯浅泰雄・竹本忠雄編（青土社、一九九三年）『トランスパーソナルとは何か』吉福伸逸（春秋社、一九八七年）『新価値創造の黄金律』和田英雄（日本教文社、一九八二年）『ニューエイジ・ワークショップ・カタログ』（フィラ・プロジェクツ、一九九五年）『JAL再生――高収益企業への転換』引頭麻実編著（日本経済新聞出版社、二〇一三年）

●第四章・EM関連

『世界救世教裁判を批判する』岩崎武（創樹社、一九九四年）『洗脳の時代』宇治芳雄（汐文社、一九八一年）『不能化する教師たち』岡崎勝・土井峻介・山本鉄幹（風媒社、一九八八年）『マルチNO・1ジャパンライフの崩壊』荻野茂（創出版、一九八六年）『マルチ商法とネズミ講』堺次夫（三一書房、一九七九年）『救世自然農法とEM技術』（自然農法国際研究開発センター、一九九二年）『武見太郎を怒らせた男』田中茂（未来出版、一九八四年）『蘇る生命』同上（綜合ユニコム、一九九六年）『ここまできた驚異のバイオ農法』伊達昇（コスモトゥーワン、一九九六年）『マルチ商法・悪業の実態』高山俊之（青年書館、一九八七年）『激増活性酸素が死を招く』丹羽靭負（日本テレビ、一九九四年）『地球を救う大変革①②』比嘉照夫（サンマーク出版、一九九三、九四年）『EM環境革命』同上（綜合ユニコム、一九九四年）『EM産業革命』同上（綜合ユニコム、一九九五年）『微生物が文明を救う』比嘉照夫・渡部昇一（クレスト社、一九九五年）『「教育技術の法則化運動」症候群』『ひと』編集委員会編（太郎次郎社、一九八九年）『本物の世紀』船井幸雄・比嘉照夫・渡部昇一（PHP研究所、一九九四年）『世界救世教物語』藤本光城（恒友出版、一九七二年）『マーフィーの成功法則』マーフィー，ジョセフ著、しまずこういち訳（産能大学出版部、一九八三年）『社会学事典』見田宗介ほか編（弘文堂、一九九四年）『EMを学び、教える』向山洋一（サンマーク出版、一九九六年）『癒す心、治る力』ワイル，アンドルー著、上野圭一訳（角川書店、一九九五年）『農業富民別冊・EMのすべて』（富民協会・毎日新聞社、一九九四年）『The Upstart Spring』Anderson, W. T.（Addison-Wesley, 1983）

●第五章・船井幸雄関連

『アイワールド一〇周年史・燃える軌跡』（アイワールド、一九八五年）『裏から見たコンサルタント会社』内海一郎・二宮美香（エール出版社、一九九四年）『戦後日本のイデオロギー対立』大嶽秀夫（三一書房、一九九六年）『労務管理』加藤尚文（三一書房、一九六〇年）『船井幸雄の人間力』桐山秀樹（オーエス出版社、一九九六年）『経営管理のプロセス』車戸實（八千代出版、一九七八年）『寺社勢力』黒田俊雄（岩波書店、一九八〇年）『パチンコ産業三〇兆円の闇』坂口義弘（全貌社、一九九六年）『産業訓練百年史』産業訓練白書編集委員会編（日本産業訓練協会、一九七一年）『コンサルタント会社の裏事情』島野清志（エール出版社、一九九五年）『日本の安全衛生運動・五〇年の回顧と展望』（中央労働災害防止協会、一九七一年）『人事労務管理の思想』津田眞澂（有斐閣、一九七七年）『船井幸雄大研究』東京フナイ研究会（三一書房、一九九六年）『JMA／日本能率協会コンサルティング技術四〇年』（日本能率協会、一九八二年）『脳内革命①②』春山茂雄（サンマーク出版、一九九五、九六年）『包みこみの発想』船井幸雄（ビジネス社、一九七九年）『「ツキ」を呼び込む自己改造法』同上（経済界、一九九三年）『未来へのヒント』同上（サンマーク出版、一九九四年）『これから10年　愉しみの発見』同上（同上、一九九五年）『船井幸雄の未来をつかむ考え方事典』同右（PHP研究所、一九九五年）『未来への分水嶺』同上（同上、一九九五年）『エゴからエヴァへ』同上（同上、一九九五年）『エヴァへの道』同上（同上、一九九六年）『百匹目の猿』同上（サンマーク出版、一九九六年）『検証・統一教会』山口広（緑風出版、一九九三年）『社内教育入門』山田雄一（日本経済新聞社、一九七六年）『山本七平ライブラリー①「空気」の研究』山本七平（文藝春秋、一九九七年）『無から無限大へ／ヤナゲン八〇年のあゆみ』和木康光（ヤナゲン、一九九一年）『経営コンサルティングファーム』和田勲生（ダイヤモンド社、一九九五年）

●第六章・ヤマギシ会関連

『壊れた器』石上扶佐子（風媒社、一九九五年）『さらばヤマギシ』大窪興亜・石上扶佐子（地球民社、一九九四年）『現代こころ模様』柿田睦夫（新日本出版社、一九九五年）『日本人と集団主義』川本彰（玉川大学出版部、一九八二年）『夢の入り口／ヤマギシ会特別講習会（特講）について』樹村みのり、永野久江（ねこの手出版、一九九六年）『ユートピアと性』倉塚平（中央公論社、一九九〇年）『農業法人のつくり方』小林芳雄（農山漁村文化協会、一九九四年）『日本宗教の戦後史』菅田正昭（三交社、一九九六年）『ヤマギシ食品のウソ』食品の安全を考える会（風媒社、一九九五年）『地球大予測』高木善之（総合法令、一九九五年）『ヤマギシ会の暗い日々』武田修一（野草社、一九九四年）『日本の農本主義』綱沢満昭（紀伊國屋書店、一九九四年）『日本の共同体』手塚信吉・草刈善造（日本協同体協会、一九六九年）『むかし大名、いま会社』中牧弘允（淡交社、一九九二年）『三重県の歴史』西垣晴次・松島博（山川出版社、一九七四年）『蝶よ花よといじめない』福井正之（ヤマギシズム出版社、一九九四年）『宗教を研鑽する』堀芳彰・杉江優滋（同上、一九九五年）『子、五歳にして立つ』松本照美・福井正之（同上、一九九〇年）『ヤマギシズム社会への参画の道』ヤマギシ会文化科編（同上、一九九四年）『ヤマギシズム社会の実態

――世界革命実践の書』山岸巳（山岸会出版部、一九六四年）『ヤマギシズム学園の光と影』ヤマギシを考える全国ネットワーク編（風媒社、一九九四年）『犯罪の昭和史②昭和20年―昭和34年』（作品社、一九八四年）

●第七章・日本アムウェイ関連

『ニュースキンの奇跡』栗原富雄（実業之日本社、一九九四年）『マルチ商法問題の法律と実際』坂井清昭（ダイヤモンド社、一九九五年）『ディストリビューターが書いたアムウェイの真実』相良俊幸（神保出版社、一九九四年）『アムウェイの奇跡』篠原勲（東洋経済新報社、一九九〇年）『平成九年度版・訪問販売等に関する法律の解説』通商産業省産業政策局消費経済課編（通商産業調査会出版部、一九九七年）『アムウェイのセールス哲学』デヴォス，リチャード・M著、松永芳久訳（ダイヤモンド社、一九八七年）『アムウェイ　マイ・サクセス』中島薫（サンマーク出版、一九九三年）『ネットワーク・ビジネスの研究』野中郁次郎・ネットワークビジネス研究会（日経BP出版センター、一九九九年）『これからの時流・未来への確信』船井幸雄編著（日刊工業新聞社、一九九五年）『誰も書かなかったアムウェイ』山岡俊介（あっぷる出版社、一九九二年）『続・誰も書かなかったアムウェイ』同上（同上、一九九二年）『アムウェイ商法を告発する』同上（同上、一九九五年）『アムウェイビジネスへの大いなる疑問』同上（同上、一九九九年）『新聞記者が見たアムウェイの素顔』吉田興亜（日本工業新聞社出版局、一九九七年）『ケント・ギルバートの

「レクソール始めませんか！」』野村勇一朗（イーハトーヴ出版、一九九九年）『False Profits』Fitzpatrick, Robert L & Reynolds, Joyce K（Herald Press, 1997）

●最終章

『慰安婦報道「捏造」の真実——検証・植村裁判』植村裁判取材チーム編（花伝社、二〇一八年）『安倍晋三の真実』谷口智彦（悟空出版、二〇一八年）『だから安倍晋三政権は強い』阿比留瑠比（産経新聞出版、二〇一八年）『「反安倍」という病——拝啓、アベノセイダーズの皆様』八幡和郎（ワニブックス、二〇一八年）『総理』山口敬之（幻冬舎、二〇一六年）『約束の日——安倍晋三試論』小川榮太郎（幻冬舎、二〇一二年）『小林秀雄の後の二十一章』同上（同上、二〇一五年）『徹底検証　安倍政権の功罪』同上（悟空出版、二〇一八年）『安倍三代』青木理（朝日新聞出版、二〇一七年）『日本が壊れていく——幼稚な政治、ウソまみれの国』斎藤貴男（ちくま新書、二〇一八年）

この他にも各企業・団体等の機関紙・誌をはじめ学会誌、各種雑誌、新聞、パンフレット、プログラム、公文書、報告書、講演録、議事録、ビデオ・録音テープなどを参考にした。

解説　人間を操る手段

武田砂鉄

書店のベストセラーコーナーを通りかかると、『頭に来てもアホとは戦うな！』『バカとつき合うな』というタイトルが目に入る。万人が共有できるアホやバカの定義なんてないと思うが、あくまでも個人的に用意してみれば、「人のことをすぐにアホだとかバカだとか決めつけてしまう人」は、アホでバカではないかと思う。

なぜこの手の本が流行るのだろう。今、「コミュニケーション能力」なるものがいたずらに推奨されていることと無関係ではないだろう。本来、「コミュニケーション」と「能力」は分離したものであるはずが、いつの間にか人間をジャッジする指標として定着してしまった。文化庁「国語に関する世論調査」（平成二十八年度）に「コミュニケーション能力は重要か」との問いがあり、六十代までの各世代の九七％以上が「そう思う」（「どちらかと言えば、そう思う」も含む）と答えている。その中でも驚かされるのが二十代の一〇〇・〇％という結果だ。実に怖い数値だ。いかなるアンケートをとろうとも「そう思わない」という反対意見が一定数生まれるもの。しかし、二十代には、「一〇〇」を少しも動かすことができないほどの人数しか、「コミュニケーション能力を重要だとは思わない」人が存在していない。

「誰も彼もが、所詮は己の欲望のために、人の心を操りたがる。組織は、国家は、個人を全体に奉仕させたがる」、一九九七年に刊行された本書にある斎藤の警鐘は、残念ながら今を予見していたことになる。権力を持つ人間は、何かを強制するのではなく、望む通りに動いてもらう民を育成することに力を注いでいる。たとえば、この数年で政府が強引に押し通した法案のいくつかを思い出そう。特定秘密保護法にしろ、共謀罪にしろ、働き方改革関連法案にしろ、出入国管理法改正案にしろ、国民の意見をじっくり吸い上げる前に、数の論理で反対の声を踏み潰してみせた。その時、国家は国民に対して、「皆さんに影響するものではないから大丈夫ですよ。あまり気にしないでこちらに任せてくださいね」というメッセージを繰り返した。そう繰り返す中にあっても声高に反対し続ける人は、たちまち「身に覚えのある人」と指を差され、とりわけ特定秘密保護法や共謀罪では、そうやって身に覚えのある人が困るのだから、むしろ、厳しく取り締まったほうがいいよと、従順な国民が量産されていくのだった。規制するのではなく、規制に気付こうとしない、疑おうとしない民を作るのが、権力が管理する上での最も楽な方法である。この時、個人が重要視するコミュニケーション能力とやらが、権力者にとっては便利なものになる。

二〇二〇年東京オリンピックの招致スローガンは「今、ニッポンにはこの夢の力が必要だ。」だった。これに対して、「夢の力」ってなんだよ、と真顔で突き返した人は少ない。コミュニケーション能力を大切なものだと思いすぎる人たちは、「夢の力」すら受け止めてしまったのか。斎藤がこの文庫化に際しての新章で問題視するように、タダ働きを徹底した五輪ボランティアをはじめとして、あちこちで「人間を操る手段」が行使されている。招致の場で使われた「お・も・て・な・し」は汎用性を高めつづけ、やがて、ボランティア募集PR映像には「おもてなしの日本代表は、あなたです。」というスローガンが躍ることになる。いつのまにか、「おもてなし」は、国民に常備するよう求められる態度になっていたのである。じっくりと時間をかけて人の心に侵入し、奉仕したがる民を作り上げてきた。

幻冬舎・見城徹は、口癖のようにこう言う。「圧倒的努力は必ず報われます。報われないのはそれが圧倒的努力ではないからです」（Twitter・二〇一八年十二月十一日）。受け入れがたい考え方だ。ある一定の人々が痛むことを前提にして、圧倒的な勝者を作る。スローガンを投げ、フィーリングで人間を計測する。本気になれよ、とだけ投げる。結果、這い上がってこられない人間を切り捨てる。切り捨てられなかった人間は、当然、言葉をくれた話者に対してリスペクトを表明する。

斎藤は、現代の日本人が直面する「カルト資本主義」の内実について、それぞれの登場人物や組織に共通していた特徴を列挙している。「情緒的・感覚的であり、論理的・合理的でない」「現世での成功、とりわけ経済的な利益の追求を肯定する」「ナチズムにも酷似した、優生学的な思想傾向が見られる」などが並ぶ。とにかく、自助努力を促す。あくまでも、自己に責任を背負わせる。熱狂を作り出し、そこに賛同できる人間だけを吸い寄せる。要らない連中を弾き飛ばす。こういう場で、「アホ」や「バカ」という断定が活きてくるのだろうか。即座に自分と他人を差別化し、自分の優位性を主張してみせるのだ。
　今、あらゆる場で、ちゃんとした個人であれ、と要請してくる。「ちゃんとした」を規定するのは、その時々の為政者である。彼らはまず、人間のメンタルを掌握しようとする。力で規制するよりも、制御された空間に大勢を誘い込むほうが、管理がラクチンだから、心をいじくる。正しい人間であれ、と要請される時、その正しい人間を規定したのはどこの誰なのか、それを疑い続けなければ、私たちはたちまち洗脳される。自由な身動きが奪われる。これから二〇二〇年東京オリンピックの開催に向け、行政と企業との結託が続くだろう。文句を言いにくい状態がじわじわ高まるだろう。その時に、自分のメンタルを揺さぶろうとする連中に飲み込まれてはいけない。組織が個人の尊厳をどう揺さぶるのか、という根っこに迫った大著は、改めて「それでいいのか?」と個々に問いかけてくる。今、私たちは自律できているだろうか。

（ライター）

本書は、一九九七年六月、文藝春秋より刊行され、二〇〇〇年に文春文庫で文庫化された本に大幅増補したものです。

誘拐　本田靖春

戦後最大の誘拐事件。残された被害者家族の絶望、犯人を生んだ貧困、刑事達の執念を描くノンフィクションの金字塔！（佐野眞一）

疵　本田靖春

戦後の渋谷を制覇したインテリヤクザ安藤組の大幹部、力道山よりも喧嘩が強いといわれた男……。伝説に彩られた男の実像を追う。（野村進）

宮本常一が見た日本　佐野眞一

戦前から高度経済成長期にかけて日本中を歩き、人々の生活を記録した民俗学者、宮本常一。そのまなざしと思想、行動を追う。（橋口譲二）

新 忘れられた日本人　佐野眞一

佐野眞一がその数十年におよぶ取材で出会った、無私の人、悪党、そして怪人たち。時代の波間に消えて行った忘れえぬ人々を描き出す。（後藤正治）

占領下日本（上・下）　半藤一利／竹内修司／保阪正康／松本健一

1945年からの7年間日本は「占領下」にあった。この時代を問うことは、戦後日本を問い直すことである。多様な観点と仮説から再検証する昭和史。

現人神の創作者たち（上・下）　山本七平

日本を破滅の戦争に引きずり込んだ呪縛の正体とは何か。幕府の正統性を証明しようとして、逆に「尊皇思想」が成立する過程を描く。（山本良樹）

東京の戦争　吉村昭

東京初空襲の米軍機に遭遇した話、寄席に通った話。少年の目に映った戦時下・戦後の庶民生活を活き活きと描く珠玉の回想記。（小林信彦）

ワケありな国境　武田知弘

メキシコ政府発行の「アメリカへ安全に密入国するための公式ガイド」があるってほんと⁉　国境にまつわる60の話題で知る世界の今。

週刊誌風雲録　高橋呉郎

昭和中頃、部数争いにしのぎを削った編集者・トップ屋たちの群像。週刊誌が一番熱かった時代を貴重な証言とゴシップたっぷりで描く。（中田建夫）

増補版 ドキュメント 死刑囚　篠田博之

幼女連続殺害事件の宮﨑勤、奈良女児殺害事件の小林薫、附属池田小事件の宅間守、土浦無差別殺傷事件の金川真大……モンスターたちの素顔にせまる。

私の幸福論　福田恆存

この世は不平等だ。何と言おうと！　しかしあなたは幸福にならなければ……。平易な言葉で生きることの意味を説く刺激的な書。（中野翠）

生きるかなしみ　山田太一編

人は誰でも心の底に、様々なかなしみを抱きながら生きている。「生きるかなしみ」と真摯に直面し、人生の幅と厚みを増した先人達の諸相を読む。

老いの生きかた　鶴見俊輔編

限られた時間の中で、いかに充実した人生を過ごすかを探る十八篇の名文。来るべき日にむけて考えるヒントになるエッセイ集。

人生の教科書［よのなかのルール］　藤原和博　宮台真司

〝バカを伝染（うつ）さない〟ための「成熟社会へのパスポート」です。大人と子ども、お金と仕事、男と女と自殺のルールを考える。（重松清）

14歳からの社会学　宮台真司

「社会を分析する専門家」である著者が、社会の「本当のこと」を伝え、いかに生きるべきか、に正面から答えた。重松清、大道珠貴との対談を新たに付す。

逃走論　浅田彰

パラノ人間からスキゾ人間へ、住む文明から逃げる文明への大転換の中で、軽やかに〈知〉と戯れるためのマニュアル。

学校って何だろう　苅谷剛彦

「なぜ勉強しなければいけないの？」「校則って必要なの？」等、これまでの常識を問いなおし、学ぶ意味を再び摑むための基本図書。（小山内美江子）

生き延びるためのラカン　斎藤環

幻想と現実が接近しているこの世界で、できるだけリアルに生き延びるためのラカン解説書にして精神分析入門書。カバー絵・荒木飛呂彦（中島義道）

反社会学講座　パオロ・マッツァリーノ

恣意的なデータを使用し、権威的な発想で人に説教する困った学問「社会学」の暴走をエンターテイメントな議論で撃つ！　真の啓蒙は笑いから。

「社会を変える」を仕事にする　駒崎弘樹

元ITベンチャー経営者が東京の下町で始めた「病児保育サービス」が全国に拡大。「地域を変える」が「世の中を変える」につながった。

半農半Xという生き方【決定版】　塩見直紀

農業をやりつつ好きなことをする「半農半X」を提唱した画期的な本。就職以外の生き方、転職、移住後の生き方として。帯文＝藻谷浩介　（山崎亮）

レトリックと詭弁　香西秀信

「沈黙を強いる問い」「論点のすり替え」など、議論に仕掛けられた巧妙な罠に陥ることなく、詐術に打ち勝つ方法を伝授する。

人生を〈半分〉降りる　中島義道

哲学的に生きるには〈半隠遁〉というスタイルを貫くしかない。「清貧」とは異なるその意味と方法を、自身の体験を素材に解き明かす。　（中野翠）

ひとはなぜ服を着るのか　鷲田清一

ファッションやモードを素材として、アイデンティティや自分らしさの問題を現象学的視線で分析する。「鷲田ファッション学」のスタンダード・テキスト。

ひきこもりはなぜ「治る」のか?　斎藤環

「ひきこもり」研究の第一人者の著者が、ラカン、コフート等の精神分析理論でひきこもる人の精神病理を読み解き、家族の対応法を解説する。（井出草平）

パーソナリティ障害がわかる本　岡田尊司

性格は変えられる。「パーソナリティ障害」を「個性」に変えるために、本人や周囲の人がどう対応し、どう工夫したらよいかがわかる。　（山登敬之）

子は親を救うために「心の病」になる　高橋和巳

子は親が好きだからこそ「心の病」になり、親を救おうとしている。精神科医である著者が説く、親子という「生きづらさ」の原点とその解決法。

減速して自由に生きる　髙坂勝

自分の時間もなく働く人生よりも自分の店を持ち人と交流したいと開店。具体的なコツと、独立した生き方。一章分加筆。帯文＝村上龍　（山田玲司）

花の命はノー・フューチャー　ブレイディみかこ

移民、パンク、LGBT、貧困層。地べたから見た英国社会をスカッとした笑いとともに描く。200頁分の大幅増補！　帯文＝佐藤亜紀　（栗原康）

ライフワークの思想　外山滋比古

自分だけの時間を作ることは一番の精神的肥料になる、前進だけが人生ではない——。時間を生かして、ライフワークの花を咲かせる貴重な提案。

ちくま文庫

カルト資本主義《しほんしゅぎ》　増補版《ぞうほばん》

二〇一九年三月十日　第一刷発行

著者　斎藤貴男（さいとう・たかお）

発行者　喜入冬子

発行所　株式会社　筑摩書房
東京都台東区蔵前二―五―三　〒一一一―八七五五
電話番号　〇三―五六八七―二六〇一（代表）

装幀者　安野光雅

印刷所　中央精版印刷株式会社

製本所　中央精版印刷株式会社

ISBN978-4-480-43578-1　C0136